TURING
图灵教育

站在巨人的肩上
Standing on the Shoulders of Giants

O'REILLY®

TURING 图灵经典

精益系列
ERIC RIES 丛书主编

精益
创业实战

原书第3版

[美] 阿什·莫瑞亚（Ash Maurya） 著　　王小皓 译

RUNNING LEAN

3rd Edition

Iterate from Plan A
to a Plan That Works

人民邮电出版社

北京

图书在版编目（CIP）数据

精益创业实战：原书第3版 / （美）阿什·莫瑞亚
（Ash Maurya）著；王小皓译. -- 北京：人民邮电出版
社，2023.12（2024.5重印）
（图灵经典）
ISBN 978-7-115-62536-6

Ⅰ．①精… Ⅱ．①阿… ②王… Ⅲ．①企业管理
Ⅳ．①F270

中国国家版本馆CIP数据核字(2023)第168518号

内 容 提 要

本书在上一版的基础上进一步融合了各种创业概念、理论、框架、工具和方法，详细阐述了在设计、验证和增长这三个阶段应该如何利用各种商业模型工具和框架，生产用户想要的产品，并取得最后的成功。作者提供了很多新的商业模型工具和框架，比如持续创新框架、客户工厂蓝图、客户受力分析画布、增长力路线图等，分析了大量真实案例，供各个阶段的初创公司使用和参考。那些希望验证自己的创意、解决创业道路上的实际问题和渴望拥有成功事业的人，可以把本书当成一个清晰的创业路线图、一套可以反复使用的方法论、一本必不可少的创业实践指南。

本书适合任何有创意，想创业创新、改变世界的人阅读。

◆ 著　　　　[美] 阿什·莫瑞亚（Ash Maurya）

　　译　　　　王小皓

　　责任编辑　王振杰

　　责任印制　胡　南

◆ 人民邮电出版社出版发行　　北京市丰台区成寿寺路11号

　　邮编　100164　电子邮件　315@ptpress.com.cn

　　网址　https://www.ptpress.com.cn

　　涿州市京南印刷厂印刷

◆ 开本：720×960　1/16

　　印张：25.5　　　　　　　　2023年12月第1版

　　字数：361千字　　　　　　2024年5月河北第2次印刷

　　著作权合同登记号　图字：01-2022-2840号

定价：99.80元
读者服务热线：(010)84084456-6009　印装质量热线：(010)81055316
反盗版热线：(010)81055315
广告经营许可证：京东市监广登字 20170147 号

献给纳塔莉亚和伊恩，自从有了你们，我对时间这一人类最宝贵的资源有了全新的认识。

赞誉

在长达 40 年的创业、创新和构建产品的生涯中,我曾经参与过数以千计的产品研发,也曾与数以百计的创始人并肩工作。阿什在《精益创业实战》中阐述的方法与我在 40 年中的实际工作体会完全一致,鲜有图书能做到这一点。大部分图书只会讨论某个过程或者某些工具,而阿什一句简单的"你应该爱上的是客户的问题,而非自己的解决方案"便切中要害,传递了宝贵的经验和深刻的创业知识。对于第一次创业的人来说,这本书是一个很好的起点;对于经验丰富的创始人来说,这本书也能提供指南与警示。我不只将这本书推荐给大家,我每年也会重读这本书,让自己始终脚踏实地、理性现实。谢谢你,阿什,你把那些我想要表达却又无法表达的话语写了下来。

——鲍勃·默斯塔(Bob Moesta)

《需求侧销售 101》(*Demand-side Sales 101*)作者

The Re-Wired Group 创始人兼首席执行官

《精益创业实战》是一部极具深度又简单易懂的杰作。

——扎克·尼斯(Zach Nies)

Techstars 总经理

如果你正在寻找一本帮助企业家推出新产品的指导手册，《精益创业实战》就是你的首选。

——迈克·贝尔西托（Mike Belsito）

Product Collective 联合创始人

Industry: The Product Conference（产业：产品大会）组织人

对连续创业者和首次创业者来说，《精益创业实战》的最新版本比原版操作性更强，也更具价值。

——肖恩·埃利斯（Sean Ellis）

《增长黑客》（*Hacking Growth*）作者

本书包含了作者对此前版本的更新以及其他新的知识、见解和方法。

——乔治·瓦特（George Watt）

Portage CyberTech 公司产品和交付执行副总裁

《精益创业精神》（*Lean Entrepreneurship*）作者

最初我们只是因为个人爱好，把 DIY 飞行模拟器作为副业。后来我们成为不断成长的直升机模拟器公司。一路走来，《精益创业实战》都在帮助我们专注于系统地构建属于自己的商业模式。

——法比·里森（Fabi Riesen）

飞行模拟训练方案商 VRM-Switzerland（VR Motion 有限公司）首席执行官

利用《精益创业实战》一书中的内容，我们在组织中发起了一个内部创业者草根运动，专注于为决策提供洞见和证据，从而加速为客户创造价值。

——马可·德波洛（Marco De Polo）

罗氏公司增长加速和开放创新全球主管

在这本书的帮助下，我学会了全力以赴打造正确的产品，而非只是关注打造产品的正确方法，并因此节省了数年的时间。

——托马斯·博顿（Thomas Botton）

Liip 公司商业设计负责人

对于创业者来说，《精益创业实战》实属难得，它是一份充满智慧的馈赠。

——瑞安·马滕斯（Ryan Martens）

Scaled Agile 董事会成员

RallySoftware 公司前首席技术官

阿什写这本书的优势在于，他个人作为企业家有着丰富的个人经验，同时，他广泛地研究了创新和创业领域中诸多思想领袖创建的精益创业概念并做出了改进和完善。

——巴里·G. 比森（Barry G. Bisson）

纽布伦斯威克大学名誉教授

Propel ICT 公司前首席执行官

难以想象，要庆祝《精益创业实战》出版 10 周年了。对于今天的产品开发人员来说，它仍是一本针对性很强的著作。

——张进（Jin Zhang）

Meta 工程部主管

这本书能够教会你如何快速有效地测试商业想法，提高构建出人们需要的产品的概率，从而获取最终的成功。

——大卫·罗梅罗（David Romero）

蒙特雷理工学院先进制造业教授

技术创业精神研究者

《精益创业实战》为寻找有效商业模式的创始人提供了大量成熟的方法。

——克里斯·柯伦（Chris Curran）

得克萨斯农工大学创业实践教授

普华永道孵化器前首席技术官

创业者在完成商业计划书之后，往往会寻求建议，但是很多创业者深爱着自己的商业计划，基本不太可能根据收到的建议采取行动。《精益创业实战》有助于改变这种思维模式。

——克雷格·伊莱亚斯（Craig Elias）

赵氏商学院驻校企业家

毋庸置疑，《精益创业实战》是我向创始人推荐最多的一本书。阿什多年来不断进行测试和调整，在这本新书中增加了丰富的信息。

——阿努杰·阿迪亚（Anuj Adhiya）

《增长黑客入门》（*Growth Hacking for Dummies*）作者

推荐序

"实践出真知。"十多年前，第一次在阿什·莫瑞亚的博客上读到这句话时，我就知道他将来肯定能为这场处于萌芽期的精益创业运动添砖加瓦。在这场运动的早期，我们亟须有人能够将精益创业的理论付诸实践，然后与他人分享。阿什在这一方面扮演着至关重要的角色。从那时起，他就把自己的知识传递给世界各地不同的团队、教练和其他相关人员。精益创业运动以超乎我想象的方式成长、发展，很大程度上是因为像阿什这样的有志之士在不遗余力地努力。作为精益系列的第一本书，《精益创业实战》是精益创业运动发展的重要推动力量。这本书本身也在不断更新，现在又推出了全新版本。

全新版本增加了不少修订和扩展，书中反映了阿什对精益创业的未来和作用更深入和更广阔的思考。全新版本也证明了阿什始终致力于帮助创业者找到将创业激情转化为可持续发展企业的方法。本次修订并非是简单地对此前的版本做出零星的改动，而是在测试此前版本中给出的方案后，进行了完善并根据各方的反馈意见补充了相关内容。他称这种全新的方法为"持续创新框架"，它反映的绝不是精益创业运动 10 年前的故事，而是现状。阿什选择了"持续创新框架"这个名字其实也表明，为了在一个不确定性逐渐增强的世界中生存和发展，创新并非创业者在寻求成功道路上做过便无须再做的事情。创业者必须持续处于"创新状态"之中。此外，此前大家认为阿什构建产品的方法只适用于开发软件，但是现在已经被广泛使用。用阿什的话说，是用来构建"任何为客户提供价值的东西"的最佳方式。

但是，这本书的出发点并未改变，数年前我就已经在阿什的博客上读到了这个根本理念：实践。经过数十年的时间，他有很多内容可以与读者分享，帮助读者更快地实现产品与市场相契合。精益创业这一方法自诞生伊始就被广泛采纳，随后又不断演变。第 3 版与时俱进，紧跟最新实践的步伐，所以对于任何创业者来说，它都是一本重要的指南。我们生活在一个创业的时代，这一事实仍未改变。许多改变了我们生活的公司曾经都是小型的创业公司，其中部分公司的成功是因为它们在成长过程中始终坚守着创业精神。还有的公司则是对20 世纪行之有效的做法进行了调整，以满足这个世纪的需求。这两类公司越多越好，这样才能迎来繁荣兴旺的未来，而它们的生存取决于是否拥有助力发展的知识与工具。

就像开发新产品一样，成功的公司需要持续、有规律地进行科学实验，以发现新的利润增长点。小到微不足道的创业公司，大到闻名于世的成熟组织，都是如此。《精益创业实战》让创业者有了可遵循的蓝图，帮助他们通过设计、验证和增长 3 个阶段找到利润增长点。书中的模板简单明了，以行动为导向，提供了各种工具，供各个阶段的初创公司使用，帮助创业者创建具有突破性和颠覆性的新产品与新组织。

自我第一次在博客中写下"精益创业"这个词，已经过去差不多 15 年了。当时，那篇博文的读者只有寥寥数十人。自从那时起，我提出的这些理念已经发展成一场声势浩大的运动，全世界已有成千上万的创业者加入进来，他们希望借助这一理念顺利创立新公司或者开发新产品。在你阅读本书的时候，我希望你也已经将这些理念付诸实践。欢迎你加入我们这个大家庭，也感谢你参与这场盛大的实验。

埃里克·莱斯

2022 年 2 月 20 日

前言

时光飞逝。距离上一版《精益创业实战》的出版已经过去 10 年。自那时起，我已经投入数千小时培训和指导世界各地的数百个产品团队、教练和相关人员。我的目标是进一步测试和完善我在此前版本中提出的涉及不同产品和行业的系统性分步创业流程。

这段时间，我又开发了许多商业模型工具，比如客户工厂蓝图、客户受力分析画布、增长力路线图，制定了更好的验证策略，推出了更实用的方法，综合了各种方法论和框架概念，包括精益创业、设计思维、商业模式设计、待办任务、系统思想、行为设计，等等。

我发现，要在极端不确定的条件下实现突破性创新，我们不应该把自己限制在前述任何一个框架中，而是应该综合使用所有框架。一方面，这些框架存在彼此重叠的地方，另一方面，每一个框架都有各自的长处。我整理了每个框架的优势之后，形成了综合所有框架的框架，即持续创新框架。我会在本书中进行阐述。

在本书中，你将看到以下内容：

- 更有效的压力测试方法，它能帮助你塑造创业初期的商业模式；

- 全方位修订的用来发现客户问题的访谈脚本，它能帮助你发现真正值得解决的客户问题；

- 经过了实战检验的流程，它能帮助你构建客户真正需要而不是你希望他们需要的产品。

本书历经 10 年的严格测试、数百个产品案例研究和数千次迭代。我已经迫不及待地要与各位读者分享书中的内容。

人生苦短，绝不能将时间白白浪费在创建无人问津的东西上。

阿什·莫瑞亚

2021 年 12 月 21 日

引言

两位创业者的故事

首先，我想给大家讲一个关于两位创业者的故事，他们的名字分别是史蒂夫和拉里。他们在同一所大学学习，成绩同样优异，毕业后都进入了一家高科技创业公司工作，并迅速成长为公司的关键人物。

几年之后，他们都动了创业的念头，也有了自己的创业想法，并决定辞去工作，付诸行动。尽管我给他们起了名字，使得二人更加鲜活，但是我想强调的是，两人的相似之处并不是年龄、性别和所处的地域，而是他们都被"宏大想法"所打动并决定采取行动。

现在，让他们变得不同的是一年之后他们的情况（图 0-1）。

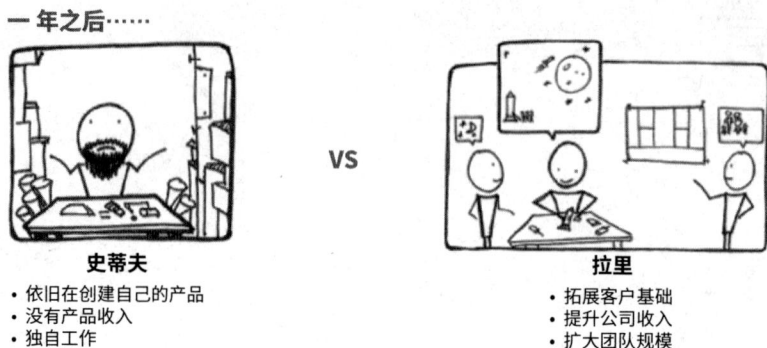

图 0-1　史蒂夫和拉里在一年之后的情况迥异

一年之后，史蒂夫仍然在创建自己的产品，没有任何产品收入，依靠自己兼职的收入资助产品研发。而且，他依旧独自一人工作。拉里的情况则完全不同，他的客户群体、公司收入和团队人数都在不断增加。为什么他们在一年之后的情况会有如此大的差异？

为了回答这个问题，让我们穿越时空回到过去。

一年以前……

史蒂夫在他的办公桌前，陷入了沉思。那天早些时候，经理告诉他，他们的母公司（在最近被收购之后）将在几个月后关闭他们所在地的办公室。史蒂夫有选择的权利，要么搬迁前往总部办公，要么接受遣散费离开公司。

史蒂夫认为这是一个信号。

长期以来，史蒂夫一直在等待时机成熟时创办自己的公司。大学毕业后，他刻意选择加入了一家前途光明的创业公司，以便在自己创业之前积累第一手经验。尽管这家创业公司的最初几个产品比较糟糕，但是最终它还是成功地被其他公司收购了。作为核心团队的一员，史蒂夫倍感自豪。

"这可能是一个好机会。"他心想。他决定在晚上认真思考自己创业的问题。

史蒂夫估计，如果他能控制自己的开支，遣散费和他的储蓄将为他提供一

年的运营时间（runway，即创业公司在耗尽资金之前可以运转的时间）来启动
自己的公司。他有个与增强现实 / 虚拟现实（AR/VR）相关的创业点子，在脑
子里已经酝酿几个月了……

　　第二天，他决定放手一搏，接受了遣散费。

奔赴赛场

　　史蒂夫没有浪费任何时间，迅速投入工作。他预计，如果自己保持专注，全
职工作，不受干扰，应该能够在 3 个月内推出产品的第一个版本（图 0-2）。

图 0-2　史蒂夫想象中的创业过程

　　他希望以"正确的方式"创业，如同一个工匠，一丝不苟地设计和制造自
己的产品。

　　但是刚开始的几件小事花费的时间就已经超过预期，此后拖延的时间越来
越长，计划几周完成的事情变成了需要几个月。

6 个月后

　　史蒂夫开始感到紧张。产品没有达到他的标准，他对自己的计划做出了修
正，发布产品的日期至少要再推迟 3 个月，甚至 6 个月。

　　到那时他的资金早已耗尽。

　　他意识到他需要帮助。

　　史蒂夫找到一些关系密切的朋友，尝试招募他们加入，并慷慨地提供股权。
但是，朋友们无法理解史蒂夫所预见的未来，而且他们认为史蒂夫提供的条件
不足以让他们放弃目前稳定的高薪工作（图 0-3）。

图 0-3　没人能理解史蒂夫所预见的未来

史蒂夫认为朋友们不愿加入纯粹是因为他们"缺乏远见"，这反而坚定了他想方设法完成自己的产品的决心。

他决定以四处推介的方式筹集资金。

史蒂夫首先联系了他曾经效力的创业公司的创始人苏珊，后者欣然同意与史蒂夫见面。苏珊喜欢他的创业想法，并提出要将他介绍给一些投资人。

她给史蒂夫的建议是，"首先写一份无懈可击的商业计划书"。

史蒂夫此前从未写过商业计划书，所以他下载了一些模板，从中挑选了一个喜欢的版本。着手撰写的时候，他发现其中的很多问题他都无从回答，但是他还是尽力完成了计划书。

计划书中的财务预测电子表格令他备受鼓舞。越是接触这些数字，他越是觉得自己在做一件真正的大事。不过，史蒂夫还是决定将预期数值向下调整，稍微"淡化"他所创建的奇妙软件的成功未来，因为如果这个模型过于出色，人们可能不会相信他。

他知道此次筹资事关重大，所以他又花费了很多天时间来准备自己的电梯演讲，勾勒出自己产品的路线图，不断打磨由 10 页幻灯片构成的融资讲稿。

几周后，他联系了苏珊，后者帮他安排了数场与投资人的会面。最初的几次会面中，史蒂夫非常紧张，但是他觉得会面还算顺利。他开始在实践中变得更加自如，在后来的会面中他感觉好了许多。

他虽然没有当场得到投资人的许诺，但是至少他也没有被投资人断然拒绝。他后来向苏珊汇报了情况，苏珊很不情愿地戳破了他的幻想："很遗憾，史蒂夫，你现在来找我们还为时尚早……我们说'6个月后我们再联系'的实际意思是'我们不感兴趣'，但是我们要保持礼貌，不能直截了当地拒绝。"拒绝情景如图 0-4 所示。

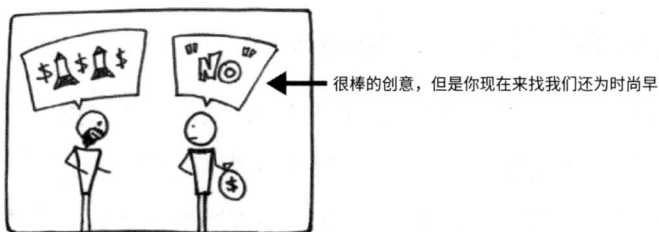

很棒的创意，但是你现在来找我们还为时尚早

图 0-4　投资人对于如何礼貌地表达拒绝驾轻就熟

进退维谷

史蒂夫处于典型的进退两难之中。在完成产品之前，他无法让人们真切地看到他的愿景，而投资人在看不到他愿景的情况下，是不会给他资源让他来完成产品的（图 0-5）。

图 0-5　史蒂夫进退维谷

他该怎么办呢？

他退回自己的"创业车库"，决定当一个自由职业者工作挣钱，自筹资金继续实现自己的想法。

这样做进展相对缓慢，但是至少他仍然可以在晚上和周末继续创建自己的产品，推进自己的创业点子。

现在，我们来看看拉里。同样，他也是在一年前有了很棒的创业点子，但是与史蒂夫不同，他并没有以"优先创建产品"或者"优先获取投资人"的方式开始自己的创业之路，因为这两种方法已经过时了。

增长力优先的创业方法是新方向

拉里认识到，在创建产品非常困难且昂贵的时代，"优先创建产品"或者"优先获取投资人"的方式非常有效，但是现今的世界已经不同。

过去，投资人看重的是知识产权，他们会选择资助那些展示自己具备产品创建能力的团队。但是现在的情况已然不同以往。

此外，此前创建产品的成本往往高到令人望而却步，所以能够成功融资的团队相比其他团队有着显著的不公平优势，因为无论是进入市场还是进行学习，他们都领先竞争对手一步。即便最初的产品方向完全错误，他们仍然可以设法纠正方向、重回正轨，因为鲜有竞争者能够望其项背。

但是，如今的世界已经截然不同（图 0-6）。

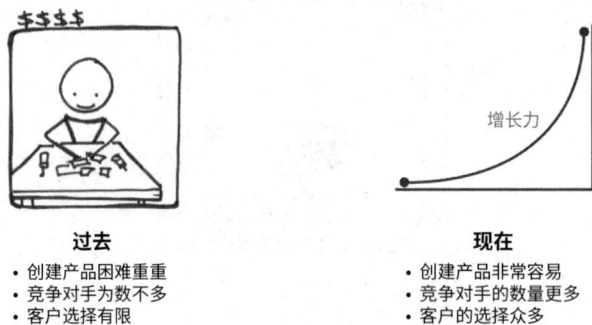

过去	现在
• 创建产品困难重重	• 创建产品非常容易
• 竞争对手为数不多	• 竞争对手的数量更多
• 客户选择有限	• 客户的选择众多

图 0-6　我们现在处于新世界中

现今，我们正在经历一场全球创业复兴。今天，创建产品比以往任何时候都更便宜、更便利，这意味着世界各地有越来越多的人选择"创业"。虽然创业活动的爆炸性增长对于所有人来说都是令人难以置信的机会，但是它也伴随着负面因素：更多的产品意味着投资人和客户有了更多的选择，这使得脱颖而出更加困难。

今天，投资人看重的不是知识产权，而是增长力。增长力不在于是否率先进入市场，而在于是否率先被市场广泛接受。

具备增长力证明除了你自己、你的团队和你的亲朋好友之外，还有人关心你的创业想法，即客户。更重要的是，增长力也证明了你的商业模式行之有效。

—— **小贴士** ——————————————————

如今，投资人的投资方向不是行之有效的解决方案，而是行之有效的商业模式。

————————————————————————

但是，如果没有有效的产品，如何展示自己的增长力呢？我们是否又回到了"进退维谷"的境地？并非如此，因为拉里知道，今天的客户面对众多的产品选择，会倍感困扰。当客户遇到"半生不熟"的产品时，他们不会甘愿做测试者，而是转身离开。

如果没有客户反馈，极易陷入创建产品陷阱。所谓"创建产品陷阱"是指，在研发产品时距离取得突破性进展似乎总是差一个关键功能，且始终难以实现。最终，你花费了不必要的时间、金钱和精力构建了无人需要的产品，直到自己的资源耗尽。

拉里此前在创业公司效力时，已经多次经历类似的创建产品陷阱，所以他决定在自己创业的时候要改变这种情况，为自己的产品打下更好的基础。这么做，表明了基本的思维模式的转变——先关注问题，然后再寻求解决方案。

—— **敲黑板** ——————————————————

客户并不关心你的解决方案，他们关心的是他们的问题是否能得以解决。

————————————————————————

拉里明白，如果他的产品不能为客户解决足够重要的问题，那么再多的技术、专利或者赠品都无法"拯救"他的商业模式。

由此，他有了以下感悟。

思维模式 1
商业模式就是产品。

思维模式 2
你应该爱上的是客户的问题，而非自己的解决方案。

思维模式 3
创业的目标应该是获取增长力。

一位拉里非常信任的创业导师向他推荐了一个仅有一页模板的精益画布，于是他花费了半个下午的时间勾勒出创业点子的商业模式。

随后，他快速地做出粗略计算，测试了商业模式的发展性，并据此建立增长力路线图，找到了创业历程中的关键里程碑。这一做法有助于他制定自下而上的产品进入市场（go-to-market，GTM）验证策略（图 0-7）。

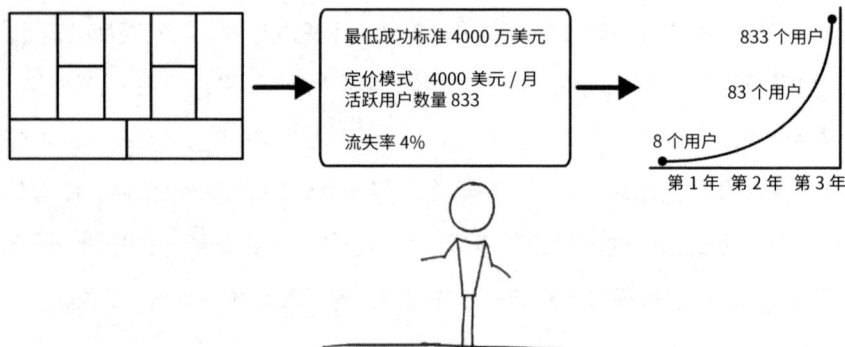

图 0-7　拉里快速地将创业点子转化为商业模式

拉里和史蒂夫的验证策略之间的关键区别是，拉里优先测试了商业模式中风险最高的部分而非最稳妥的部分。

拉里的认识是正确的：现今世界，对于大多数产品来说，客户和市场所带来的风险已经远超技术所带来的风险。

今天，需要回答的关键问题不是"我们能否创建这样的产品"，而是"我们是否应该创建这样的产品"。

所以，拉里采用的是"优先获取增长力"的创业方法，而非"优先创建产品"或者"优先获取投资人"的方法。

思维模式 4

在正确的时间采取正确的行动。

你可能会认为下面的这一点违反常理：不需要可行的产品，甚至不需要第一批付费客户，就可以发现值得解决的问题。

拉里和史蒂夫不同，后者在着手创业一年后仍在完善和打磨他的产品，而拉里在不到 8 周的时间内就定义了自己的最小化可行产品（minimum viable product，MVP），而且获取客户的渠道在不断增加。

—— **敲黑板** ——

所谓"最小化可行产品"是以最小的解决方案创造、交付和获得客户价值。

按照这种方法，拉里能够避免花费不必要的时间、金钱和精力去构建他希望顾客购买的产品，而是构建他知道顾客会购买的产品。

—— **敲黑板** ——

史蒂夫遵循的是"构建 - 演示 - 销售"的游戏规则，而拉里遵循的是"演示 - 销售 - 构建"的游戏规则。

这种方法为拉里的创业思想打下了坚实的基础。他花了 4 周的时间创建了解决方案的第一个版本，这个版本针对的并非所有的潜在客户，而是他理想中早期会采用他的产品的客户。在最小化可行产品就绪之后，他并没有进行大爆炸式的营销，而是实行软启动，向 10 位早期采用者发布产品，并且从他们使用产品的第一天就收取费用。

拉里认同创业需要从小规模产品做起，要勇于给出大胆承诺，在这方面他认为最重要的是付诸行动。他对自己说："如果不能为这 10 位精挑细选的客户提供价值，我凭什么相信自己有能力为成千上万试用我产品的客户提供价值？"

> **思维模式 5**
>
> 分阶段处理风险最高的假设。

以小规模产品起步还有一个附带益处：拉里可以为客户提供较多的面对面的服务。这让他可以避开最小化可行产品的部分缺点，在高效交付价值的同时也可以最大限度地从客户身上学习。

拉里对细节的关注和他对客户需求的积极回应令第一批客户意想不到，印象深刻。他不断完善自己的最小化可行产品，设法将第一批客户全部转化为忠实的拥趸。

> **思维模式 6**
>
> 瓶颈也是一份馈赠。

尽管拉里是个通才，但是他认识到自己不可能依靠个人的力量实现业务扩张。因此，他将三分之一的时间投入到向潜在的联合创始人"推销"自己的愿景上。他寻找的并不是和他一样的人，而是与他的技能互补的人。他明白：

- 好的创业点子非常稀有，很难轻易找到；
- 好的创业点子可以来自任何人；
- 找到好的创业点子本身就需要大量的好点子。

事实上，拉里已经拥有了乐于付费的客户（早期增长力）。不断拓宽的客户渠道也让他能够吸引和招募到他梦想中的团队。

太多的团队是采取各个击破法来测试他们的商业模式的。团队根据每个成员的长处来划分各自的工作重点。例如，"黑客"型成员通常专注于产品，而金牌销售型成员通常专注于客户。实际上，这使得整个团队在许多不同的优先事项上分散了精力，这并非最优解。

拉里的做法则不同，他让整个团队一起关注商业模式中风险最高的部分，而非最为稳妥的部分，以此发挥团队的全部潜力。由于商业模式中的风险在不断变化，拉里设定了解决问题的固定周期，时长 90 天，以保持团队的紧迫感并让团队对外部负责。

思维模式 7

让自己对外部负责。

每个 90 天周期细分为 3 个关键活动。

- **构建商业模式**

  拉里的团队会使用精益画布和增长力路线图更新和复盘商业模式，以此启动每个 90 天周期。这种方法有助于团队围绕一系列共同的目标、假设和瓶颈不断进行调整。

- **确定优先次序**

  然后，团队共同给风险最高的假设确定优先次序，并提出一些可能的验证策略（活动）来应对这些风险。

- **测试**

  由于在策划活动的时候，很难知道哪些活动行之有效，因此团队不会孤注一掷，而是选择较有前景的多个活动，付出较低的成本以快速进行迭代式测试。从这些测试中学习到的内容可以帮助拉里的团队识别出最佳活动，并对它们加倍投入（图 0-8）。

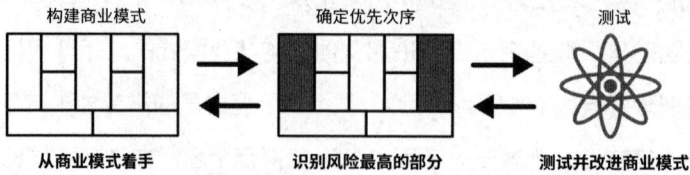

图 0-8 "构建商业模式－确定优先次序－测试"的循环模式

思维模式 8
多次小额下注。

思维模式 9
做决定时以实证为依据。

每一个 90 天周期以一次周期复盘会议收尾。会议上，团队复盘这个周期内他们所做的工作和所学的内容，并提出下一步的工作计划。

这个"构建商业模式－确定优先次序－测试"的循环模式使团队能够系统地寻找一个可重复、可拓展的商业模式。创业的旅程不可能一帆风顺，会经历迂回曲折，会走进死胡同，还可能原路返回。但是，由于拉里的团队行动迅速，不断学习，进行了许多细小的路线修正，因此避免了致命的失败。

思维模式 10
要想取得突破，需要获得意料之外的结果。

到当年年底，拉里的客户群体、收入和团队规模都保持着增长势头。他的商业模式已经走上实现产品与市场相契合的轨道。

成功与否取决于思维模式而非技能

史蒂夫和拉里之间的区别并不在于两人的技能高低，而是思维模式的不同。

史蒂夫在创业中像个"艺术家"，他的驱动力来源于他对产品（解决方案）

的热爱。

我们可以用"软件开发者""设计师""创意人""制造商""作家""黑客"和"发明者"等词来替换"艺术家"。

史蒂夫采取的是"优先创建产品"的方法，这在当今世界风险很高。

反观拉里，他在像"创新者"一样创业。

---- **敲黑板** ----

创新者能够将发明创造转化为可行的商业模式。

拉里认识到，在我们生活的当今世界中，游戏规则已经改变。今天，创建客户口中所说的他们想要的东西已经不够，因为当创建该产品的时候，你会发现客户真正想要的东西与他们的叙述完全不同。

---- **小贴士** ----

在当今世界，确保你创建的产品是客户确实所需的唯一方法，是让客户持续参与进来。

如今的风险要高得多

过去，进入市场存在着巨大壁垒，市场中的竞争对手为数不多，原有的创建产品的方式在这样的环境中还算有效。那时，即便你的产品一无是处，你也有时间纠正错误，重回正轨。

但快进到今天，推出新产品变得比以往任何时候都更加便宜、快捷，这意味着竞争对手可能遍布全球，而且数量远超过去；它们中既有在位企业，也有后起之秀。

过去，如果不能满足客户需求，那就意味着公司项目的搁浅。但是现在，不能持续满足客户需求意味着整个商业模式的溃败。

这是因为今天的客户相比以往有更多的选择。如果你的产品无法满足他们的需求，他们可以轻易地找到替代品。

此外，今天顶尖的成功公司也意识到，优秀的创意极为罕见，很难找到，所以找到下一个关键创意的最佳方法就是快速测试许多点子。

虽然最早采用这种全新工作方式的企业是爱彼迎和 Dropbox 这样的高科技创业公司，但是多年来，持续创新已经越来越多地应用于许多不同的领域。即便是大规模应用，它也能发挥良好的作用。美国最具价值的公司，如谷歌、奈飞、亚马逊、Facebook[①] 等，都在奉行持续创新的文化。

学习速度是新的不公平优势

那些能够不断快速学习的公司可以轻松超越竞争对手，创建客户真正想要的产品。

这就是持续创新的本质，也是拉里采取的方法。在极端不确定的条件下快速发展时，不能花费很长的周期去分析、计划和执行自己的创意。你需要更快的迭代方法，持续构建商业模式，确定优先次序并进行测试，不断循环。

如今想取得成功需要全新的思维模式

在持续创新方面遭遇失败的企业不胜枚举，因为它们在选择出发点时就出现了错误。它们虽然模仿了相关的策略，但是没有吃透策略背后的根本思维模式并将之内化。

——— **敲黑板** ———

思维模式决定了我们如何看待我们周围的世界。

如果你相信我们已经迈入了新时代，那么你自然会接受这个观点：在新时代，我们需要有全新的思维模式。我们来总结一下为持续创新框架中的 3 个活动提供动力的 10 种思维模式。

① 2021 年 10 月，美国社交媒体公司 Facebook 宣布将公司名更改为 Meta。——编者注

1. 构建商业模式

- 思维模式 1：商业模式就是产品。

- 思维模式 2：你应该爱上的是客户的问题，而非自己的解决方案。

- 思维模式 3：创业的目标应该是获取增长力。

2. 确定优先次序

- 思维模式 4：在正确的时间采取正确的行动。

- 思维模式 5：分阶段处理风险最高的假设。

- 思维模式 6：瓶颈也是一份馈赠。

- 思维模式 7：让自己对外部负责。

3. 测试

- 思维模式 8：多次小额下注。

- 思维模式 9：做决定时以实证为依据。

- 思维模式 10：要想取得突破，需要获得意料之外的结果。

在后面的内容中，我们还会提及这些思维模式。

对于创业点子不能静待花开

距离史蒂夫辞去工作开始独立创业已经超过 18 个月了。尽管他的积蓄在 6 个月前就已用完，但是他作为自由职业者提供咨询服务，以此维持自己产品的开发工作。对于这样的生活他已驾轻就熟，习以为常，甚至乐在其中。

他已经接受了这样的事实：实现自己的愿景需要时间，但他并不着急，毕竟罗马不是一天建成的。

这是一个星期二的早晨，史蒂夫正在排队等着点咖啡，然后前往客户所在地开会。他收到一条来自老友的短信："你看到 Virtuoso X 刚刚发布的产品了么？史蒂夫，那正是你的创意啊！"

史蒂夫点开链接，浏览了页面，他顿时脸色惨白。

Virtuoso X 的产品看起来确实与他在过去一年半里一直在做的产品非常相似。美国科技类知名博客 TechCrunch 刚刚报道了 Virtuoso X，他们还宣布会进行大规模的融资活动。

史蒂夫感到胃里翻江倒海，失魂落魄地离开了咖啡馆。他在车上重新安排了与客户的会议时间，然后回到了自己的家庭办公室。

那天剩下的时间，他全部用来研究 Virtuoso X 的网站，试用其手机应用，在网上搜索一切与其有关的信息。几个小时之后，他得出了结论：虽然 Virtuoso X 的产品确实与他的创意相似，但是产品实施阶段与他大为不同。

史蒂夫略微松了一口气，因为他仍然相信他的解决方案更加精致。但是这种感觉只持续了一会儿，他的内心很快被新的焦虑席卷："如果我的产品推出得太晚，或者永远无法推出，那么即便它是更好的解决方案又有什么用呢？"

他需要让创业进程重回快车道。

也许那些曾经没有理解他愿景的程序员朋友现在会转而支持他？或者，现在他可以更容易地从投资人那里筹集资金？

他的脑海中闪过无数想法。他应该从何处着手呢？

他决定向玛丽寻求建议。

在史蒂夫曾经效力的创业公司中，玛丽是他的直接领导。和史蒂夫一样，在母公司被收购并关闭当地办公室之后，玛丽也选择接受遣散费。几个月前，史蒂夫在一次活动中遇到了她，得知她和其他几个前同事也开了一家新公司。从各方面来看，他们似乎做得相当好。他们已经有 30 多名员工，有付费客户，也获得了风险投资。

史蒂夫给她发了一封邮件，简要介绍了他的情况，并邀请玛丽一块吃午饭面谈。

玛丽几乎在第一时间回复了他："明天中午咱们吃墨西哥玉米卷饼吧。老地方见。"

史蒂夫了解了最小化可行产品

午餐时间前的几分钟，史蒂夫赶到了餐厅，在靠里面的地方找了一个安静的位置。他坐下后收到了玛丽的一条短信。"对不起，我会迟到 10 分钟，今天需要部署工作。先按老样子帮我点一个玉米卷饼，第二个我自己去买。"

利用玛丽到达餐厅之前的这段时间，史蒂夫整理了自己的思路，在日记本上涂画出一个总纲计划：

1. 获得种子资金；
2. 雇用 3 名开发人员；
3. 3 个月内完成自己的平台并且发布！

就在这时，玛丽走了进来。

"抱歉，史蒂夫，我来晚了。这周我们有个大型的推广活动，整个上午我们都在解决生产中的几个问题。本来我应该重新安排咱们见面的时间，但是你的电子邮件看起来特别紧急。怎么了？"

史蒂夫掏出手机，在桌上晃动了几秒，然后让玛丽看。玛丽脸上闪过一丝困惑的表情，她伸出手，似乎是想抓住桌上的什么东西，但是她抓住的只有空气。玛丽不禁笑出声来。

"这是我见过的最为逼真的 AR 技术的应用。这个可乐罐和放在它旁边的这杯冰水太诱人了。看到它们我都口渴了。"玛丽说。

"很高兴你这么认为。我已经开发出一种方法，可以在无须编写任何代码或者使用复杂建模软件的情况下，将任何真实世界的物体在 AR 或 VR 应用中渲染成 3D 模型。你只需要用手机的摄像头给物体拍几张照片，渲染引擎就能在几分钟内建立起 3D 模型。我在等你的时候就生成了这些模型。"

"棒极了！你这个项目叫什么？"

"Altverse[1]——因为我的最终愿景是创造一个与我们目前居住的宇宙一样丰富多彩的虚拟宇宙。"

玛丽让史蒂夫继续说下去。

史蒂夫用5分钟时间总结了他在过去一年中的工作，描述了Virtuoso X推出的产品以及他自己加速创业过程的大致计划。

玛丽耐心地听他讲完，然后问了史蒂夫一个简单的问题："接下来的6个月，你想要向投资人还是向客户推销自己的产品？"

看到史蒂夫脸上疑惑的表情，她继续解释说："即使在最好的情况下，产品在没有吸引到客户的情况下筹集资金通常也是一个为期6个月的过程，是一项需要全身心投入的工作。而在这段时间里，你的产品不会有什么进展。因此，根据你的估计，你可能需要9个月的时间才能推出自己的产品。"

"我不能再等9个月了！"史蒂夫脱口而出。"Virtuoso X已经有了先发优势，到那时，他们已经垄断整个市场了！"

玛丽补充说："其实有竞争是一件好事，我知道这是老生常谈。竞争有助于验证市场的规模，而且大部分先行者不仅没有优势，产品还存在缺点。包括Facebook、苹果、微软、丰田在内的公司都不是先行者，他们只是行动迅速的追随者，这种例子太多了。"

史蒂夫还未信服，但还是点了点头。

"好吧……但是我还是需要在不到9个月的时间里推出些东西。"

"对于这一点，我完全同意。你确实需要这样。"

"但是要实现这一点，我需要更多的开发人员。如果没有钱，我就没法雇用他们……"

玛丽打断了他的话："你需要推出一个客户想要的最小化可行产品。"

"最小化可行产品？"

"就像测试版的产品吗？"

---

① 这个单词是英文 Alter（改变）和 Universe（宇宙）的组合。——译者注

"类似，但并不完全像。所谓'最小化可行产品'，是你能构建的最简解决方案，它可以为你的客户提供可以变现的价值。我知道你有建立大型平台的远大愿景，但是客户不会在乎平台，至少在刚开始的时候他们不会在意。他们关心的是能够解决他们眼前问题的解决方案。你提供的最简解决方案解决的问题对于客户来说必须足够重要。要做到这一点，你首先要缩小理想中的早期采用者的范围，针对的范围不宜过广。如果你的营销对象是所有人，实际上你无法影响到任何人。"

就在这时，玛丽的手机响了，她瞥了一眼屏幕。"抱歉，我现在需要回办公室了。目前，我能给你的最好的建议就是阅读所有你能找到的关于最小化可行产品的信息。今天的投资人不会资助创意或者产品开发，他们资助的是受欢迎的产品。而你需要拥有客户，证明你的产品受欢迎，具备增长力。"

史蒂夫插话说："增长力怎么才算足够？"

"只要你能展现出产品受用户欢迎，具备增长力，你就能脱颖而出。我们与所有投资人交谈之前都是这么做的。即便只有 5 位付费客户也能让我们占据优势，完全改变融资中的态势。今天，我们的客户数量是原来的 10 倍，但是如果没有最初的 5 位客户，我们的融资推介只是一堆空洞的承诺。等你定义了自己的最小化可行产品后，咱们再见面讨论后面的问题。"

在史蒂夫感谢玛丽的时候，她抓紧吃了一口午餐，然后匆匆忙忙地离开了餐厅。

最小化可行产品不是起点

距离史蒂夫与玛丽上一次会面已经过去 3 周了。两人再次见面，史蒂夫向玛丽汇报自己的最新情况。

"按照你的建议，我读了关于最小化可行产品的资料。此前的工作经历中，我已经创建过许多产品，我相信我能够在一周内推出我的最小化可行产品……但是我还是觉得这种办法行不通。"

史蒂夫顿了一下，然后继续说："每天都有很多用户注册，这点很好，但是还是无人更进一步，而且用户留存率相当低——大多数用户在使用一天之后就不会再用。我一直在进行各种 A/B 测试，甚至进行了几次关键转型。我的结论是我的最小化可行产品还不够好。产品依旧缺少几个核心功能。但是我认为我终于找到了'杀手级'功能，我正计划开发这些功能……"

玛丽打断了他的话。"先不着急。你的用户都是谁？你是如何获得这些用户的？"

"我在 Product Hunt、Hacker News 还有其他的在线社区宣布我将发布自己的产品。我的宣传给产品带来了一定的热度。目前产品的部分流量还是来自这些在线社区。其余的用户主要来自在线广告。我每天要花费 25 美元打广告。"

"好，那么你的用户都是谁？你和他们交流过吗？"

史蒂夫面露惊讶之色。"和他们交流？没有。但是我一直在用数据分析他们的行为，所以我知道用户的留存率很低。"

"我明白了。我们在推出自己的最小化可行产品后也犯了类似的错误。我们没有继续跟客户交流，只是按照各种数据指标的指示行事。数据指标的问题在于它们只能告诉你出了什么问题，但是无法分析背后的原因。我们一直在思考产品出了什么问题，但是我们所做的努力都不起作用。只有与客户交谈，我们才能真正理解产品出现问题的原因，然后扭转局面。史蒂夫，你必须不断跟你的用户沟通。"

史蒂夫清了清嗓子。"不断跟我的用户沟通？我从来没有和他们任何一个人谈过。"

现在，轮到玛丽感到困惑了。"啊？那么你是如何定义自己的最小化可行产品的？"

"是这样，我此前已经创建过那么多的平台，我能够迅速推出一个小的参考性应用，展示平台的强大功能。你说过我需要发布一些东西。最小化可行产品的前提不就是迅速发布产品的第一个版本，启动学习周期，然后通过快速实验来迭代和完善产品吗？"

玛丽叹了口气，说道："真抱歉，史蒂夫，我早该提醒你，最小化可行产品实际上是一个内涵丰富的术语，有着许多不同的定义，还包含许多方法。没错，很多人跟你的看法相同。老实说，你的方法比花一年时间创建一个比较完整的产品要好得多，因为花费一年时间创建的产品要么可能被过度开发了，要么更糟的是，创建的产品根本无人需要。"

玛丽注意到，她说最后一句话的时候，史蒂夫有些脸红。她选择忽略史蒂夫的情绪，继续说道："但是，仅基于你自己的最佳猜测得到解决方案，并称之为最小化可行产品，无论你的解决方案规模多么小，仍然是不合理的，并不能保证这种方法比其他方法有更好的效果。"

"精益创业的'开发 – 测量 – 认知反馈'循环不是可以帮我们迭代和完善最小化可行产品吗？"史蒂夫问道。

"从理论上讲，没错，但很多团队陷入了僵局。可以把'开发 – 测量 – 认知反馈'循环看作一个快速的创意验证器。如果你将相当好的想法投到这个验证器中，并设法吸引早期采用者，就有可能进入如你所述的情况，你能不断迭代和完善最小化可行产品。但如果一开始你的想法就存在错误，那么这个循环能够告诉你的就是你的想法非常糟糕。然后你的创业便会陷入僵局。"

"怎么会这样？"史蒂夫问道。

"因为今天的客户有很多选择。如果你的最小化可行产品未能引起他们的共鸣，他们不会变成你的测试人员，耐心地给你提供如何改进产品的反馈。他们只会转身离开——产品较低的客户留存率就属于这种情况。你能做的就只有凭借猜测判断产品为何没有成功，然后开始寻找神秘的'杀手级'功能——这个功能看似就在眼前。偶尔你会因为幸运取得突破，但更多的时候，你会发现自己只是在兜圈子，不停地尝试一个又一个想法，但永远无法破局，逐渐陷入创建的产品陷阱。"

史蒂夫双目圆睁，因为玛丽刚才说中了他的现状。

他随后问出了一个所有人都会问的问题。"如果成功的前提是初始创意的质量，那么如何从一个好点子开始呢？"

"问得好，史蒂夫。你要做的是先关注用户的问题，再关注解决方案。现今，我们的挑战不是如何开发更多的功能，而是发现需要开发什么功能。"

史蒂夫的脸上又浮现出疑惑的神情，于是玛丽补充道："你可以这样想，如果你以解决方案作为出发点，就像在没有门的时候便做出了钥匙。当然，你可以迅速做出一把漂亮的钥匙，但你要花费很长时间去找合适的门。如果你足够幸运，能找到这样一扇门，或者强行将钥匙插入某扇门，但最终的结果通常与你想的不同。"

玛丽看到史蒂夫点了点头，于是继续说道："如果你把关注的重点翻转一下，从'门'或者值得解决的问题入手，制造'钥匙'就会变得容易许多。你打造的钥匙可以打开已经存在的大门。"

史蒂夫追问道："这种方法有需要遵循的流程吗？"

"当然有，这就是我希望你在研究最小化可行产品过程中发现的内容。在我们的创业公司中，我们的出发点不是创建最小化可行产品，而是'提案'。首先，我们在精益画布上勾勒出想法的几种变体。精益画布是快速将创业想法构建为模型的工具，它可以帮助我们确认并追踪数个有潜力的客户 – 问题 – 解决方案实现的可行性。然后，我们安排了 20 多次客户访谈，验证我们在客户和问题方面的假设。一旦完成了这一步，制定解决方案就非常容易。即便是这样，我们也没有急于打造最小化可行产品。我们创建了一个演示版，并准备好提案，通过更多面对面的交流让客户了解我们的提案。只有当有足够的客户购买我们的提案时，我们才开始开发最小化可行产品。我们最终开发的产品与我们最初想象中的大不相同。"

玛丽掏出手机，搜索了解释什么是问题与解决方案相匹配的图片，并展示给史蒂夫（图 0-9）。

"原来如此，所以你上次说到'定义'最小化可行产品就是这个意思？"

理解问题　定义解决方案　精心制作提案　创建最小化可行产品

洞见　解决方案　提案　最小化可行产品

验证构想

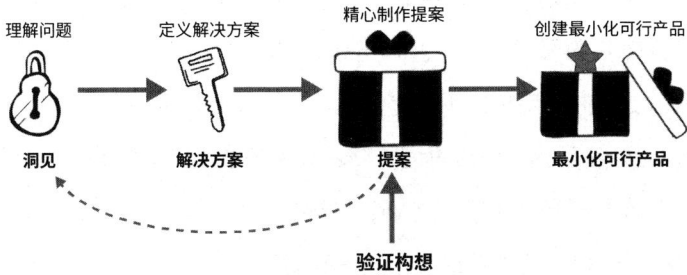

图 0-9　实现问题与解决方案相匹配的过程

"没错。首先,你要花费一定的时间来定义自己的最小化可行产品,接着邀请客户付费使用,然后再开发产品,这样可以大大提升成功的概率。最小化可行产品这一方法的过程应该是演示-销售-构建,而不是传统的构建-演示-销售。"

"那做完所有这些事情你们花费了多长时间?看起来似乎有很多步骤。"

"从刚开始在餐巾纸上画草图,到最终让问题与解决方案相匹配,获得第一批的 5 名付费客户,我们花了大概 90 天时间。你说得没错,与匆忙之中建立最小化可行产品相比,步骤确实更复杂,但是如果能按照这个流程进行,严守规则,你最终会得到一份'黑手党提案'。"

"'黑手党提案'?"

"是的,一份你的客户无法拒绝的提案。这个词来自电影《教父》。但是跟电影中不同的是,你不是通过暴力强制客户购买,而是通过展示极具增长力的产品内容,使得客户无法拒绝。8 周过后,我们有了 5 个付费客户,他们催促我们快速向他们提供最小化可行产品,而不是我们催促客户购买我们的产品。"

"嗯……这跟我过去习惯的产品开发方法完全不同,但我现在略微明白了其中的逻辑。不过,我已经推出了产品,也有了用户,我还能将你说的流程应用于我的产品吗?还是要从头开始?"

"只要你抱着开放心态,愿意尝试全新的方法,绝对可以把这一流程应用到现有产品上。正如你说的,演示-销售-构建的方法和传统方法不同,而改变总是会伴随不适感。对于我们来说，最大的障碍是忘掉过去的产品开发习惯，为整个团队灌输新的思维方式。好消息是，这种方法不仅学习起来快，而且见效也快，所以支持你使用它的不只是信念，而是实际效果。"

"在如何正确使用这种方法方面，我还有许多战术上的问题。如何让客户愿意与我沟通？我需要和多少客户沟通？沟通的具体内容是什么？感谢你在百忙中的慷慨帮助，但是你能再多给我一些指导吗？"

"当然可以，史蒂夫。这个流程和其他流程一样，在实施的过程中也会有各种障碍和陷阱，其中最大的障碍和陷阱就是我们自己的偏见，或者说是我们对自己的解决方案的喜爱，也就是'创新者的偏见'。我们会刻意地，甚至无意识地只关注可以验证我们愿景的解决方案。切换到问题优先的思维模式看似容易，但实际上很难。"

"你有什么工具或者资源介绍给我吗？"史蒂夫问道。

玛丽微笑着说："有的，我会发你一套相关资源、工具和实际客户访谈的脚本，我们之前使用过这些材料做团队培训，今后也会一直使用。发现值得解决的问题并不限于开发最小化可行产品的阶段，对于随后的每一阶段都非常重要。我想再提醒一下，一开始使用这种方法时，你会感到有些别扭甚至不舒服，但是一定要有耐心，遵循流程，自然会有好的结果。"

"这一点，我没问题。我已经花了 18 个月按照自己的方式做事，但效果不好。我愿意尝试，哦，不，我愿意测试任何方法。"

玛丽又笑了。"太好了！我们可以过阵子再碰头。"

创业存在系统性方法

开车回办公室的路上，史蒂夫忍不住在脑海里回想今天他与玛丽的谈话。

仅仅通过与客户的交流，真的有可能打造出客户需要的产品（玛丽称之为"黑手党提案"）吗？

史蒂夫回到办公室后，发现收件箱里有一封来自玛丽的电子邮件。正如承诺的那样，她给史蒂夫发送了丰富的资源和一张高级路线图（图 0-10）。

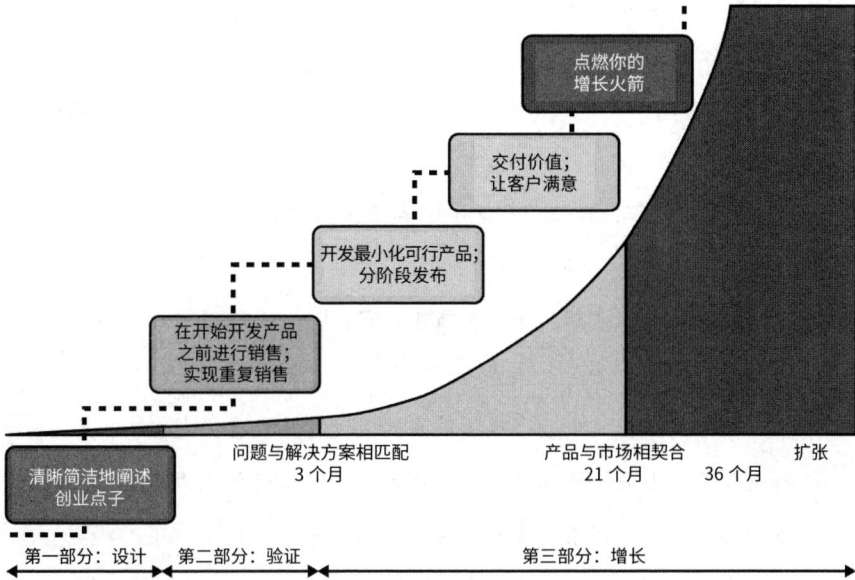

图 0-10　持续创新路线图

史蒂夫很快就认出了路线图上"产品与市场相契合"这一术语，但其他很多术语对他来说仍然比较陌生。

玛丽的邮件内容是这样的。

史蒂夫：

你好！

按照承诺，我发了有关持续创新框架的链接和我们使用的分步指南。

需要串联的内容很多，所以你要有耐心。

持续创新框架的实施周期为 90 天，内容是构建商业模式 – 确定优先次序 – 测试，所以在一开始就要确立商业模式，然后再开始其他阶段的工作。

　　最后，切记，学习任何新事物往往需要忘记原来的习惯。请严格按照框架的要求去做并进行测试。

　　如果你遇到困难，随时联系我。

玛丽

史蒂夫开始工作了，在随后几周的时间里，他学会了：

- 如何将自己的想法解构为一个商业模式；
- 如何测试他的想法是否值得实施；
- 如何确定商业模式中多个风险最高的假设并确定其优先次序；
- 如何使用小型且快速的实验对风险最高的假设进行压力测试；
- 如何通过客户访谈来向客户学习；
- 如何在没有产品的情况下获取增长力；
- 如何向客户推介，并让他们购买；
- 如何在极端不确定的条件下运行和做出决定。

在接下来的几个月里，史蒂夫设法让他的产品回到正轨，产品开始有了付费客户，收入在不断增长，团队也在不断壮大。

本书将会告诉你如何实现这一切。

关于我自己

　　大家好，我是阿什·莫瑞亚，LEANSTACK 的创始人，也是广受欢迎的商业模式规划工具精益画布的发明人。我也曾跟故事里的史蒂夫一样，有过特别好的创业点子——除了发誓为我保密的亲密朋友，我不会与任何人分享的好点子。

　　我花了一年时间将我的"宏大想法"秘密地付诸实施。但像史蒂夫一样，我虽然耗尽了力气，却最终没能让他人理解我的愿景。

我花了大约 7 年时间才从"史蒂夫"变成"拉里",从那时起我就再也没有使用过之前的方法。我的个人信条是"人生苦短,绝不能将时间白白浪费在创建无人问津的东西上"。

多年以来,无论是我撰写的图书还是推荐的工具,之所以能够取得成功、获得关注,都是因为我能够从全新的角度思考、开发和改进产品。

我创立 LEANSTACK 的初衷就是帮助下一代创业者,让他们避免犯我此前所犯过的错误。

从现在开始,本书不再是两个创业者的故事,我们将聚焦一位创业者——史蒂夫。

故事的主人公不再是拉里,而是史蒂夫。

全书架构

对于创业公司来说,最重要的里程碑之一就是实现产品与市场相契合(又称"曲棍球杆曲线中的拐点",当一个产品的增长力开始迅速积累时它会出现)。当然,现实情况是,80% 的产品无法实现这一目标。

创业者常常将成功率低下的原因归结为运营公司需要面对各种充满不确定性的极端条件。正是因为这种充满不确定性的条件,公司在实现产品与市场相契合之前的旅程常被描述为"漫无目的的游荡"(图 0-11)。

最初的 A 计划 —— 行之有效的计划

图 0-11 漫无目的的游荡

但是这种游荡并非不可避免。没错,产品的早期阶段确实充满各种极端的不确定性，但是这种不确定性并不一定代表着杂乱无章。只要有正确的思维模式和思维过程，我们可以使用系统性的方法顺利地"穿越"像迷宫一样的创业早期阶段（图 0-12）。

最初的 A 计划

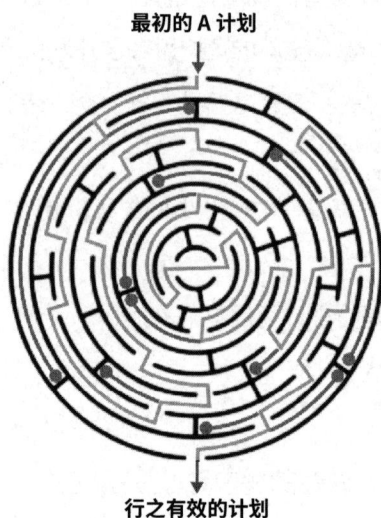

行之有效的计划

图 0-12　创业迷宫

　　我们的目标是，在资源耗尽之前，找到行之有效的商业模式，走出迷宫。这期间会遭遇迂回曲折，会走进死胡同，也可能会原路返回，但是整个过程是系统化的，绝不会像漫无目的的游荡那般毫无头绪。

　　本书概述了这一循序渐进的系统化过程，帮助你从最初的创业点子所点燃的火花开始，一路向前，直到最终实现产品与市场相契合。这个过程分为 3 个部分。

第一部分：设计

　　要想把本书中的观点付诸实践，关键在于需要具备正确的思维模式，即创业公司的真正产品并非你提供的解决方案，而是你的商业模式。谈到产品的时候，第一步永远都是设计。

本书第一部分的主要内容是帮助你按照一定的流程，将自己最初的愿景（或最初计划）解构为一个商业模式。然后，我将向你展示如何对自己的商业模式设计进行压力测试，避免那些最常见的让早期产品夭折的陷阱。最后，你可以学到如何将你的想法清晰简洁地传达给他人，让他们明白你的想法，"见你所见"。

第二部分：验证

虽然从商业模式的蓝图入手是让创业思路更加清晰、焦点更加突出的关键，但重要的是，你要认识到所有的商业模式都是现实的抽象，而非现实本身。换句话说，必须用实证来验证而非仅靠空想或者信念。

第二部分将告诉你如何以 90 天为一个周期，分阶段反复测试自己的商业模式，并从第一个验证阶段入手，即问题与解决方案相匹配阶段。你将学会如何使用"演示 – 销售 – 构建"这一过程来测试客户对你产品的需求，并在无须先行开发产品的情况下获得付费客户。

第三部分：增长

实现问题与解决方案相匹配，可以让你做好一切准备，开发你已经知道客户会购买的产品，而非在开发产品之后寄希望于客户会购买。下一步就是发布自己的产品（最小化可行产品），然后不断迭代，最终实现产品与市场相契合。

第三部分将告诉你如何最大限度地提高你的产品推出速度和学习效果，同时持续关注各种假设中风险最高的假设。你将学习如何首先基于不同阶段小规模地测试你的商业模式，并在实现增长之前实现可重复性，而不是向所有人发布你的产品。

本书适合你吗

创业公司或者大型企业在推出全新产品的时候都可以使用本书介绍的原则。虽然策略可能有所不同，但是原则普遍相同。

本书中，我将用"创业者"来称呼所有勇于肩负责任，将具有创新性的新产品推向市场的人。

《精益创业实战》的读者对象包括：

- 志向远大的创业者和连续创业者；
- 公司中负责创新的人员以及内部创业者；
- 产品经理；
- 希望升级和打造下一代具有影响力产品的创造者和梦想家。

本书对于实体产品和服务有用吗

在本书中，产品是指任何为客户提供价值的东西，它可以是数字产品、实体产品，也可以是服务。所以，本书涉及的概念适用于任何类型的产品。

实践出真知

我在推出产品的过程中进行了大量实验，获得了丰富的第一手经验，而且在过去 10 年中，我为诸多团队提供了建议和指导，帮助他们开发了数千种产品，本书的所有内容都源于这些经历。

我希望也鼓励所有读者对本书的原则进行严格的测试，并根据实际情况做出调整。

没有任何框架可以保证成功，但是好的框架可以提供反馈回路，让你在面对极端不确定性时能够基于现实做出更好的决策。

这就是本书的承诺。

让我们开始吧。

Contents 目 录

02 第二部分　验证　131

03 第三部分　增长　297

第一部分
设　计

01

创业不只是构建尽可能好的解决方案，而是创建完整的商业模式，且使其中的各个部分相互契合。本部分将指导你在创业初期使用精益画布彻底参透自己的商业模式，绘制好自己的产品设计蓝图，并对初始计划进行严格的压力测试。

我们生活的时代为创新提供了无可比拟的机会。随着互联网、云计算和开源软件的出现，打造产品的成本已经降至历史最低点。然而，建立成功的创业公司的概率并没有提高多少，大多数新产品依旧会以失败收场。

更有趣的事实是，在获得成功的创业公司中，有三分之二的公司表示它们的创业计划在中途发生了巨大变化。这些创业公司之所以能够成功，并不一定是因为它们有着优于其他创业公司的初始计划（或 A 计划），而是因为在资源耗尽之前它们找到了行之有效的方案。

到目前为止，很多公司能够找到更好的 B 计划、C 计划甚至 Z 计划，这在很大程度上依靠的是直觉和运气。我们缺乏系统化的过程来对初始计划进行严格的压力测试，而填补这一空白正是《精益创业实战》的目的。本书介绍了系统化的过程，帮助大家在资源耗尽之前从初始计划迭代出行之有效的计划。

在 Vision（愿景）之中有 I（我）

> 人皆有梦，但多寡不同。夜间做梦的人，日间醒来发现心灵尘灰深处所梦不过是虚华一场；但日间做梦的人则是危险人物，因为他们睁着眼行其所梦，甚至使之可能，而我就是如此。
>
> ——托马斯·爱德华·劳伦斯在电影《阿拉伯的劳伦斯》中如是说

媒体喜欢报道具有远见卓识的创业者的故事，喜欢赞美他们看到了未来，为企业制定了路线，并以"开创性"的新产品制胜未来。产品有创见性意味着产品的推出时机精准至极，不太早也不太晚。

虽然这些故事光鲜亮丽，但是每个富有远见的企业背后通常都是累积多年的艰苦工作、持续实验和不断学习。即便是被史蒂夫·乔布斯在发布会上称为"革命性设备"的 iPad，也历经数年酝酿，以至少三代软件和五代硬件作为基础才得以实现。

这些成功故事发生的过程其实也不像我们想象中的那样简单。首先，客户采用的曲线并非简单的一条曲线，因为每个客户群体采用解决方案的速度不同，所以客户采用的曲线是多条曲线组成的一系列曲线。在发布产品之前，你需要深刻理解到底谁是你的客户以及他们想要什么（或者将来想要什么）。很可能你会发现你的目标客户根本不需要你要推出的产品。自此，你需要不断迭代，才能满足客户需求，达到产品与市场相契合（product/market fit），这可能会与你最初规划的产品完全不同（需要"转型"）。

理想中富有远见的产品推出都是完美命中目标，但是实际情况是，我们开始的起点要么在客户采用曲线的左边（太早），要么在右边（太迟），但是只要我们了解曲线的走向，并且在迭代机会（现金）耗尽之前让自己的产品进入正轨即可。

创业的一切都始于创意火花点燃的那一刻

每个人都会有这种感觉，就是灵感总是在不经意间闪现（比如在洗澡的时候、开车的时候，等等）。大部分人不会留意这些灵感，但是创业者们会把这些灵感变为现实。

创业灵感存在的最大问题就是初看之下所有的创意都令人拍案叫绝。在实现自己的创业灵感这方面，我有着丰富的经验，经历过产品推出"太早""太晚""完全偏离目标"等各种情况，所以我认为比起行动，更重要的是有一套完整的流程迅速区分好的想法与坏的想法。

要想把一个灵感的潜力全部挖掘出来，你必须要有激情和决心，但如果对这两点不加以限制，创业又会变成对信念的盲目追求。

—— **敲黑板** ——————————————————————

聪明的人总是对自己的想法非常自信，创业者更是如此。

————————————————————————————————

大部分创业者在创业初期对自己的想法特别有信心，还设计了一个用于实现这个想法的所谓"A计划"。但不幸的是，大部分的A计划注定失败。

虽然对自己的愿景深信不疑可以创造良好的创业氛围，但是你应该努力摆脱信念的影响，更多地依靠事实说话。你必须接受一个事实，那就是创业之初的理念大部分是建立在未经测试的假设或者猜想之上，明白这一点非常重要。

别再写商业计划书了，使用精益画布吧

让你的想法变得清晰明了的第一步是将你的宏大想法解构为一套明确的假设。传统上，我们使用商业计划书来实现这一目的。

你写过商业计划书吗？你喜欢撰写商业计划书的过程吗？我曾向世界各地成千上万的创客、创业者和创新者提出这两个问题，我得到的答案是：他们中只有 30% 的人写过商业计划书，只有不到 2% 的人喜欢撰写的过程。

我还向现场的投资人（以及股东）问过这样的问题："你们会通读别人的商业计划书吗？"结果是，只有不到 2% 的人承认他们会通读商业计划书，理由是他们更喜欢读一页的执行摘要，看 10 页的幻灯片，或者听仅有 30 秒的电梯演讲。

那为什么我们还在强迫别人花费几周的时间去写一份长达 30 页但内容不做更新、鲜有人读的计划书呢？

传统商业计划书的问题有如下几点。

- **写作时间过长**

  为了让别人为你的创意亮起绿灯，你通常会被要求撰写一份长达 30 页的商业计划书，对未来 5 年的财务状况做出预测，然后创建为期 18 个月的产品路线图。这些工作至少会占用你几周的时间，多则几个月。

- **内容充其量只是最佳猜测**

  创业者和创新者之所以选择放弃重量级的商业计划书，并不是因为他们懒惰。相反，这是因为在任何新项目的初始阶段，许多假设的结果都是未知的。

—— **敲黑板** ——

在设计产品的最初阶段，你甚至不知道你不知道什么。

当你按照持续创新框架（Continuous Innovation Framework）所要求的那样，迅速展开各项工作且需要面对各种极端不确定的条件时，你不可能依赖静态的计划，你需要的是动态的模型。精益画布（Lean Canvas）就是你所需要的动态模型，如图 I-1 所示。

问题 列出客户最需要解决的 3 个问题	解决方案 列出每个问题可能的解决方案	独特价值主张 用一句简明扼要但引人注目的话让路人成为感兴趣的潜在客户	不公平优势 不可能被轻易复制或者轻易获得的优势	客户群体 列出目标客户和用户
现有解决方案 列出上述问题目前的解决方案	关键指标 列出描述公司目前状况的关键数据	类比概念 列出你的 X=Y 的类比（比如，YouTube= 视频界的 Flickr）	渠道 列出获取客户的途径	早期采用者 列出理想客户的特征
成本结构 列出固定成本和可变成本			收入来源 列出收入来源	

精益画布根据商业模式画布改编而来，并由 Creative Commons Attribution-Share Alike 3.0 Un-ported License 授权使用

图 I-1 精益画布

精益画布是我根据亚历山大·奥斯特瓦德的商业模式画布改良而来的，它是我们在持续创新框架中使用的第一个模型。

精益画布取代了冗长而枯燥的商业计划书，我们只需 20 分钟就能创建一个商业模式。它简洁明了，可读性极强。

如果你撰写过商业计划书或者制作过供投资人观看的幻灯片，便会很快理解画布上的大部分模块。我们会在第 1 章中更详细地介绍这些模块。不过，我想再解释一下持续创新的第一个必备思维模式，这一思维模式至关重要。

思维模式 1

商业模式就是产品。

在安排各个模块占据画布的面积时，我刻意只为"解决方案"安排了不到九分之一的面积，这是因为，作为创业者，我们最为热衷的是解决方案和我们所擅长的内容——但是，正如本书的简介所提到的：

- 你的解决方案虽然很重要，但通常不是风险最高的部分，你应该首先关注风险最高的内容；
- 投资人并不关心你的解决方案，他们关心的是增长力（traction）；
- 客户并不关心你的解决方案，他们关心的是他们的问题。

因此，你的工作不只是构建尽可能好的解决方案，而是创建完整的商业模式，且使其中的各个部分相互契合。

认识到商业模式才是真正的产品，是一种赋权方法。它不但可以让你彻底参透自己的商业模式，还可以让你使用久经考验的产品开发方法来打造自己的公司。

商业模式设计手册

打造产品的第一步是绘制设计蓝图或草图。同样，建立公司的第一步也是商业模式设计。商业模式设计蓝图可以帮助你把自己的想法解构为一系列关键的假设（可被概括到篇幅仅为一页的精益画布上）。你要根据风险高低对各种假设排出优先次序，风险越高的优先级越高，之后制定分阶段的验证策略，逐步将想法转化为现实（图 I-2）。

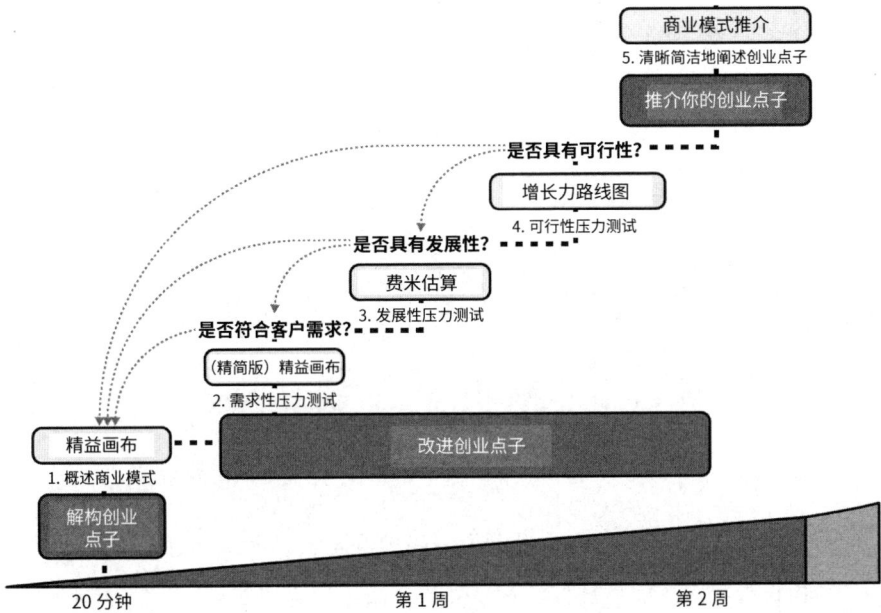

图 I-2 商业模式设计手册

在本书的第一部分，你将学习以下几个方面。

- 在精益画布上解构创业点子（第 1 章）；
- 对需求性进行压力测试（第 2 章）；
- 对发展性进行压力测试（第 3 章）；
- 对可行性进行压力测试（第 4 章）；
- 清晰简洁地阐述创业点子（第 5 章）。

第1章 在精益画布上解构创业点子

开展复杂项目就像建造一座房子，我们绝不会从砌墙入手。我们率先进行的工作肯定是制订建筑计划或者绘制相关蓝图——即便只是绘制草图。

构思或者实施某个想法也不例外。

在本章，你将学习如何使用篇幅仅为一页的精益画布（图 1-1）将自己的想法解构为一系列关键假设。

精益画布可用于描述商业模式、发布产品，甚至发布某个单一功能，因此它是适用范围极广的商业计划和产品管理工具，被全世界数百万人使用。

商业模式推介

5. 清晰简洁地阐述创业点子

推介你的创业点子

是否具有可行性?

增长力路线图

4. 可行性压力测试

是否具有发展性?

费米估算

3. 发展性压力测试

是否符合客户需求?

(精简版)精益画布

2. 需求性压力测试

精益画布　　　　改进创业点子

1. 概述商业模式

解构创业点子

20 分钟　　　　　　　第 1 周　　　　　　　第 2 周

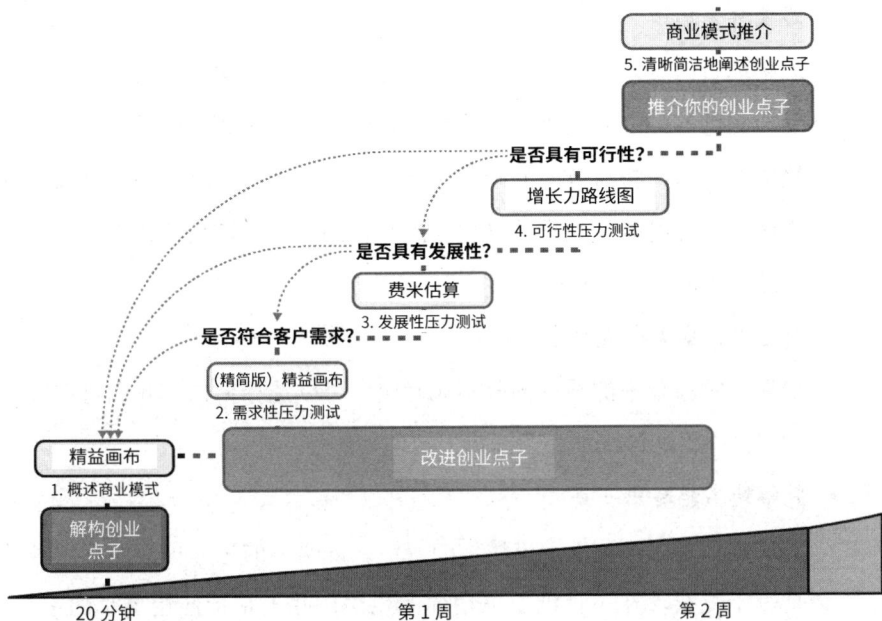

图 1-1　在篇幅为一页的精益画布上解构创业点子

勾勒出你的第一张精益画布

> 商业模式描述了你如何为客户创造价值, 向客户交付价值以及从客户处获取价值 (得到报酬)。
>
> ——索尔·卡普兰

在这一部分, 我会介绍如何将你的想法转化为精益画布的整个过程。最终的精益画布能够描述你如何为客户创造价值, 向客户交付价值以及从客户获取价值。下面的内容是我们需要牢记的指导原则。

- **一口气勾勒出自己的精益画布**

  虽然很多人都喜欢在白板上反复勾画, 但是你应该迅速完成最初的精益画布——最为理想的时间是 20 分钟以内。与商业计划书不同, 精益画布的目标并不是做到完美无缺, 而是简要说明情况。

- **避免群体思维**

  如果你目前有属于自己的团队，避免将创建精益画布作为一项集体活动。相反，可以先让每个团队成员创建自己的画布。然后，作为团队聚集在一起，将所有人的画布整合在一起，形成最终的精益画布。这样做不仅可以鼓励大家独立地表达自己的观点，避免团体迷思，而且还可以为你节省时间。

- **有些部分空着也没关系**

  如果你对画布中的某一部分不太确定，可以选择留白。我们将在随后的部分中更加详细地介绍画布上的各个部分。

- **篇幅绝不能超出一页**

  如果你不能在一页纸上描述你的想法，说明你的想法可能解释起来还是过于复杂。在一页纸上描述你的想法，并不是指使用更小的字号，而是用更少的字数。用一句话简明扼要地概括一个问题远比用一段话进行描述困难。遵守单页画布的篇幅限制规则，是将你的商业模式提炼出精华的好方法。

- **站在当下的角度来思考**

  写商业计划书需要花大力气来预测未来，不过准确地预测未来很难实现。相反，你应该根据目前的发展阶段和掌握的情况，以非常务实的态度来创建画布。你需要想的是，下一步应该先测试哪些假设来推动产品的发展。

- **切记，创建精益画布草图没有正确的顺序**

  创建精益画布草图的过程就像拼图一样，没有正确的起点，也没有特定的顺序，所以你可以从最了解的部分开始，以此为起点构建画布的其他部分。如果你还不确定该如何进行，可以按照图 1-2 中的顺序绘制。

接下来，我们以图 1-2 为例，详细分析精益画布中的每一栏。

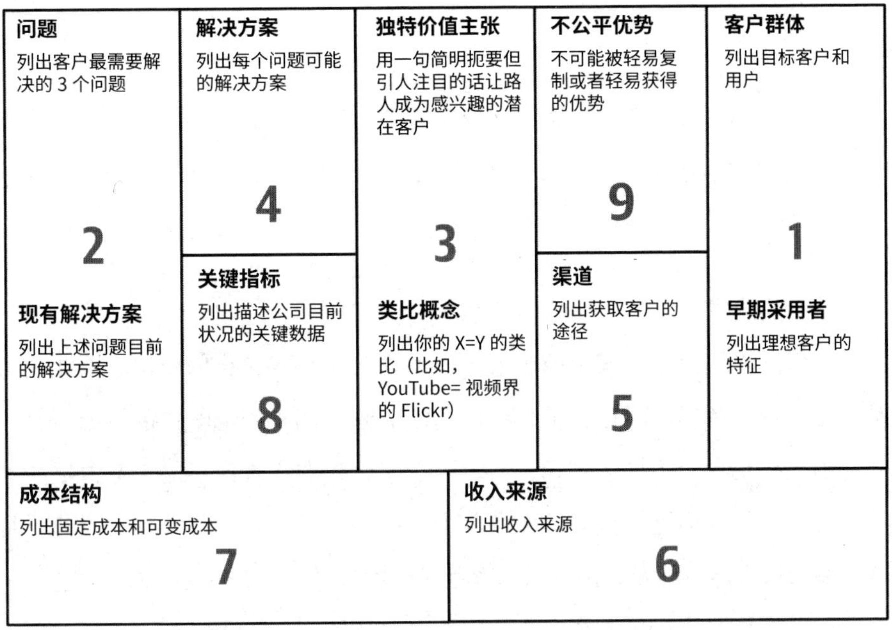

问题 列出客户最需要解决的 3 个问题	解决方案 列出每个问题可能的解决方案	独特价值主张 用一句简明扼要但引人注目的话让路人成为感兴趣的潜在客户	不公平优势 不可能被轻易复制或者轻易获得的优势	客户群体 列出目标客户和用户
	4		**9**	
2	关键指标 列出描述公司目前状况的关键数据	**3**	渠道 列出获取客户的途径	**1**
现有解决方案 列出上述问题目前的解决方案		类比概念 列出你的 X=Y 的类比（比如，YouTube= 视频界的 Flickr）		早期采用者 列出理想客户的特征
	8	**5**	**5**	
成本结构 列出固定成本和可变成本		收入来源 列出收入来源		
7		**6**		

精益画布根据商业模式画布改编而来，并由 Creative Commons Attribution-Share Alike 3.0 Un-ported License 授权使用

图 1-2　精益画布的填写顺序建议

客户群体

由于持续创新框架在很大程度上关注的重心是客户，因此先填写精益画布中的"客户群体"（customer segment）这一栏是很自然的事情。

区分客户和用户

如果你的商业模式中有多个行为者，那么必须找出哪些是真正的客户。

—— 小贴士 ——

为产品掏腰包的人才叫客户（customer），一般的用户（user）则不会这么做。

然后，找到可能会与客户互动的其他行为者（比如用户、能够对客户产生影响的人等）。

例如：

- 对于博客平台来说，客户是博客作者，而用户是读者；
- 对于搜索引擎来说，客户是广告商，而用户是使用搜索引擎进行搜索的人。

多角度建模

我们需要从商业模式中每个行为者的视角来审视自己的想法。商业模式中的每个行为者都可能有不同的问题，需要通过不同的渠道才能接触到他们，其价值主张也各有不同。例如，与搜索引擎合作的广告商可能正努力提高其产品的知名度，而进行搜索的人实际上是在寻找具体问题的答案。我建议将这些视角填入同一画布，用不同的颜色或标签来区分每个行为者的视角。

关注早期采用者

作为创业者，你既要关注可以获取更大市场份额的机会，也要保持对早期采用者（early adopter）的高度关注。

―――― 小贴士 ――――――――――――――――――

你的目标是定义典型的早期采用者，而不是主流客户。

你的客户群体应该覆盖商业创意所针对的总潜在市场（total addressable market，TAM），而你的早期采用者应该代表潜在市场的一个子集。这是你理想的初始客户群体（也被称为"理想客户画像"）。

问题

为创新提供空间的是问题（problem）而不是解决方案。"问题"这一栏中你要列出产品要解决的具体问题。

列出 1 到 3 个最重要的问题

你可能认为开展头脑风暴、尽可能多地列出问题才是正确的做法，但实际上，你要优先考虑你认为对于客户来说最为紧迫的 1 到 3 个问题。

列出现有解决方案

想想那些早期采用者在你的产品没出现之前是如何解决这些问题的。除非你想解决的问题从未有人考虑或者涉足过（这其实不太可能），否则大部分问题都有现成的解决方案，且这些解决方案很可能不是出自一个直接竞争对手。

史蒂夫填写问题与客户群体两栏

史蒂夫在开始创建第一张精益画布前，想起了自己一年前写下的创业愿景：

> 创造与现实世界同样广阔、同样多彩的虚拟世界（元宇宙），使之不仅实用性强，而且能够得到普遍使用。

他很想在客户群体一栏写上"所有人"，但是他想起了玛丽建议他不要把客户群体定义得过于宽泛：

> "如果你的营销对象是所有人，实际上你无法影响到任何人。"

于是，他把关注的重点转向理想的早期采用者，然后写下了"软件开发人员"。虽然在设想中，他认为自己的平台最终会面对所有人开放，让他们可以创建细节丰富的沉浸式 AR/VR 应用，但是以软件开发人员为切入点是最为简单的方式，因为他们已经创建或者想要创建这类应用。

在客户群体这一栏，他列出了未来几年可能采用 AR/VR 技术的各个行业。随后，他把注意力放在计划解决的重要问题上，然后在精益画布上列出现有解决方案（existing alternative）。

图 1-3 展示了史蒂夫在短短几分钟思考之后在问题和客户群体两栏填写的内容。

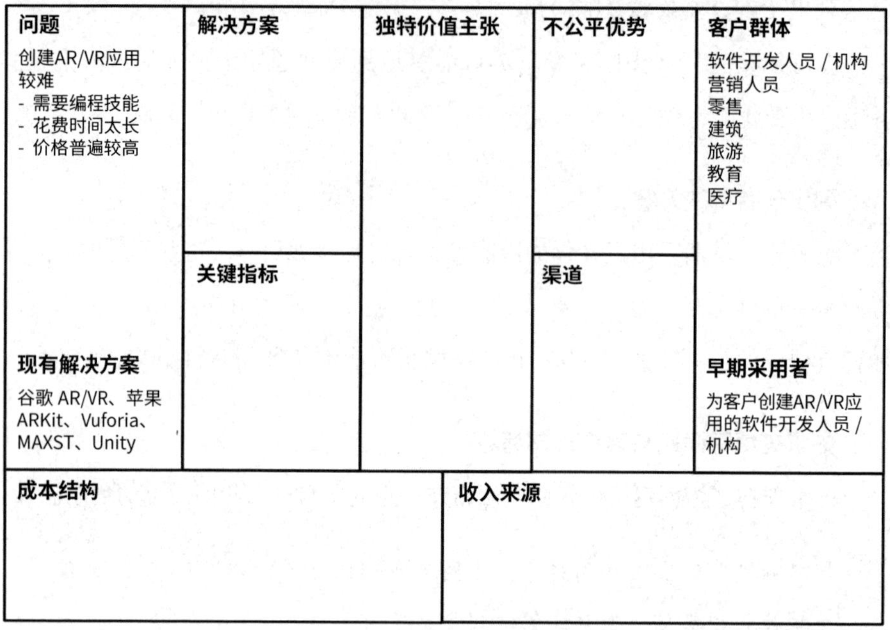

问题	解决方案	独特价值主张	不公平优势	客户群体
创建AR/VR应用较难 - 需要编程技能 - 花费时间太长 - 价格普遍较高				软件开发人员 / 机构 营销人员 零售 建筑 旅游 教育 医疗
	关键指标		**渠道**	
现有解决方案 谷歌 AR/VR、苹果 ARKit、Vuforia、 MAXST、Unity				**早期采用者** 为客户创建AR/VR应 用的软件开发人员 / 机构
成本结构		**收入来源**		

精益画布根据商业模式画布改编而来，并由 Creative Commons Attribution-Share Alike 3.0 Un-ported License 授权使用

图 1-3 史蒂夫在问题和客户群体两栏中填入的内容

独特价值主张

精益画布正中央的一栏是独特价值主张（unique value proposition，UVP）。这是画布中最为重要的一栏，也是最难正确填写的。

—— **敲黑板** ——

定义独特价值主张强迫你回答这样一个问题：你的产品有何不同之处，为何能够吸引别人的注意力？

在花钱购买你的产品之前，客户支持产品的形式是投入他们的注意力。独特价值主张很难正确填写，这是因为你必须把你的产品精髓提炼为短短几个字，并作为着陆页的标题。此外，独特价值主张需要与众不同，才能在竞争中脱颖而出，而你的与众不同之处对客户来说非常重要。

好消息是，你不需要马上就填入完美的内容。和画布上的其他栏一样，你可以先努力做出猜测，然后不断改善直至完美。

与客户的头号问题紧密联系

撰写有效的独特价值主张的关键在于将其与你为客户解决的首要问题联系起来。如果该问题确实值得解决，那么你就已经成功了大半。

以早期采用者为目标对象

很多营销人员都喜欢针对客户群体的"普通人"设计独特价值主张，希望能得到主流受众的青睐。这么做，实际上削弱了传递独特价值主张的强度。你的产品现在还不适合主流人群，现阶段的首要任务应该是找到并瞄准那些早期采用者。你传达的信息一定要有力、清晰且必须具有针对性。

注重最终成效

你可能听说过这样的说法，那就是宣传的重点应该是产品能带来什么好处，而不是产品有什么功能。不过，就算宣传方案中把产品好处说得天花乱坠，客户仍然会从自己的世界观出发理解产品的好处。好的独特价值主张能打动客户，它着重表达的是客户在使用产品之后能得到的好处，即客户的期望结果。

假设你提供的是撰写简历的服务：

- 提供经过专业设计的模板；
- 让你做出让人眼前一亮的简历；
- 客户的期望结果是"得到梦想的工作"。

保持简短

在欧美国家，大多数广告平台将主标题栏的字符数限制在 120 个。在措辞上我们要精挑细选，避免毫无意义的赘词。

回答什么、谁和为什么

好的独特价值主张必须明确地回答头两个问题——你的产品要解决什么问题和客户是谁。"为什么"这种问题的答案有时候不方便放在同一个句子里，我常常使用副标题的方式来回答这个问题。

下面举一个例子。

- 产品：精益画布
- 标题：向关键的利益相关者清晰简洁地传达想法
- 副标题：精益画布取代了冗长乏味的商业计划书，只需 20 分钟就能创建一个一页纸长的商业模型，并让目标读者乐于阅读。

创造类比概念来推介

另一种练习创建独特价值主张的方式是创造一个类比概念来推介。Venture Hacks 网站推出了一本电子书 *Pitching Hacks*（《推介黑客》），将创造类比概念作为一种有效的宣传工具推广开来。好莱坞的制片人也常用这一方法，把一部电影的总体情节提炼成让人印象深刻的短语。

下面是一些例子。

- YouTube：视频界的 Flickr
- 电影《异形》：太空版《大白鲨》
- Dogster：宠物狗的 Friendster 社交网站

不要将这种类比概念和独特价值主张混淆，这些类比概念不适合放在着陆页上，因为你的目标受众可能并不了解其中涉及的内容。所以，这个方法更适合快速传递自己的想法，使其朗朗上口，例如在客户访谈之后告诉客户我们推介的类比概念是什么。

史蒂夫写下他的独特价值主张

鉴于现有解决方案需要技术专长和编程知识，史蒂夫决定使用"无须编程"作为关键词来定义自己的独特价值主张（图 1-4）。

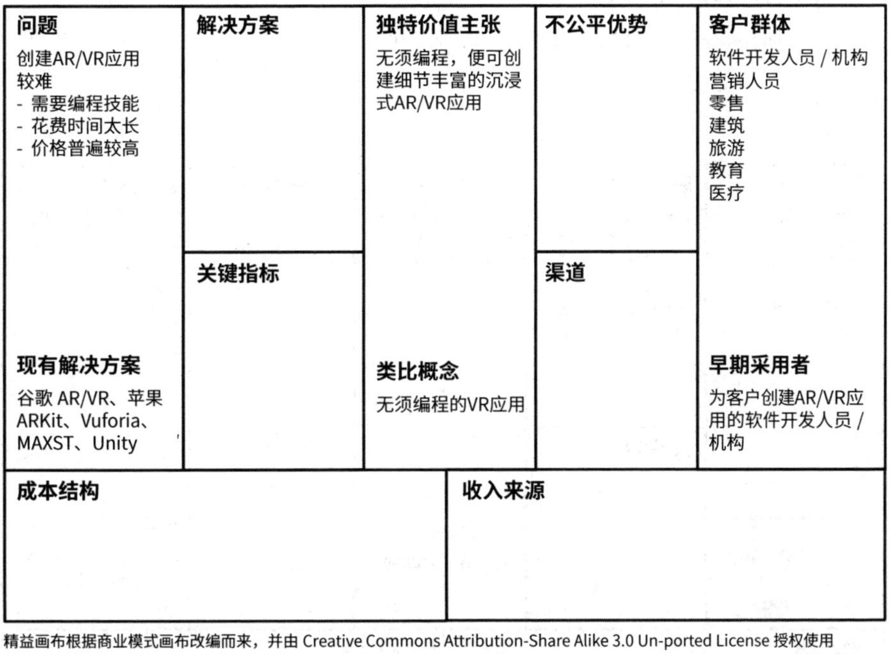

问题	解决方案	独特价值主张	不公平优势	客户群体
创建AR/VR应用较难 - 需要编程技能 - 花费时间太长 - 价格普遍较高		无须编程，便可创建细节丰富的沉浸式AR/VR应用		软件开发人员 / 机构 营销人员 零售 建筑 旅游 教育 医疗
	关键指标		**渠道**	
现有解决方案 谷歌 AR/VR、苹果 ARKit、Vuforia、MAXST、Unity		**类比概念** 无须编程的VR应用		**早期采用者** 为客户创建AR/VR应用的软件开发人员 / 机构
成本结构			**收入来源**	

精益画布根据商业模式画布改编而来，并由 Creative Commons Attribution-Share Alike 3.0 Un-ported License 授权使用

图 1-4　史蒂夫的独特价值主张

解决方案

现在，你要着手填写"解决方案"（solution）一栏了。

你要明白，经过几次与客户的对话之后，你可能就要按照轻重次序对客户问题重新排列，甚至完全否定之前的假设，这很正常。出于这个原因，我建议不要急于确定详细的解决方案，而是应该粗略地想想，针对精益画布上客户需要解决的每个问题，你能提供的最简单的解决方案是什么，然后把它们写下来。

不要急着针对问题给出解决方案，尽量把这个任务留到最后来做。

史蒂夫定义解决方案

根据列出的客户问题，史蒂夫写下了为了解决每个问题，产品需要具备的关键功能（图 1-5）。

问题	解决方案	独特价值主张	不公平优势	客户群体
创建AR/VR应用较难 - 需要编程技能 - 花费时间太长 - 价格普遍较高	- 用手机扫描一个物理空间或物体，创建其 3D 模型 - 快速订制模型 - 只需点击一下就能部署自己的应用	无须编程，便可创建细节丰富的沉浸式AR/VR应用		软件开发人员 / 机构 营销人员 零售 建筑 旅游 教育 医疗
	关键指标		**渠道**	
现有解决方案 谷歌 AR/VR、苹果 ARKit、Vuforia、MAXST、Unity		**类比概念** 无须编程的VR应用		**早期采用者** 为客户创建AR/VR应用的软件开发人员 / 机构
成本结构			**收入来源**	

精益画布根据商业模式画布改编而来，并由 Creative Commons Attribution-Share Alike 3.0 Un-ported License 授权使用

图 1-5 史蒂夫的解决方案

渠道

如果产品在深山老林里发布，能否吸引大家的注意力？未能建立起有效的连接客户的渠道（channel）是创业公司失败的主要原因之一。

创业公司的第一任务是学习，而不是扩张，所以，刚刚开始时，任何能把产品推给潜在客户的渠道你都可以利用。

好在只要按照探索问题的访谈流程来做，你肯定能在初期建立起能够招揽到足够多的客户的渠道。不过，如果你的商业模式需要大量的客户才能成功，那么这样的渠道建设方法肯定跟不上扩张的步伐，且后期你很可能会卡在这个问题上。

所以，从一开始就考虑好渠道的扩张问题同样非常重要，这样你就能把渠道尽早建立起来，然后进行测试。

虽说可供选择的渠道千条万种，但是有些渠道可能根本就不适合你的公司，而有的则可能在后期才能发挥作用。

史蒂夫简述了一些可能的获客途径

由于史蒂夫计划将软件开发人员和机构作为早期采用者，他计划以他人推荐、直接销售、会议和贸易展览作为最初的渠道，并可能在以后投放广告以拓宽渠道（图 1-6）。

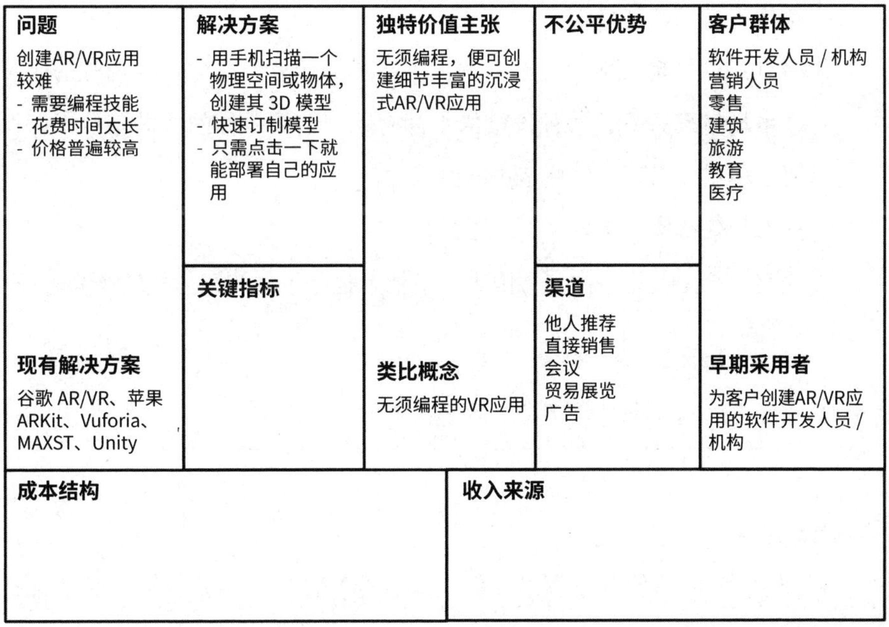

问题 创建AR/VR应用较难 - 需要编程技能 - 花费时间太长 - 价格普遍较高 现有解决方案 谷歌 AR/VR、苹果 ARKit、Vuforia、MAXST、Unity	解决方案 - 用手机扫描一个物理空间或物体，创建其 3D 模型 - 快速订制模型 - 只需点击一下就能部署自己的应用 关键指标 类比概念 无须编程的VR应用	独特价值主张 无须编程，便可创建细节丰富的沉浸式AR/VR应用	不公平优势 渠道 他人推荐 直接销售 会议 贸易展览 广告	客户群体 软件开发人员 / 机构 营销人员 零售 建筑 旅游 教育 医疗 早期采用者 为客户创建AR/VR应用的软件开发人员 / 机构
成本结构		收入来源		

精益画布根据商业模式画布改编而来，并由 Creative Commons Attribution-Share Alike 3.0 Un-ported License 授权使用

图 1-6　史蒂夫的渠道

收入来源和成本结构

画布下方的两栏，分别是"收入来源"（revenue stream）和"成本结构"（cost structure）。这两项确定了商业模式的发展性。

收入来源

很多创业公司在刚起步时都不愿考虑定价问题，这是错误的。原因有以下几点。

- **价格也是产品的组成部分**

  假设我在你面前摆两瓶水，然后告诉你一瓶价值 50 美分，另一瓶价值两美元。虽然你无法在蒙眼测试中指出哪瓶水更好喝（两者本来就没什么差别），但是你可能倾向于相信贵一点的那瓶水品质更好（至少你想知道是不是如此）。价格能够改变你对产品的看法，就这么简单。

- **价格决定了客户群体**

  更有意思的是，你的定价方案也决定了你的客户群体。从现有的瓶装水市场情况来看，两种价格的水都有顾客购买。你的产品定价正好说明了你想吸引哪个目标客户群体。

- **让人掏钱是第一重验证**

  让客户给你钱是一件非常困难的事情，也是一种初级形式的产品验证。

---- **敲黑板** ------------------------------------

是否有收入决定了你正在做的事情是爱好还是生意。

成本结构

你如何确定你的创意或者产品的成本结构？换句话说，打造产品和维持业务需要多少钱？

与其预测未来 3 年或者 5 年的情况，不如脚踏实地分析现在所处的阶段。专注于从现在开始的 3 到 6 个月的时间内会对你产生最为直接影响的重要事件。首先，你需要规划用于定义、开发和发布最小化可行产品的运营时间。在完成某一阶段后，再对后面的阶段计划进行改进。我们需考虑以下问题。

- 定义、开发和发行最小化可行产品需要多少成本？
- 影响持续资金消耗率的因素有哪些（比如工资、办公室租金等）？

史蒂夫认真思考了成本结构和收入来源

此前史蒂夫通过提供咨询服务获取收入，以此支持自己创业，在这方面史蒂夫已经得心应手。但是，竞争对手发布了和自己的产品类似的产品，这给他敲响了警钟，迫使他加快步伐。史蒂夫设定了一个目标，想要在未来 6 个月内推出自己的最小化可行产品。他概述了产品的成本——主要是他自己的时间成本。

史蒂夫到现在为止还没有认真考虑过产品的定价模式，但他决定听从建议，不要把这个问题推迟到以后。他认为他应该对照其他软件开发工具来确定价格，并发现这些软件的价格从免费到每月几百美元不等。他决定走中间路线，选择最流行的入门级定价模式，即 50 美元 / 月，并提供 30 天免费试用。

对于成本结构，史蒂夫对未来 6 到 9 个月公司的生存需求进行了评估。他预计自己依旧独自工作，继续以自给自足的方式开发他的产品，直到他能吸引足够的客户或投资人。图 1-7 显示了史蒂夫在填入前述内容后的精益画布。

关键指标

每个公司都会用一些关键数据来衡量公司的业绩。这些数字对于衡量业务进展情况和识别商业模式中的热点问题很重要。下面是几个例子。

问题	解决方案	独特价值主张	不公平优势	客户群体
创建AR/VR应用较难 - 需要编程技能 - 花费时间太长 - 价格普遍较高	- 用手机扫描一个物理空间或物体，创建其 3D 模型 - 快速订制模型 - 只需点击一下就能部署自己的应用	无须编程，便可创建细节丰富的沉浸式AR/VR应用		软件开发人员 / 机构 营销人员 零售 建筑 旅游 教育 医疗
	关键指标		**渠道** 他人推荐 直接销售 会议 贸易展览 广告	
现有解决方案 谷歌 AR/VR、苹果 ARKit、Vuforia、MAXST、Unity		**类比概念** 无须编程的VR应用		**早期采用者** 为客户创建AR/VR应用的软件开发人员 / 机构

成本结构	收入来源
托管成本 人力成本：65 美元 / 小时 ×40 小时，2600 美元 / 月	30 天免费试用 50 美元 / 月（不限数量包月使用）

精益画布根据商业模式画布改编而来，并由 Creative Commons Attribution-Share Alike 3.0 Un-ported License 授权使用

图 1-7　史蒂夫规划的成本结构和收入来源

列出 3 到 5 个关键指标

在关键指标（key metric）方面，不需要投入太多精力。你只需列出用来衡量自己的商业模式是否有效的最重要的 3 到 5 个指标。

结果指标优先于产出指标

与其衡量你制造了多少东西（output，意为产出），不如专注于衡量有多少人在使用你的产品以及如何使用你的产品（outcome，意为结果）。正确的结果指标（outcome metric）往往是以客户为中心，而不是以产品为中心。

结果指标可包括：

- 新客户的数量；

- 月经常性收入（monthly recurring revenue，MRR）；

- 客户生命周期总价值（customer lifetime value，LTV）。

优先考虑先行指标，而非滞后指标

在拿到销售报表之前就应该找出能够反映企业实时状态的关键数据。

——出自诺姆·布罗德斯基和保·伯林翰的

《街头生意经：MBA 课堂不会教你的》

虽然需要衡量和报告收入和利润等指标，但你要明白，这些都是滞后指标（trailing indicator），而不是表明公司进展情况的先行指标（leading indicator）。

下面是一些先行指标的例子：

- 获客渠道中符合条件的潜在客户数量；
- 试验次数或者试点数量；
- 客户流失率。

研究类似企业

研究你的产品所在领域或行业的其他公司在衡量公司业务和向股东报告公司状况时，采用了哪些指标。

下面给出了一些例子。

- 典型的软件即服务运营商（software-as-a-service，SaaS）的指标：
  - 客户生命周期总价值（LTV）；
  - 获客成本（cost to acquire customers，CAC）；
  - 月经常性收入（MRR）或年经常性收入（annual recurring revenue，ARR）。

- 典型的广告业务指标：
  - 日活跃用户数量（daily active users，DAU）和月活跃用户数量（monthly active users，MAU）；
  - 广告点击率（click-through rate，CTR）；
  - 每千次展示费用（cost per impression，CPM）和每次点击费用（cost per click，CPC）。
- 典型的市场指标：
  - 买家卖家比例；
  - 平均交易规模；
  - 抽佣率。

史蒂夫确定了几个关键指标

关键指标一栏中，史蒂夫决定使用针对 SaaS 产品的关键指标列表（图 1-8）。

问题	解决方案	独特价值主张	不公平优势	客户群体
创建AR/VR应用较难 - 需要编程技能 - 花费时间太长 - 价格普遍较高	- 用手机扫描一个物理空间或物体，创建其 3D 模型 - 快速订制模型 - 只需点击一下就能部署自己的应用	无须编程，便可创建细节丰富的沉浸式AR/VR应用		软件开发人员 / 机构 营销人员 零售 建筑 旅游 教育 医疗
	关键指标 试用数量 付费转化率 客户生命周期总价值 / 获客成本		**渠道** 他人推荐 直接销售 会议 贸易展览 广告	
现有解决方案 谷歌 AR/VR、苹果 ARKit、Vuforia、MAXST、Unity		**类比概念** 无须编程的VR应用		**早期采用者** 为客户创建AR/VR应用的软件开发人员 / 机构
成本结构 托管成本 人力成本：65 美元 / 小时 ×40 小时，2600 美元 / 月		**收入来源** 30 天免费试用 50 美元 / 月（不限数量包月使用）		

精益画布根据商业模式画布改编而来，并由 Creative Commons Attribution-Share Alike 3.0 Un-ported License 授权使用

图 1-8 史蒂夫确定的关键指标

不公平优势

通常，这是画布上最难填写的部分，所以我把这部分放在最后填写。大多数创始人列出的所谓"不公平优势"（unfair advantage）其实并不是竞争优势，比如自己满怀激情、自己能编写关键代码或者产品具有独特的功能。

在商业模式中，另一个经常被提及的优势是"先发优势"（first-mover advantage）。但是，不需要太多时间就能看出，"先发"实际上是一种劣势，因为开辟新土地的大部分艰苦工作都落在了你的肩上（这为后来者降低了风险），紧随其后的追随者可以迅速利用你所打开的局面，他们可能会超越你，除非你能以真正的不公平优势持续地超越他们。想想福特、丰田、谷歌、微软、苹果和 Facebook，这些公司都不是行业的先行者。

你要记住的一个有趣的观点是，任何值得复制的东西最终都会被他人复制，尤其是在你展示了可行的商业模式后，复制者肯定会纷至沓来。

想象一下，如果你的联合创始人偷了你的源代码，在哥斯达黎加开了店，并大幅降价，你还有生意可做吗？如果谷歌或苹果公司推出一款有竞争力的产品，并将价格降至 0 美元，情况又会如何？

你必须能在极端情况下建立成功的企业。基于这种现实，杰森·科恩给出了如下定义："真正的不公平优势必须是无法轻易复制或者购买的优势"。

符合这个定义的真正的不公平优势包括：

- 内部消息；
- "专家级用户"的背书；
- 超级团队；
- 个人权威；
- 大型网络效应；
- 平台效应；
- 社区；

- 现有客户；

- 关键词排名优化。

展示真正的不公平优势和无效的不公平优势之间的区别的最好的例子就在搜索引擎营销领域，即关键词排名优化（真正的不公平优势）和付费关键词广告（无效的不公平优势）之间的区别。关键词可以很容易地被竞争对手复制和购买，而关键词排名优化要靠自己的努力。

有些不公平优势可能一开始是价值观，但是随着时间的推移，这些价值观逐渐发展成企业从竞争中脱颖而出的优势。比如，美捷步（Zappos）[①] 的 CEO 谢家华就非常注重员工和客户的满意度。这一点体现在这家公司的各种（从表面看来）不符合商业常理的政策上，比如对客服代表与客户交流沟通的时间不设上限，只为让客户满意；公司实行 365 天退货政策，还包双向邮费。但是，这些政策让美捷步成为与众不同的品牌，吸引了大批热情、愿意为其宣传的忠实顾客。而这也是 2009 年亚马逊斥资 12 亿美元收购美捷步的重要原因之一。

如果在创业伊始，你并不具备不公平优势，该怎么办

大多数创业者在最初想出自己的创业点子时并不具备不公平优势。比如马克·扎克伯格，他不是首个建立社交网络的人，他的一些竞争对手已经拥有巨大的先发优势，获得了数百万的用户和数百万美元的投资。但是，这并不妨碍扎克伯格建立起全球最大的社交网络。

从不公平优势的故事开始

虽然扎克伯格在创业伊始并不具备不公平优势，但是他有自己的不公平优势的故事。他知道他的不公平优势来自大型网络效应。Facebook 的关注焦点非常清晰，这让公司制定了系统化的启动和增长战略，使得公司最终将故事变为现实。

---

① 美国一家卖鞋的 B2C 网站。——译者注

将不公平优势一栏留空

如果不公平优势的故事目前还不清晰，最好将这一栏留空，而不要塞进一个毫无力度的不公平优势。

接受默默无闻

如前所述，你并不需要从一开始就具备不公平优势，这是个好消息。创业伊始，要接受自己的公司默默无闻。你需要在不引起竞争者注意的情况下建立有价值的产品，并且不断寻找自己真正的不公平优势。

史蒂夫思考了他的不公平优势故事

通常，史蒂夫认为自己掌握软件的知识产权就是他的不公平优势，但在了解了什么是真实的不公平优势和无效的不公平优势之后，他决定转而以"平台效应"为基础建立自己的不公平优势故事（图 1-9）。如果他能让足够多的软件

问题	解决方案	独特价值主张	不公平优势	客户群体
创建AR/VR应用较难 - 需要编程技能 - 花费时间太长 - 价格普遍较高	- 用手机扫描一个物理空间或物体，创建其 3D 模型 - 快速订制模型 - 只需点击一下就能部署自己的应用	无须编程，便可创建细节丰富的沉浸式AR/VR应用	平台效应	软件开发人员 / 机构 营销人员 零售 建筑 旅游 教育 医疗
	关键指标 试用数量 付费转化率 客户生命周期总价值 / 获客成本		**渠道** 他人推荐 直接销售 会议 贸易展览 广告	
现有解决方案 谷歌 AR/VR、苹果 ARKit、Vuforia、MAXST、Unity		**类比概念** 无须编程的VR应用		**早期采用者** 为客户创建AR/VR应用的软件开发人员 / 机构
成本结构 托管成本 人力成本: 65 美元 / 小时 ×40 小时, 2600 美元 / 月			**收入来源** 30 天免费试用 50 美元 / 月（不限数量包月使用）	

精益画布根据商业模式画布改编而来，并由 Creative Commons Attribution-Share Alike 3.0 Un-ported License 授权使用

图 1-9　史蒂夫的不公平优势

开发人员和机构建立足够多的超级应用，这可以帮助他更加迅速地实现自己的愿景，创建一个大规模的可重复使用的 3D 对象库，创造一个数字飞轮，使每个人都能更快地建立更多的应用，同时让自己的平台成为 AR/VR 应用的首选平台。

完善你的精益画布

迅速勾勒出精益画布是你评估自己的远大愿景，把自己的商业模式转化为直观图像而迈出的坚实的第一步。但是，大部分创业者在绘制自己的第一张精益画布时考虑的范围要么太广，要么太窄，违反了"金发姑娘原则"（Goldilocks problem）[①]。

如果你无法在一页纸上写出自己的想法，可能是因为你考虑的范围太广。这种情况下，你的精益画布缺乏亮点，无法体现与竞争对手的差异。我曾合作过的几家创业公司认为自己所解决的问题非常普遍，适用于每个人。

—— 小贴士 ——————————————————————

如果你的营销对象是所有人，实际上你无法影响到任何人。

———————————————————————————————

虽然你的目标是打造面向大众的产品，但是仍然需要以特定的客户群体为出发点。即便是现在已经拥有超过 5 亿用户的 Facebook，在一开始时也选择了细分的目标客户群体，即哈佛大学的学生。如果你走向另外一个极端，即考虑的范围过窄，就会陷入局部最优陷阱，找不到最适合自己创意的市场。

在图 1-10 中，我们以爬山问题来解释此情况。

想象一下，你被蒙上眼睛，你的任务是找到图中地形中的最高点。你可能会摸索着走到小山顶，然后宣布这里就是最高点。但是，在拿掉眼罩后，你会发现旁边还有一座你根本没有看到的更高的山峰。

————————————————

[①] 该原则源自《金发姑娘和三只熊》的童话故事：迷路了的金发姑娘未经允许就进入了熊的房子，她尝了三只碗里的粥，试了三把椅子，又在三张床上躺了躺。她发现不烫不冷的粥最可口，小椅子坐着最舒服，不硬不软的床躺着最惬意，因为那是最适合她的。所以人们将这种"恰到好处"的选择原则称为"金发姑娘原则"。

——译者注

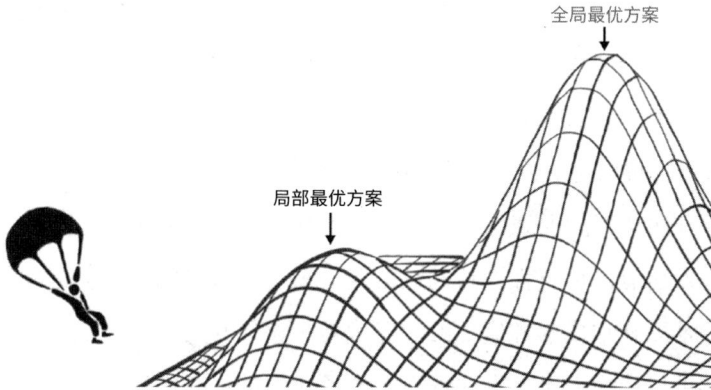

图 1-10　爬山问题

如何避免违反"金发姑娘原则"

你采取的策略需要让你的思维具备一定的广度，并且同时聚焦具体层面。你可以将你的第一张精益画布（你的宏大想法画布）分割成几块子画布（图 1-11）。

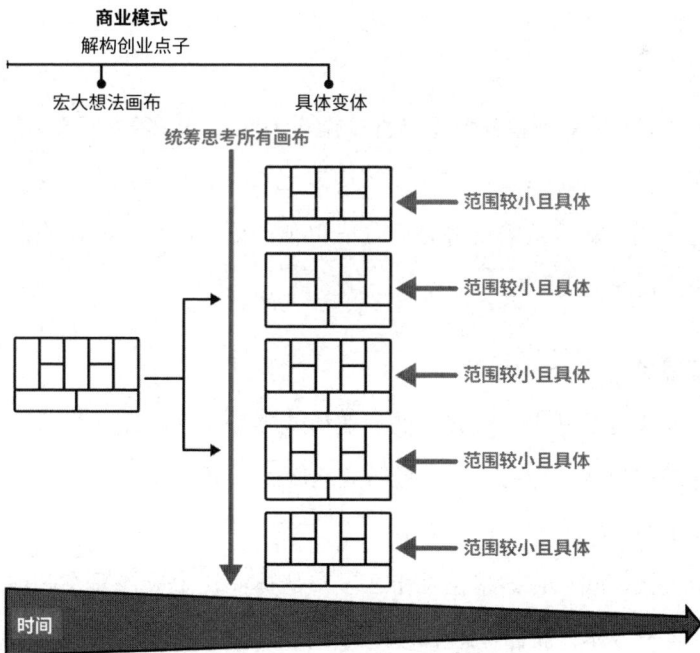

图 1-11　将你的宏大想法画布分为多个变体

　　拆分之后的画布关注的范围应该较小，内容更加具体，但是你可以而且应该统筹思考同一创业点子的各种变体来保证思路的广度。例如，照片分享服务可以针对消费者或者公司。如果对象是公司，那么需要考虑许多可能的商业模式。你可以也应该在不同的画布上对每一个变体进行探索。

　　这种方法并不能保证你一定会找到更高的山峰，但是你至少可以通过广泛撒网并对所有的可行性保持开放态度，来避免所有的思考只是围绕某种单一的可行性而让你成为井底之蛙。经过初步评估并列出创业想法的最佳变体之后，你可以使用系统性方法确定每个可行性的优先次序，并在计划的时间内测试你的创业点子。切记，创建一个商业模式需要具备探索式思维，而非执行思维。

何时拆分自己的精益画布

　　大多数精益画布涵盖的内容过于宽泛，这是因为他们试图在一张画布上塞入多个商业模式故事。你的目标应该是在一张精益画布上描述一个商业模式故事。

　　有3种基本的商业模式原型：直接模式（direct）、多边模式（multisided）和市场模式（marketplace）。如果你发现自己在一张精益画布上混合了多种类型的商业模式，那么就需要将它们分成单独的画布。现在，让我们来看看每一种商业模式的定义。

直接模式

　　直接模式是最基本、最普遍的商业模式类型。这种模式中只有一个参与者，即你的用户就是你的客户。星巴克就属于直接模式。图 1-12 是星巴克的精益画布示例。

　　对于直接模式，你的精益画布在客户群体一栏中应该只有一项，即你的全部潜在客户群体，而你理想中的初始子客户群体应该列入早期采用者一栏。

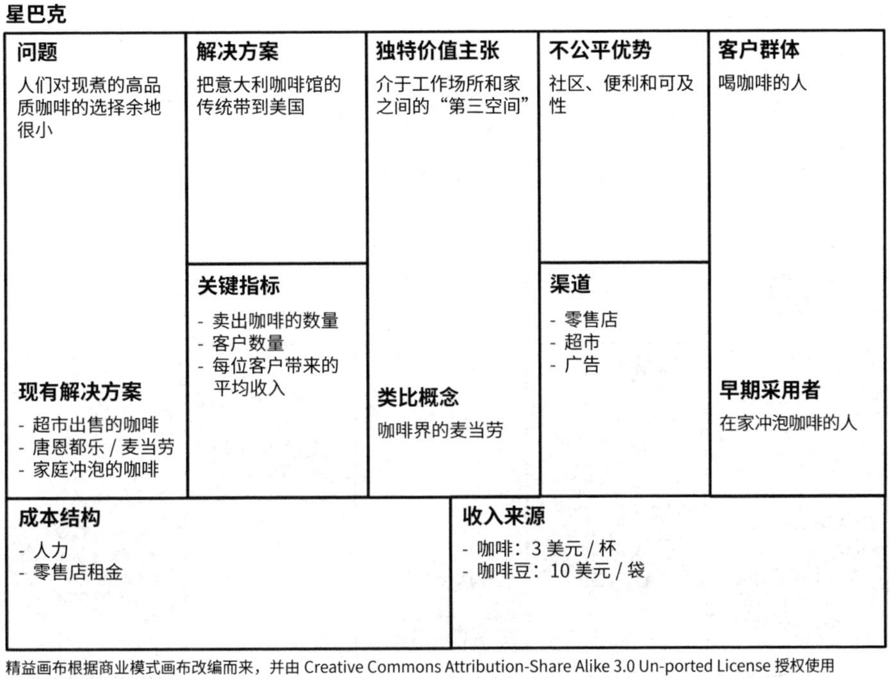

星巴克

问题	解决方案	独特价值主张	不公平优势	客户群体
人们对现煮的高品质咖啡的选择余地很小	把意大利咖啡馆的传统带到美国	介于工作场所和家之间的"第三空间"	社区、便利和可及性	喝咖啡的人
	关键指标 - 卖出咖啡的数量 - 客户数量 - 每位客户带来的平均收入		**渠道** - 零售店 - 超市 - 广告	
现有解决方案 - 超市出售的咖啡 - 唐恩都乐 / 麦当劳 - 家庭冲泡的咖啡		**类比概念** 咖啡界的麦当劳		**早期采用者** 在家冲泡咖啡的人
成本结构 - 人力 - 零售店租金		**收入来源** - 咖啡：3 美元 / 杯 - 咖啡豆：10 美元 / 袋		

精益画布根据商业模式画布改编而来，并由 Creative Commons Attribution-Share Alike 3.0 Un-ported License 授权使用

图 1-12　星巴克的精益画布

多边模式

在多边模式中，目标仍然是为客户创造价值，向客户交付价值以及从客户获取价值，但这种价值是通过不同的客户来实现变现的。这种商业模式中存在两种参与者，即用户和客户。

用户使用产品时，通常不会用货币进行支付，而是货币的等价物。当聚集了足够多的用户时，这种货币等价物就代表了资产等价物，你的客户需要付费才能获取。Facebook 就是一个具有多边模式的公司。在 2004 年面世的时候，其用户是大学生，而客户是广告商。

Facebook 的精益画布如图 1-13 所示。

对于多边模式，精益画布应该从用户和客户两个角度为创意建模。例如，从用户的角度来看，Facebook 的替代品是 Friendster。

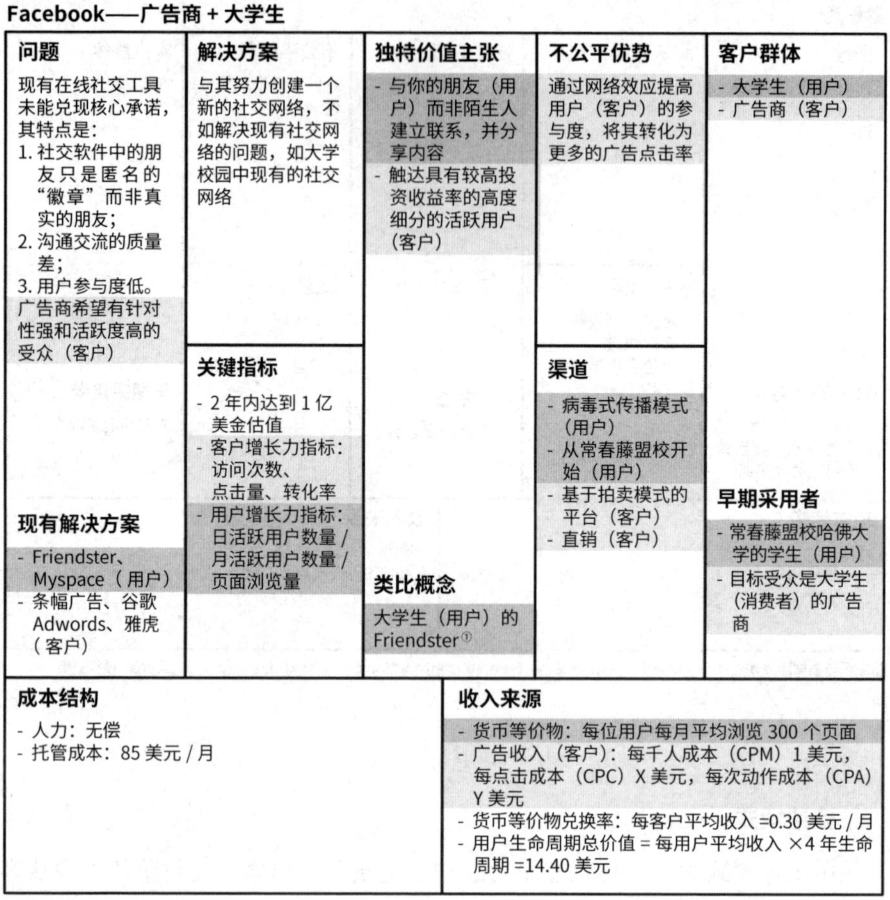

Facebook——广告商 + 大学生

问题	解决方案	独特价值主张	不公平优势	客户群体
现有在线社交工具未能兑现核心承诺，其特点是：	与其努力创建一个新的社交网络，不如解决现有社交网络的问题，如大学校园中现有的社交网络	- 与你的朋友（用户）而非陌生人建立联系，并分享内容 - 触达具有较高投资收益率的高度细分的活跃用户（客户）	通过网络效应提高用户（客户）的参与度，将其转化为更多的广告点击率	- 大学生（用户） - 广告商（客户）
1. 社交软件中的朋友只是匿名的"徽章"而非真实的朋友； 2. 沟通交流的质量差； 3. 用户参与度低。 广告商希望有针对性强和活跃度高的受众（客户）				
	关键指标		**渠道**	
	- 2 年内达到 1 亿美金估值 - 客户增长力指标：访问次数、点击量、转化率 - 用户增长力指标：日活跃用户数量 /月活跃用户数量 /页面浏览量		- 病毒式传播模式（用户） - 从常春藤盟校开始（用户） - 基于拍卖模式的平台（客户） - 直销（客户）	
现有解决方案				**早期采用者**
- Friendster、Myspace（用户） - 条幅广告、谷歌Adwords、雅虎（客户）		**类比概念** 大学生（用户）的Friendster①		- 常春藤盟校哈佛大学的学生（用户） - 目标受众是大学生（消费者）的广告商

成本结构	收入来源
- 人力：无偿 - 托管成本：85 美元 / 月	- 货币等价物：每位用户每月平均浏览 300 个页面 - 广告收入（客户）：每千人成本（CPM）1 美元，每点击成本（CPC）X 美元，每次动作成本（CPA）Y 美元 - 货币等价物兑换率：每客户平均收入 =0.30 美元 / 月 - 用户生命周期总价值 = 每用户平均收入 ×4 年生命周期 =14.40 美元

精益画布根据商业模式画布改编而来，并由 Creative Commons Attribution-Share Alike 3.0 Un-ported License 授权使用

图 1-13 Facebook 的精益画布——大学生（从用户视角）被标记为"用户"，而广告商（从客户视角）被标记为"客户"

市场模式

市场模式是多边模式更加复杂的变体，值得单独列为一个类别。与多边模式一样，市场模式中也存在多种参与者，且分为两个不同类型：买家和卖家。爱彼迎（Airbnb）就是市场模式的代表，该公司的精益画布如图 1-14 所示。

---

① 美国一个早期的社交网络平台，在 2003 年至 2004 年间迅速获得用户的关注，成为最受欢迎的社交网站。但后来在用户量上被 Facebook 超越。——编者注

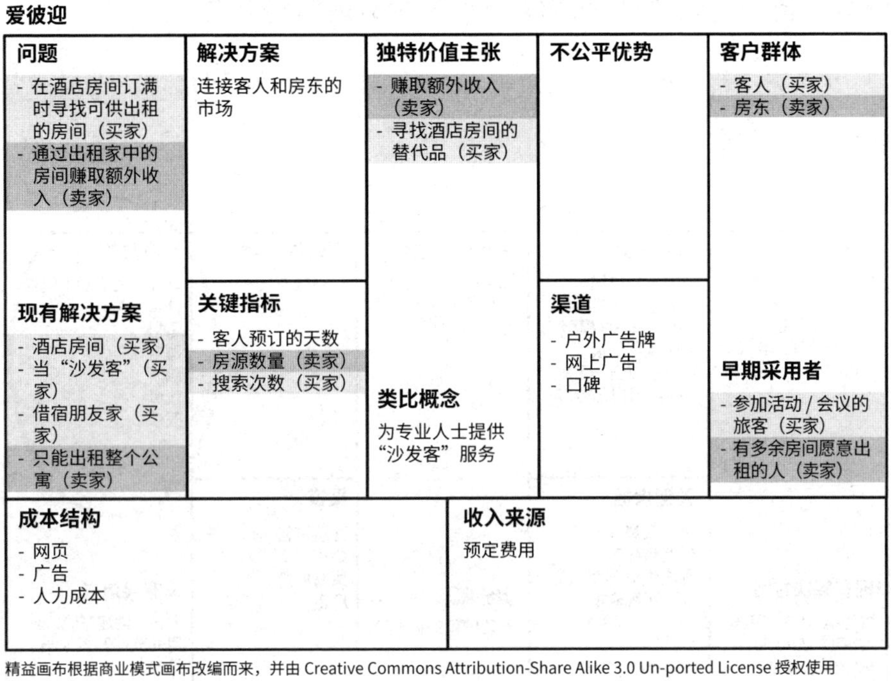

爱彼迎

问题	解决方案	独特价值主张	不公平优势	客户群体
- 在酒店房间订满时寻找可供出租的房间（买家） - 通过出租家中的房间赚取额外收入（卖家）	连接客人和房东的市场	- 赚取额外收入（卖家） - 寻找酒店房间的替代品（买家）		- 客人（买家） - 房东（卖家）

现有解决方案	关键指标		渠道	
- 酒店房间（买家） - 当"沙发客"（买家） - 借宿朋友家（买家） - 只能出租整个公寓（卖家）	- 客人预订的天数 - 房源数量（卖家） - 搜索次数（买家） **类比概念** 为专业人士提供"沙发客"服务		- 户外广告牌 - 网上广告 - 口碑	**早期采用者** - 参加活动／会议的旅客（买家） - 有多余房间愿意出租的人（卖家）

成本结构	收入来源
- 网页 - 广告 - 人力成本	预定费用

精益画布根据商业模式画布改编而来，并由 Creative Commons Attribution-Share Alike 3.0 Un-ported License 授权使用

图 1-14　爱彼迎的精益画布——客人（从买家视角）被标记为"买家"，而房东（从卖家视角）被标记为"卖家"

在这种商业模式中，你也应该从买家和卖家两个视角为创意建模。例如，从卖方的角度来看，爱彼迎的替代品是酒店房间、当"沙发客"等。

要力求简洁，而不是追求复杂，因为让精益画布的内容简洁易懂已经够难的了。

—— **敲黑板** ————————————————————————

在实践中，我们可能会遇到更加复杂的商业模式，它们将 3 种基本模式组合在了一起。我们需要记住的是，这些复杂的商业模式一开始也是从基本的商业模式开始的。盖尔定律指出，一个切实可行的复杂系统总是从一个行之有效的简单系统发展而来的。

史蒂夫将他的宏大想法的精益画布拆分成各种变体

史蒂夫重新审视了他的精益画布，他立即意识到他的目标客户群体数量过多（图 1-15）。

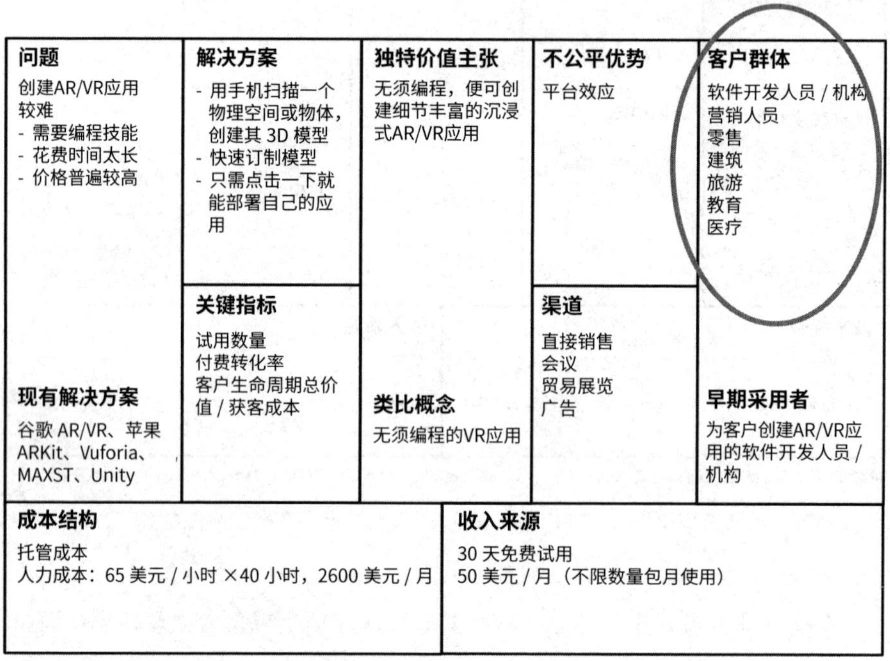

问题	解决方案	独特价值主张	不公平优势	客户群体
创建AR/VR应用较难 - 需要编程技能 - 花费时间太长 - 价格普遍较高	- 用手机扫描一个物理空间或物体，创建其 3D 模型 - 快速订制模型 - 只需点击一下就能部署自己的应用	无须编程，便可创建细节丰富的沉浸式AR/VR应用	平台效应	软件开发人员 / 机构 营销人员 零售 建筑 旅游 教育 医疗
现有解决方案 谷歌 AR/VR、苹果 ARKit、Vuforia、MAXST、Unity	关键指标 试用数量 付费转化率 客户生命周期总价值 / 获客成本	类比概念 无须编程的VR应用	渠道 直接销售 会议 贸易展览 广告	早期采用者 为客户创建AR/VR应用的软件开发人员 / 机构
成本结构 托管成本 人力成本：65 美元 / 小时 ×40 小时，2600 美元 / 月		收入来源 30 天免费试用 50 美元 / 月（不限数量包月使用）		

精益画布根据商业模式画布改编而来，并由 Creative Commons Attribution-Share Alike 3.0 Un-ported License 授权使用

图 1-15　客户群体过多

"这些客户群体都属于同一个商业模式吗？"史蒂夫想。

史蒂夫刚刚学习了商业模式类型的相关知识，在盯着自己的精益画布看了几分钟后，他意识到他的精益画布上存在着不同的商业模式。

于是，他按照不同的客户群体将初始的画布细分为几个画布，并决定将工作重心放在他认为最重要的 3 个变体上（图 1-16 ~ 图 1-18）。

问题	解决方案	独特价值主张	不公平优势	客户群体
创建AR/VR应用较难 - 需要编程技能 - 花费时间太长 - 价格普遍较高	- 用手机扫描一个物理空间或物体，创建其 3D 模型 - 快速订制模型 - 只需点击一下就能部署自己的应用	无须编程，便可创建细节丰富的沉浸式AR/VR应用	平台效应	软件开发人员 / 机构
	关键指标 试用数量 付费转化率 客户生命周期总价值 / 获客成本		**渠道** 直接销售 会议 贸易展览 广告	
现有解决方案 谷歌 AR/VR、苹果 ARKit、Vuforia、MAXST、Unity		**类比概念** 无须编程的VR应用		**早期采用者** 为客户创建AR/VR应用的软件开发人员 / 机构
成本结构 托管成本 人力成本：65 美元 / 小时 ×40 小时，2600 美元 / 月		**收入来源** 30 天免费试用 50 美元 / 月（不限数量包月使用）		

精益画布根据商业模式画布改编而来，并由 Creative Commons Attribution-Share Alike 3.0 Un-ported License 授权使用

图 1-16　针对软件开发人员的精益画布

问题	解决方案	独特价值主张	不公平优势	客户群体
为客户创建VR效果图较难 - 需要专业建模技能 - 花费时间太长 - 价格普遍较高	- 用手机扫描一个物理空间或物体，创建其 3D 模型 - 快速订制模型 - 只需点击一下就能部署自己的应用	无须编程，便可创建细节丰富的沉浸式AR/VR应用	平台效应	建筑师（客户） 房主（用户）
	关键指标 - 试用数量 - 付费转化率 - 客户生命周期总价值 / 获客成本		**渠道** 直接销售 会议 贸易展览 广告	
现有解决方案 建筑信息建模工具和计算机辅助设计工具：草图大师（SketchUp）、欧特克（Autodesk）		**类比概念** 无须编程的VR应用		**早期采用者** 为客户提供3D效果图的建筑师
成本结构 托管成本 人力成本：65 美元 / 小时 ×40 小时，2600 美元 / 月		**收入来源** 30 天免费试用 100 美元 / 月		

精益画布根据商业模式画布改编而来，并由 Creative Commons Attribution-Share Alike 3.0 Un-ported License 授权使用

图 1-17　针对住宅建筑师的精益画布

问题	解决方案	独特价值主张	不公平优势	客户群体
为网店构建3D模型需要专业技能，且价格普遍偏高 客户在网上购买家具时，很难想象和测量家具是否适合房屋空间	- 用手机扫描一个物理空间或物体，创建其 3D 模型 - 快速订制模型 - 只需点击一下就能部署自己的应	快速嵌入3D模型以增强网上购物体验		零售商（客户） 消费者（用户）
	关键指标		**渠道**	
	- 试用数量 - 付费转化率 - 客户生命周期总价值/获客成本		直接销售 会议 贸易展览 广告	
现有解决方案 在房屋内现场制作家具、雇用软件开发公司、使用互联网家装平台Houzz		**类比概念** 家具界的Ikea Place[1]		**早期采用者** 家具零售商
成本结构 托管成本 人力成本：65 美元 / 小时 ×40 小时，2600 美元 / 月			**收入来源** 1美元/渲染对象/年	

精益画布根据商业模式画布改编而来，并由 Creative Commons Attribution-Share Alike 3.0 Un-ported License 授权使用

图 1-18　针对家具零售商的精益画布

史蒂夫很快发现，这些变体比最初的宏大想法精益画布清晰了很多。

现在轮到你了

写下自己的 A 计划是继续下一步的先决条件。正如本章开头所说，很多创业者只把各种假设放在脑子里，这样既难以系统地创建公司和产品，也难以对其做系统性的测试。好记性不如烂笔头。

你可以按照自己的方式创建精益画布。可访问 LEANSTACK 网站下载精益画布的空白模板[2]，并在线创建自己的精益画布。

---

[1] 瑞典家居用品公司宜家推出的一款应用，它使用了 AR 技术，让用户可以精确地感知家具的尺寸、设计和功能。——编者注
[2] 请扫描本书封底上的二维码下载精益画布的空白模板。——编者注

接下来要做什么

在完成第一张精益画布的草图后，我们恨不得马上冲出办公楼，开始在客户身上测试自己的商业模式，甚至有可能迅速发现各种问题、然后推介提案、快速建立最小化可行产品，并从第一天起就向客户收取费用。乍听之下这就是我们应该做的事情。

那么，这种方法有什么问题么？

危险在于如果照此方法进行，我们可能会在 6 到 9 个月后陷入一个并不是最优的商业模式中，它要么不符合你的远大愿景，要么无法扩张。

一个创意要想成功，必须不断平衡 3 种类型的风险：客户风险、市场风险和技术风险。IDEO[①] 推崇的"创新三位一体"的概念，以可视化的方式解析了 3 种风险对应的 3 种要素，即需求性（desirability）、发展性（viability）、可行性（feasibility），如图 1-19 所示。

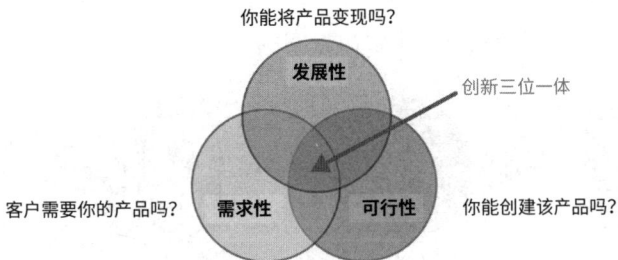

图 1-19　创新三位一体

在进行几周或几个月的客户验证之前，明智的做法是（坐在办公室中）再花几个小时对你的商业模式进行压力测试，寻找创意或思想中明显的缺点和瑕疵。

为此，你需要对自己的商业模式进行 3 项压力测试，即做出以下检查。

1. 需求性（客户需要你的产品吗？）

2. 发展性（你能将产品变现吗？）

3. 可行性（你能创建该产品吗？）

---

① 全球知名的创新设计公司。——译者注

第 2 章 对需求性进行压力测试

需求性：客户真的需要这个产品吗？

想象自己正处于图 2-1 所示的产品发展时间线上，回想一下是什么原因让你从上一个解决方案转到下一个解决方案的。

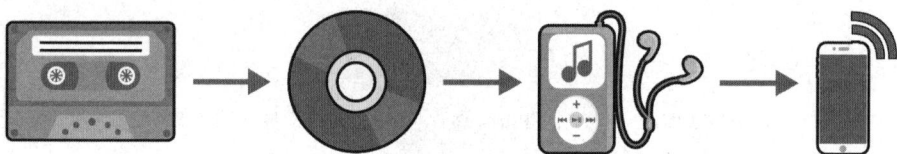

图 2-1 音乐产品发展时间线

我们可以发现，当新的音乐播放方式取代旧的音乐播放方式时，两者之间存在巨大差异。虽然我很想说这种转变是因为我们想追求更高的音质，但可惜事实并非如此。当我们放弃磁带转听光盘的时候，音质确实有所提高，但是当我们转听 MP3 时，音质是下降的。所以，还有其他因素在发挥作用。

作为创业者，我们负责打造更好的产品，但是到底什么才是"更好的产品"？这是我们在对创意的需求性进行压力测试时需要解决的关键问题。

定义"更好的产品"

定义更好的产品首先要认识到**客户并不关心解决方案，他们关心的是解决方案是否能实现他们期望的结果**。

那么，引起客户注意的最佳方式不是以自己的解决方案作为引导，而是用你的独特价值主张来引导。

令人信服的独特价值主张要么承诺客户会获得更好的期望结果，要么承诺以更好的方式为客户实现期望结果，或者两者兼而有之。

想要提出令人信服的独特价值主张，首先要聚焦产品的目标人群，了解阻碍他们实现期望结果的障碍（或问题）。

思维模式 2
你应该爱上的是客户的问题，而非自己的解决方案。

在精益画布中，我们的这些观点体现在客户群体、问题、独特价值主张等部分中。如果这几个部分的假设出现问题，那么你会看到自己的商业模式最终以溃败收场，因为你描述的解决方案根本无人需要（不具备需求性）。即便你设法实现了解决方案（具备可行性），但是没人会购买（不具备发展性）。你的商业模式将注定失败。

这就是在创建精益画布初稿后，我们需要立即对创意的需求性进行压力测试的原因，这也是本章要讲解的内容（图 2-2）。

—— **敲黑板** ————————————————

我创建了一个精益画布的变体，叫作"精简版精益画布"，它只有 3 栏（客户群体、问题和独特价值主张）。虽然我仍然建议创业公司的创始人填写整个精益画布，但是对于在高度专业化环境中运作的产品团队来说，精简版精益画布可能更加适合，因为产品团队并不会进行销售和营销活动。

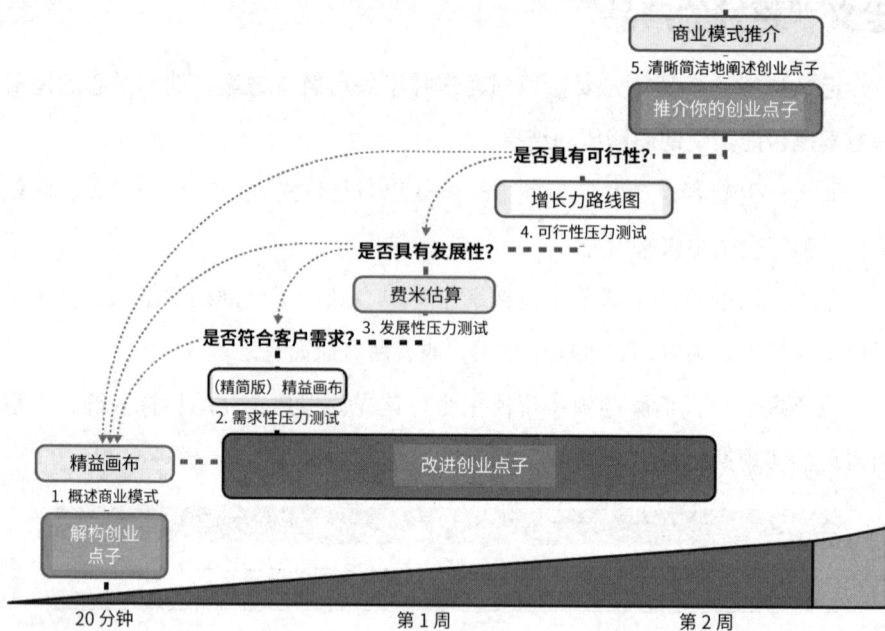

图 2-2　需求性压力测试

"创新者的偏见"会阻碍我们前进

虽然先思考问题再制定解决方案的理念非常简单，但是做起来并不容易。创业者在被要求从问题出发进行思考时，往往会下意识地编造（甚至是伪造）问题，以证明他们心中已有的解决方案是正确的。他们提出的问题不是"我的客户有什么问题"而是"我的解决方案能解决什么问题"。

—— 小贴士 —————————————————————————————

当你已经决定要打造一把锤子时，一切事物看起来都像钉子。

————————————————————————————————————

这就是我们心中的"创新者的偏见"（Innovator's Bias）在作祟（图 2-3）。别担心，每个人都会遇到这种状况。

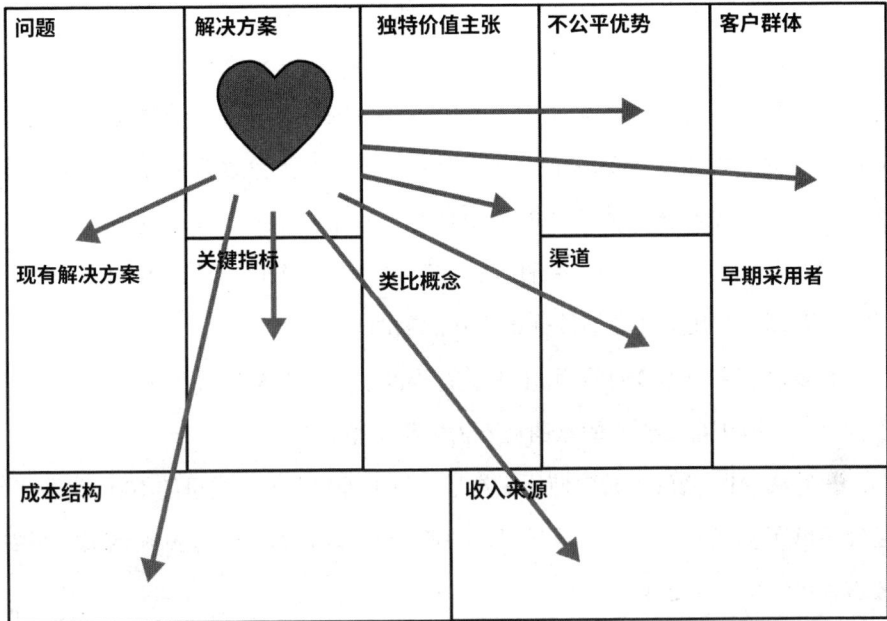

精益画布根据商业模式画布改编而来，并由 Creative Commons Attribution-Share Alike 3.0 Un-ported License 授权使用

图 2-3　"创新者的偏见"在精益画布上的体现

　　接下来，我将向你展示针对"创新者的偏见"的完美解药——我称之为"创新者的礼物"（Innovator's Gift）。

"创新者的礼物"

　　"创新者的礼物"的基本前提很简单：新的问题来自原有解决方案。在思考创新点子时，虽然你需要制定创新性的解决方案，但是你并不需要"创新性"的问题——一个没有人理解或者关心的问题。解决客户的问题有原有解决方案，但这些解决方案带来了各种困难，影响客户实现期望结果，所以在我们表述问题时，秘诀就在于要从这个角度切入。

　　"创新者的礼物"就是认识到问题没有完美的解决方案。问题和解决方案其实是一个硬币的两面。值得解决的新问题恰恰来自原有解决方案。

　　听起来非常简单？我们回到本章开头提出的问题：是什么让你从上一代听音乐的方式转换到了下一代？

　　大多数人不听磁带转而使用光盘的主要原因不是光盘的音质更好，而是光盘可以立刻播放想听的歌曲。在光盘出现之前，大家并没有觉得磁带有什么不好，但是光盘音乐播放器的出现打破了使用磁带机听音乐这一模式，因为光盘音乐播放器使得一个一直存在的问题成为一个值得解决的问题——磁带机需要倒带和快进才能播放你最喜欢的歌曲。

　　大多数人从光盘转向使用 MP3 播放器也不是因为 MP3 的音质更好，而是因为可以只购买自己爱听的歌曲而不需要买下整张光盘。

　　我们从 MP3 播放器转向使用云端播放器的原因是"口袋里的 1000 首歌曲"已经不够了。我们现在可以通过云端收听 4000 万首歌曲，且无须购买，只需按需租用即可（图 2-4）。

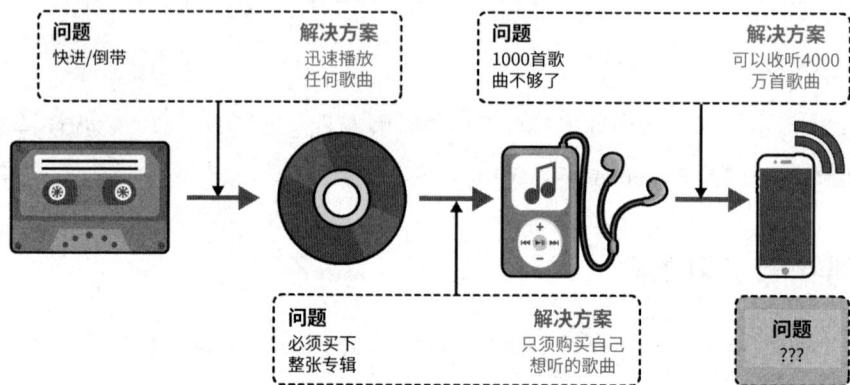

图 2-4　为什么我们要转变听歌方式

　　你能看到其中的共通之处吗？

　　播放器的更迭意味着客户大规模地更换产品。当然，新的解决方案和技术发挥了作用。但是，导致每次转变的原因并非是解决了新问题，而是解决了一直存在的原有问题。此前，我们容忍了这些问题，甚至围绕这些问题展开工作，直到某天我们遇到了引发转换的触发事件，打破了我们现有的解决方案，使得我们转而使用新的解决方案。

这就是所有成功的创新的特点。

很久以前，有 [客户]。每当他们需要完成某项 [任务] 时，他们会选择 [现有解决方案]。有一天，由于 [触发事件] 的出现，现有解决方案终被打破。正因为如此，该 [客户] 意识到，由于这些 [问题]，[现有解决方案] 并不是该 [任务] 的最佳选择。这种认识促使 [客户] 去寻找更好的解决方案，并考虑其他的替代方案。直到最后他们找到了一个 [新的解决方案]，帮助他们更好地完成了 [任务]。

我们可以用客户旅程图来表现这个故事，如图 2-5 所示。

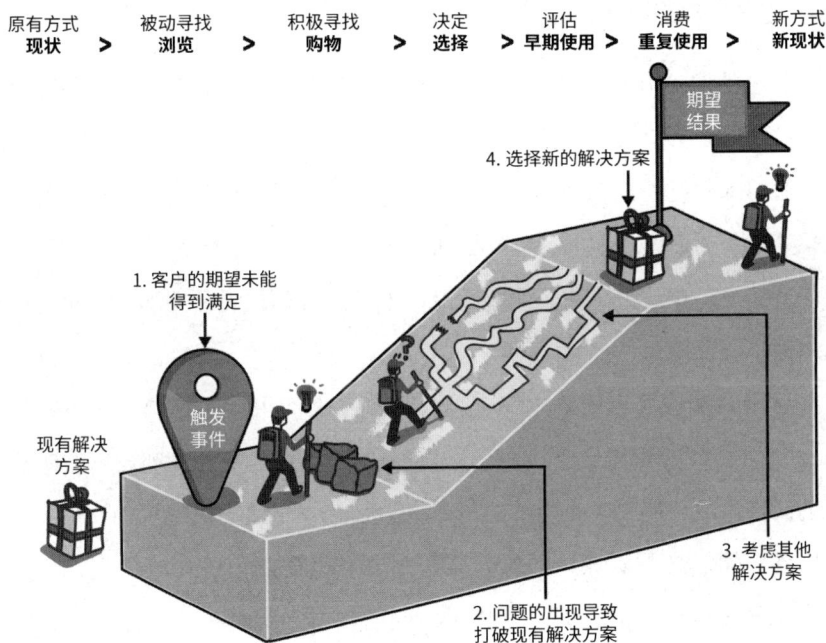

图 2-5　创新是一种转换

如果将音乐产品的时间轴延伸到未来，我可以断言，我们听音乐的方式将再次迎来改变。至于是怎样的改变，我也不知道。但是无论接下来是怎样的产品，都会比流媒体音乐服务更好。

因此"创新者的礼物"是一份馈赠。它为我们指明了一种系统性的方式来发现值得解决的问题，同时消除我们对自己的解决方案不合理的偏见，即"创新者的偏见"。

以下是要点总结。

1. 值得解决的新问题来自原有解决方案。问题总会存在原有解决方案。
2. 创新本质上是指从原有方式向新的方式转换。
3. 引发转换的最佳方式是将新的解决方案与原有解决方案造成的问题紧密联系在一起，比如，打破原有方式。

解读"创新者的礼物"

在自己的产品中应用"创新者的礼物"这一概念时，首先要理解待办任务（jobs-to-be-done，JTBD）理论。此前你可能有所了解，该理论的基本前提是，我们"临时雇用"产品为的是完成某项具体任务。几年前，我读到由哈佛商学院教授兼作家克莱顿·克里斯坦森推广的"奶昔研究"，了解到了待办任务理论。在"奶昔研究"中，一个研究小组无意中发现了提高快餐公司奶昔销售量的秘密且结论令人意外。

在雇用专业的研究团队之前，该公司自己也使用过传统的方法进行市场研究，如问卷调查和焦点小组。虽然这些研究收集了很多来自客户的颇具建设性的改进意见，但是在按这些意见改进后销售额依然不见起色。

快餐公司后来再次雇用的研究团队并没有遵循此前的调查思路，比如询问客户想要怎样的产品，而是选择了不同的方式。鲍勃·莫斯塔是研究团队的研究人员之一，他想要了解客户在生活中出现了何种"任务"，导致他们来到快餐店"临时雇用"奶昔。以这样的方式表述问题使得团队能够了解人们购买奶昔的原因，由此得出的结论显然不同于只是单纯地询问客户如何改进奶昔产品。

　　读完这个案例后，我在思考是否可以将这种改进现有产品的方法应用于设计新产品。我内心中有很多问题未能得到回答，所以我继续了解"待办任务"理论的相关内容，甚至有幸和包括鲍勃·莫斯塔、克里斯·斯皮克、托尼·厄威克、艾伦·克莱门特、德斯·特雷纳在内的待办任务理论方面的思想领袖与实践者开展合作。他们的工作影响了我对"创新者的礼物"的思考。

　　但是，即便我进行了前述研究，依旧有两件事困扰着我。首先，我发现大家通常应用的"待办任务"的定义存在循环论证、形态各异或者模糊不清等问题。其次，我遇到的许多案例看起来就像是精巧的魔术——揭秘之后看起来非常简单，但在研发新产品时如果让自己从头开始"表演"，会非常困难。我试图在本书中解决这两个问题。

　　首先，我来阐述一下我对"待办任务"的定义：触发事件引发了未被满足的需求或者期望，并以具体的形式表现出来，这种具体的表现就是待办任务。图 2-6 做了举例。

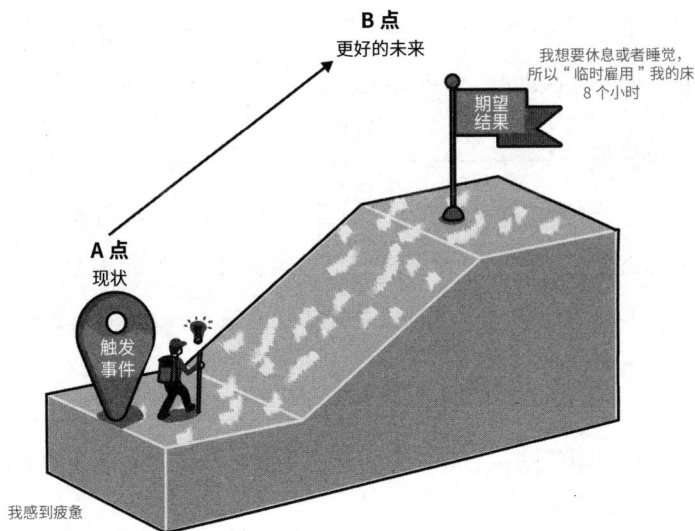

图 2-6　待办任务

下面做进一步解读。

所有任务的起点都是触发事件

一天内我们会遇到多个触发事件，这也意味着我们会在一天内遇到多个待办任务。

下面是一些例子。

- 现在是晚上 10 点 36 分，我很累。我需要睡觉。
- 现在是晚上 12 点 36 分，我的肚子在咕咕叫。我需要吃东西。
- 现在是晚上 7 点 36 分，我的肚子在咕咕叫，今天是我妻子的生日。我想带她去一家高级餐厅。

触发事件定义了待办任务形成的背景。

习惯决定了我们大部分时间会做什么……

如果每次遇到触发事件都要寻找新的解决方案，就会产生过多的认知负荷，所以一旦我们为某项具体的待办任务找到了足够好的解决方案，我们倾向于记住它，便于下次继续"临时雇用"。

—— **敲黑板** ————————————————————

"临时雇用"解决方案与购买解决方案不是一回事。我们买了很多产品，本意是想使用它们，但最后它们落满灰尘。"临时雇用"解决方案是选择和使用解决方案（无论是否已经购买），以应对我们发现自己需要或想要做的任务。

————————————————————————————————

多次"临时雇用"同一个解决方案后，我们就会把它变成我们完成任务的首选方式（让它成为根深蒂固的习惯）。

……直到我们遇到一个引发转换的触发事件

引发转换的触发事件是一种特殊类型的触发事件，它的出现是因为期望未能得到满足。这时我们会意识到，现有的替代方案已经不足以完成待办任务了，这也是我们开始寻求新的解决方案的时候。在图 2-7 所示的客户受力分析模型中，我把这种改变的动机称为"推力"，因为它推动我们以更好的方式完成任务。

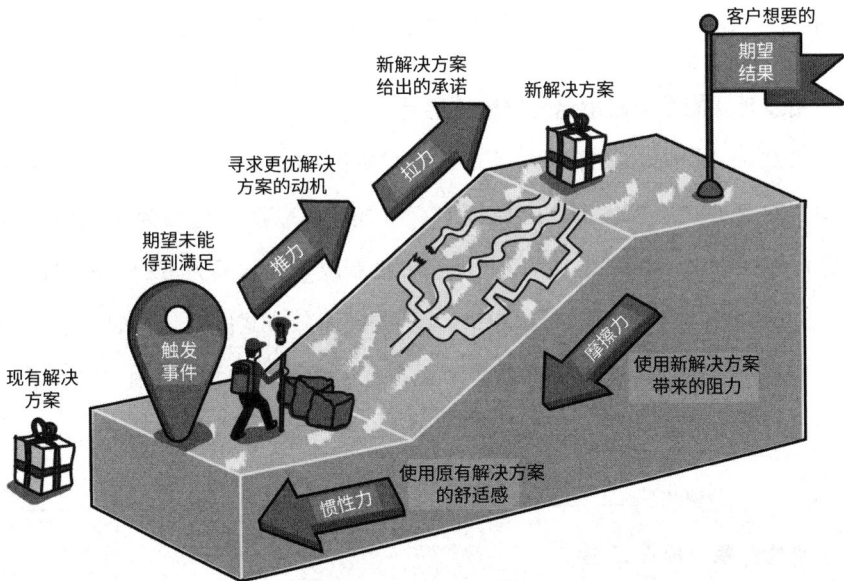

图 2-7　客户受力分析模型

—— **敲黑板** ————————————————————————

客户受力分析模型是一个行为模型，它描述了面对待办任务时，影响人们选择和使用解决方案的因果力量（推力、拉力、惯性力和摩擦力）。

例如，如果你有定期去某家特定餐厅吃午饭的习惯，那么什么会导致你去寻找新的餐厅呢？一般来说，存在 3 种类型的转换触发因素。

1. 体验糟糕（例如，经常去的餐厅发生了食物中毒事件）。
2. 环境改变（例如，遇到过生日这样的特殊场合）。

3. 认知改变（例如，听说一家新餐厅刚刚开业，很受欢迎）。

这就是机会所在

我们在面对待办任务时，倾向于选择熟悉的解决方案（现有解决方案），而触发事件使得待办任务实例化。此外，转换触发因素会让客户的期望无法得到满足，这为新的解决方案创造了机会。创业者需要寻找转换触发因素。

引发转换的原因是承诺更好的结果

如果新的解决方案只是渐进式地带来更好的结果，那么在新旧方式的竞争中，原有方式总是赢家。之所以原有方式能够获胜，是因为在客户的习惯中它已根深蒂固。在图 2-7 中，我把这种抵制改变现状的力量称为"惯性力"。

此外，当人们开始采用与原有方式不同的全新方式完成任务时，他们会感到焦虑，作为提供新的解决方案的创新者，你必须与这种焦虑作斗争。图 2-7 中，我把这种对采用新方式的抵触标记为"摩擦力"。

―― **敲黑板** ―――――――――――――――――――――

明枪易躲，暗箭难防。

―――――――――――――――――――――――――――――

引发转换需要克服这些阻力。首先，要承诺提供一个明显更好的方式来完成任务。图 2-7 中，我将这种承诺为客户带来某些更好的东西称为新解决方案的"拉力"。

当吸引力大于阻力的时候，转换就会启动；也就是说，推力＋拉力＞惯性力＋摩擦力。

新的方式需要比原有方式好多少才能引起转换呢？应该至少比原有方式好上 3 到 10 倍。

情感上更好 vs 功能上更好

特色咖啡店的咖啡是否比大型咖啡连锁店的咖啡好喝 3 倍？喝咖啡的人在

盲测中能将它们区分开吗？我所说的"更好"，并不仅仅指功能上更好，情感层面上的"更好"也很重要。

敲黑板

"功能上更好"是客户需要的，而"情感上更好"是客户想要的。

更好的功能是指解决未被满足的需求。如果客户充分理解他们未被满足的需求就是他们在实现期望结果（他们想要的东西）的路上所遇到的障碍，那么将你的产品定位为功能上更好的产品就足以引起转换。但是，如果你的客户没有充分理解他们未被满足的需求，那么你应该将产品定位为帮助他们实现愿望或者期望结果的产品。

例如：

- "我们可以帮助你更快地起草商业计划书"是在功能层面改进产品定位。
- "我们可以帮助你起草对方愿意阅读的商业计划书"是在情感层面改进产品定位。

只有看到更广阔的大背景，才能让产品在情感层面变得更好

每个产品都处于两个背景之中：解决方案背景和更广阔的大背景。产品功能和其为客户带来的益处所处的背景就是解决方案背景。而客户的期望结果处于更广阔的的大背景之中（图 2-8）。

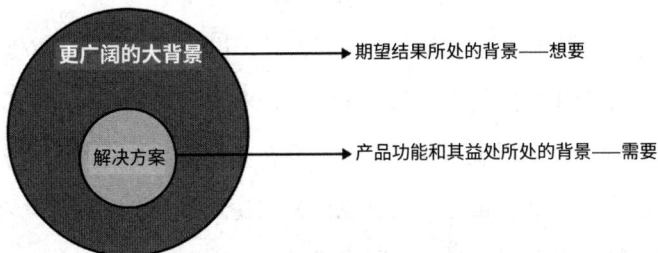

图 2-8　更广阔的大背景

要想让产品在情感层面变得更好，需要将思维转向关注更广阔的大背景。

客户"临时雇用"产品只是第一场战斗

当有因素促使我们转换解决方案时，我们通常会评估和试用多种产品，以找到能够更好地完成任务的那一款。虽然客户"临时雇用"你的产品是非常重要的一步，但是也仅仅是第一步而已。除非你能迅速向客户交付价值，让产品成为其待办任务中的"新现状"，否则客户很容易放弃你的产品。

在本书的第二部分，我们将介绍如何精心设计访谈任务来探索产品所针对的待办任务。不过现在，让我们来看看如何使用"创新者的礼物"这个概念来对创业点子的需求性进行压力测试。

史蒂夫向"创新者的礼物"发起挑战

"我可以理解'创新者的礼物'适用于音乐产品，但是如果产品极具颠覆性，完全没有竞争对手呢？"史蒂夫问道。

玛丽笑了，说道："根据定义，颠覆难道不是意味着新的方式从根本上挑战了原有方式（现有机构或者现状）吗？"

史蒂夫脸红了一下。"嗯……也许'颠覆'并不是准确表达我意思的用词，我是想说新的产品类别或者新市场。如果产品是一种全新的产品，定义了一个新市场呢？"

"你能说出一个这样的产品吗？"玛丽问道。

"互联网就是这样的产品吧？"史蒂夫说。

"当你应用'创新者的礼物'这一概念时，你必须突破解决方案所处的小背景，让思维触及更广阔的大背景。想要发现和进入更广阔的大背景，必须要思考产品的目的。换句话说，要思考产品会在何种情况下使用，或者更直白一点儿，待办任务是什么。虽然今天互联网的用途很多，但是追溯到互联网泡沫时代 ①，其早期的主要用途是使用网络目录和搜索引擎来获取信息。获取信息

---

① 一般指 1995 年至 2000 年间发生的互联网投机泡沫。——译者注

就是待办任务。那么，在互联网出现之前，我们是如何获得信息的呢？通过黄页、百科全书、图书馆、书籍等。这些都是互联网所取代的原有方式。"

"我明白了……"但史蒂夫并未被完全说服。

"那么疫苗呢？"他反问道。

"同理，对于历史上长期存在的传染病，广泛接种疫苗来获得免疫力是一个相对较新的解决方案。在疫苗诞生之前，人们如何对抗传染病呢？那时，人们只能选择隔离患者。在中世纪，人们甚至会使用用水蛭给病人放血这种毫无效果、只会加重病情的疗法。此前的疗法都只能算原有方法。"

当史蒂夫试图想出另外一个例子反驳玛丽的观点时，玛丽却先抛出了一个例子。"火是不是一个不符合'创新者的礼物'这一概念的例子呢？火是一项改变人类历史进程的技术。设想一下，如果你是向其他人推销火的创业者，你会如何推销？火的竞争对手是谁？"

"让我想想看。如果我们提出问题，火是用来做什么的……它可以用来取暖，所以原有方式是用兽皮取暖？"史蒂夫思考后说。

"没错，这就是正确的思路。但是，火的用例仅此而已吗？"玛丽问道。

史蒂夫想了一会儿，然后回答说："我猜人类还可以用火保护自己，抵御其他捕食者，当然还可以用它来烹饪。"

"说对了。用火来取暖只是季节性和地域性的用例，所以市场规模有局限性。但是用火来'解锁'新的食物来源，比如人类无法食用的未经加工的肉类和某些谷物，这样的用例能够吸引全球用户。如果要在洞穴的岩壁上画出精益画布，你会列出 3 个用例——取暖、防身、烹饪，最后一个是发展性最高的。"

史蒂夫笑着说："我现在明白了，我仍然停留在解决方案的世界里。关键是要看到解决方案在更广阔的大背景中能够发挥怎样的作用。所以，这就引出了我的下一个问题：新的待办任务是否会不断产生？"

"我并不这么想。在早期，人类当然不得不探索和发现各种各样的待办任务，但是到了现在，人类的大多数基本需求和愿望（如果不是全部的话）都已经确定。你可能也了解过像马斯洛需求层次理论这样的模型，它认为人类的需求呈金字塔形，最下层是食物和衣服等生理需求，然后是安全需求、归属和爱的需求、尊重的需求，最后是自我实现。"

"是的，我听说过，这正是我问这个问题的原因。"史蒂夫回答道。

"虽然我们已经发现了所有待办任务，但是我们还要记住并不存在所谓的完美解决方案。每项任务的解决方案都有可以改进之处，但是人类总是想要以最少的投入达到最好的期望结果。对于完美解决方案的追求就像哲学中的乌托邦式的理想，永远无法实现。"

史蒂夫沉思片刻后说："是的，我想知道如果生活中的一切都实现了自动化，人类还要做什么？我们可能会落得像皮克斯电影《机器人总动员》中的人类那样的下场。"

"是的，可能吧，但是别忘了，即便是《机器人总动员》里的人类，也依旧有很多的需求。"玛丽补充道。

"你说得没错……他们想回到地球。现在我终于可以通过不同的角度来看待问题和解决方案了。即使我们说自己的产品开辟了全新的市场，也只是相对于其他产品种类罢了。就待办任务而言，市场本身总会有其他的完成方式。"

"没错。不过你会发现许多任务根本没有很好地完成，比如此前我们谈到疫苗诞生前的防疫措施。在这些故事中，关键在于找到足够多的被某些事件触动的人，促使他们克服阻力，开始向着期望中的结果前进。"

"好吧，你说得有道理。是时候对我的想法进行需求性压力测试了。"

使用"创新者的礼物"进行需求性压力测试

在对创意进行需求性压力测试时，你可以想象为在把拼图游戏中的碎片拼起来。可以再看一下（精简版）精益画布中的客户群体、问题和独特价值主张等栏。这次，我希望你按照特定的顺序填写这些栏，具体顺序如图 2-9 所示。先从客户群体入手，复盘一下自己此前填写的早期采用者，然后思考问题是什么，最后考虑现有的解决方案，这样可以帮助你得出自己的独特价值主张。

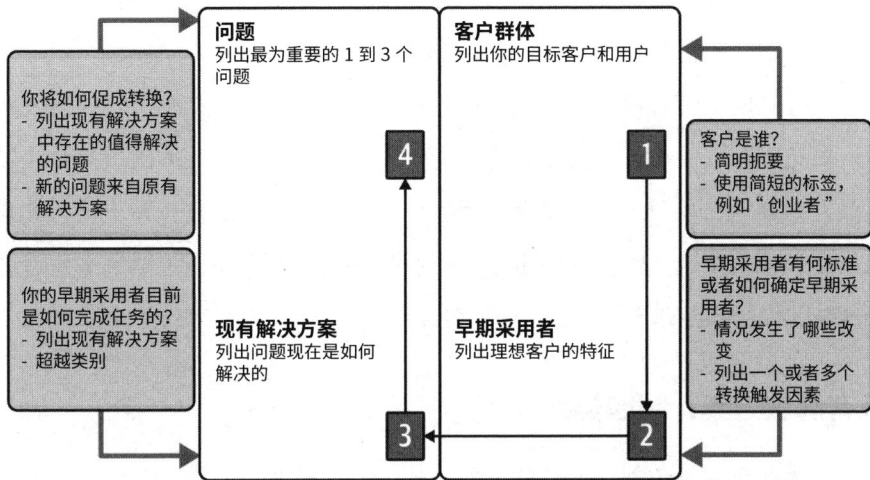

图 2-9　使用"创新者的礼物"进行压力测试

客户群体：简明扼要

在这个阶段，对客户群体的分类要保持简单。记住，你的目标是抓住总潜在市场中的客户，所以使用的标签要简明扼要，例如使用创业者、房主、喝咖啡的人来描述你的整个客户群体。早期采用者这一部分是你需要具体说明的地方（但也不要过分具体）。

早期采用者：忽略特征

虽然大家都希望在确定早期采用者时列出他们在人口统计学和心理特质方面的特征，但是要注意这些其实只是猜测。在确定早期采用者时考虑的范围过小是有风险的，最终找到的客户就像图 1-10 中的小山一样，会落入局部最优陷阱。

例如，假设我用"在硅谷的车库里创业的两个人"这样的刻板印象来定义创业公司的创始人。在我寻找符合这一标准的创业者时，确实可以找到，但是如果我不愿再去寻找其他的目标客户，那么我就会错过更广阔的全球创业者市场。对于客户群体进行细分的精髓并非尽可能多地列出客户群体的显著特征，而是尽可能少地列出区分客户和非客户的特征。

所有早期采用者都有一个显著的特征。你能猜到是什么吗？转换触发因素。切记创新的关键就是促成转换，所有与使用新产品有关的故事都是从转换触发因素的出现开始的。早期采用者已经经历过转换触发，并决定为此采取措施，也就是说，他们开始走上了爬坡的进步之路。在设定早期采用者的标准时，你要确保列出 1 到 2 个转换触发因素。

现有解决方案：超越类别

许多创业公司的创始人总是愿意相信，自己的公司没有竞争对手。但这往往是因为他们的视野不够开阔，只是从解决方案或者产品类别这一角度来判断是否存在竞争对手。

例如，如果你正在开发尖端的协作软件，你的直接竞争对手可能不是街边那些闪亮的创业公司，而是电子邮件。从实质上来看，电子邮件就是协作平台，它不仅免费而且普及程度高。当然，你可能认为你有卓越的技术，但你的任务是让人们停止使用电子邮件，转而使用你的产品。这才是你需要面对的真正竞争。

───── **敲黑板** ─────

被电子邮件和电子表格所"扼杀"的创业公司远多于其他夭折的创业公司。

───────────────────

这就是为什么在精益画布上，并没有"竞争对手"这一栏，而有更加笼统的"现有解决方案"一栏。每个成功的产品都会有竞争对手，它们以现有解决方案的形式存在。确保你能遵循"超越类别"这一基本原则，因为它是应用"创新者的礼物"的关键。

问题：原有方式出了什么问题

最后，你需要确保（精简版）精益画布中列出的"问题"并不是因为解决方案的存在而存在。如何做到这一点？在列出问题时，你应该描述的是现有解决方案给客户造成的问题。换句话说，不要专注于自己的解决方案可以解决什么问题，而是要关注客户在使用现有解决方案时所遇到的问题。

独特价值主张：你将如何引发转换

确定有效的独特价值主张的秘诀在于将之与现有解决方案存在的问题联系起来，抓住客户的注意力并引发转换，因为这样的价值主张有的放矢且令人信服。这种视角上的微妙变化可以带来巨大的改变，让你不再捏造问题来适配自己的解决方案，而是发现真正值得解决的问题。

史蒂夫意识到他存在"锤子理论"中提到的问题

当史蒂夫再次审视精益画布的各种变体时，他恍然大悟，这些变体都围绕着解决方案所属的具体产品类别：AR/VR 技术。

例如，在他的软件开发人员精益画布中：

- 他的早期采用者是需要为客户开发 AR/VR 应用的软件开发人员；
- 现有的替代解决方案是其他 AR/VR 平台；
- 他的独特价值主张以帮助软件开发人员更容易、更快速地开发 AR/VR 应用的功能优势为基础。

但是 AR/VR 产品真的是客户想要的吗？现在，他已经认识到，如果市场对于 AR/VR 应用的需求很强，那么帮助客户创建 AR/VR 应用是客户期望的功能性结果，也足以引发转换。但事实并非如此，或者至少现在还不是。AR/

VR 技术是一种很有前途的技术，但也是一种新兴、未经验证的技术。AR/VR 应用并不是客户真正想要的东西。他们想要的是使用应用之后的效果，比如：

- 售出更多的收费项目（软件开发人员）；
- 在网上卖出更多的家具（零售商）；
- 帮助客户绘制出梦想住宅的立体图像（建筑师）。

史蒂夫意识到，自己一直以来都被困在解决方案背景之中，他需要关注的是客户的最终需求和期望结果所处的更广阔的大背景。

第 3 章　对发展性进行压力测试

发展性：你的创业点子能变现吗？

虽然精益画布可以帮助你有效地将早期创业构想解构为条理更加清晰的商业模式故事，但是利益相关方（投资人或者预算把关人）可能仍然无法看到你所预见的愿景。商业模式故事即使得到了早期客户的验证，他们可能仍旧不会采信（图 3-1）。

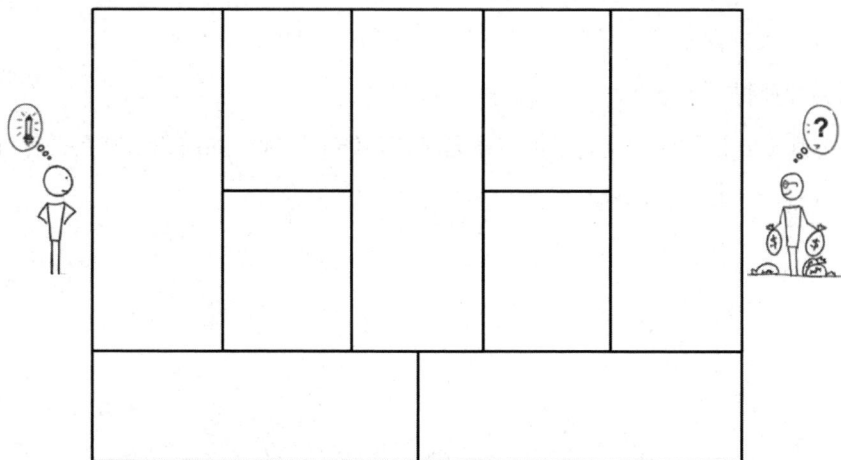

精益画布根据商业模式画布改编而来，并由 Creative Commons Attribution-Share Alike 3.0 Un-ported License 授权使用

图 3-1　一张精益画布并不足够

这是为什么呢？因为投资人的目的是获取回报，他们需要你的商业模式故事有数据作为支撑。你可能会认为这只是投资人一方的观点，其实你也需要学习如何通过投资人的视角审视自己的创业点子。

这是为什么呢？因为你是你的创业点子的头号投资人。虽然你可能不会投入大量资金，但是你会投入时间，这比金钱更有价值。

───── **敲黑板** ──────────────────────

时间是你最稀缺的资源。

───────────────────────────────

千金散尽还复来，但是时光一去不复返。所有与创业有关的想法，特别是好点子，都会让你花掉人生中数年的时间。你真的想把未来 3 年的时间花在一个"让我们试试看"的点子上吗？

───── **敲黑板** ──────────────────────

如果你想要解决的问题"不够大"（甚至从纸面上看都不合理），那么为什么要在这样的问题上花费精力呢？

───────────────────────────────

所以，对于你的想法，你需要比专业的投资人更加挑剔。归根结底，你和投资人的需求是一致的：让这个点子变成"足够大"的产品，这样你们的付出才值得。

那么，该如何确定自己的点子是否"足够大"呢？如何判断其是否可行？在本章中，我会告诉你具体的方法（图 3-2）。

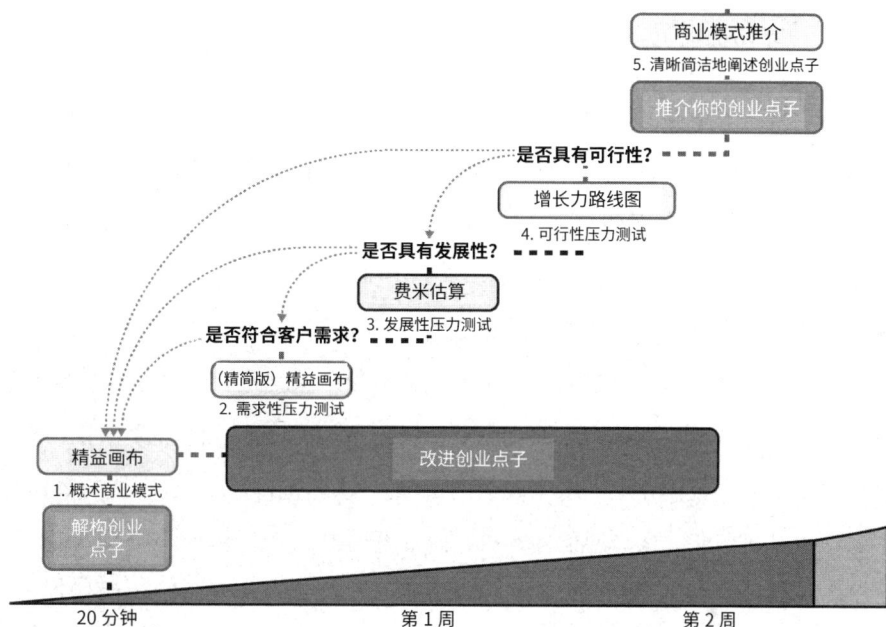

图 3-2　发展性压力测试

使用费米估算法而非创建财务预测报告

为了更清楚地了解你的商业模式故事的相关数据，投资人往往会敦促你拿出一份财务预测电子报表。

这些电子报表的问题在于，它包含着密密麻麻的数字，藏匿着层层叠叠的谎言，悄悄地掩盖了风险最高的假设。更重要的是，如果你最终是依靠其中一份电子报表获得了资金，其实那只是让你重操旧业，即执行老板的计划。你的投资人会根据你的预测来衡量公司的表现，而通常的结果就是在你酣睡之时他们会粗鲁地将你叫醒，让你去开会。

你的投资人关心的是增长，但在最初阶段，你需要专注于产品和学习。这就造成了你们双方之间的差异。我们告诉利益相关者的故事和我们给自己讲述的故事是不一样的。它们的出发点相同，但随着时间的推移，会产生很大的分歧，因为双方对进展的定义并不相同。

如果你始终执行并且捍卫虚构的计划，就无法学习并快速前进，特别是当初始假设随着时间推移出现问题的时候，这是惯常情况。所以眼下的问题是：除非你能完全摆脱瀑布式商业计划过程，否则你将很难有效地实践持续创新。

为了解决淹没在虚构数字之中的各种问题，我设计了一个简单的**商业模式粗略测试方法**，整个测试只需要不到 5 分钟的时间。测试基于费米估算法，这一方法在物理学中被广泛用于数量级的快速计算。

不知道你是否尝试过猜测罐子中糖豆的数量，这就是一个非常典型的费米估算问题。费米估算法的工作原理是对某个问题的假设进行合理的猜测，准确程度在一个数量级内（大约在准确值的 10 的 n 次幂范围内）。当掌握的数据有限时，这是我们能够选择的最好方法，而且得到的估算结果出乎意料地有效。

在规划商业模式这个阶段，我们在财务方面进行预测时常犯的错误是，花了过多的时间关注商业模式的产出，而真正重要的其实是商业模式的投入。

验证商业模式时，传统方法是自上而下的，将自己的商业模式与"足够大"的客户群体关联起来。验证的逻辑是，即便你只能占据这个大市场的 1% 的份额，也足以保证成功。毕竟，在一个 10 亿美元的市场中，1% 依然是个天文数字。

这种方法的问题在于以下几点。

- 它的结果令你感到舒适，但会误导你。
- 它并没有说明如何通过你的产品获得这 1% 市场份额的方法。
- 这 1% 的市场份额甚至可能不是正确衡量你是否成功的标准。

而反观费米估算法则是自下而上的，即你根据一些参考数据，尽力进行粗略地估算，然后根据此前的参考假设来测试想法的发展性。只要你的假设的准确度在一个数量级之内，得出的预估结果就足够准确，能够帮助你做出是否实施商业模式的决定。

为了测试想法的发展性，我们不需要使用几十个数据，而是应该关注 5 到 7 个关键指标。那么，究竟关注哪些关键指标呢？要回答这个问题，我们首先需要介绍一下处于支配地位的指标：增长力。

思维模式 3

创业的目标应该是获取增长力。

什么是增长力

虽然增长力这个概念广为流传，但是人们对于它的理解似乎并不透彻，而且经常误用。在坐标轴中，只要关键指标的曲线向着右上方发展，人们往往一概而论，认为这就是获得了增长力。例如，如果以时间为横轴、累计用户数量为纵轴，则坐标轴中的曲线只会向右上方发展，不会有其他走向。老练的投资人能够看穿这种虚荣指标的表象。

虽然很多利益相关者会要求提供收入和利润等财务指标，但是这些其实也不是衡量增长力的正确指标。为什么呢？因为在产品发展的早期阶段，收入和利润往往接近于 0，甚至出现负数（图 3-3）。

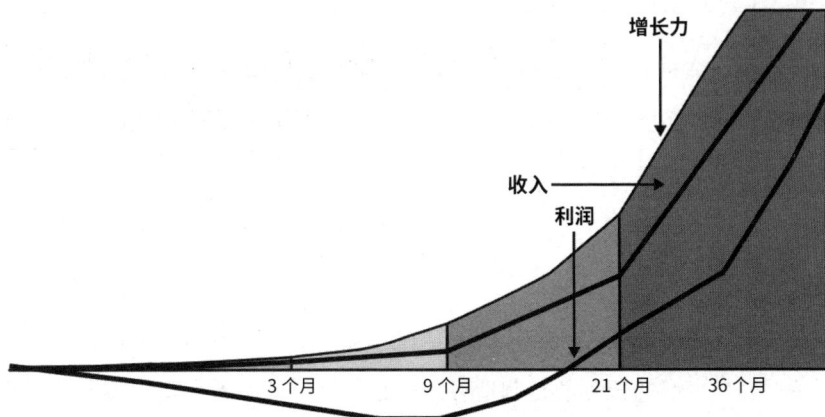

图 3-3　产品 J 形曲线

更重要的是，收入和利润都是衡量公司进展的滞后指标。而好的增长力指标则是这一方面的先行指标，即它们帮助你预测商业模式是否会在未来保证增长。

这样的指标是什么样子的呢？首先，第一个线索来自对增长力的认识，即增长力只不过是用来衡量商业模式是否有效的指标。所有的商业模式都会有客户，所以增长力指标需要以客户为中心。

下一个线索来自重新审视我们先前对商业模式的定义，即商业模式是描述你如何为客户创造价值、向客户交付价值，并从客户那里获取价值。由于从客户那里获取价值是建立有效的商业模式的关键，因此我们可以将增长力定义为商业模式从客户那里获取可变现价值的速度。

―― **敲黑板** ―――――――――――――――――――――

需要强调的是，可变现价值与收入并不是一回事。作为指标，可变现价值表明的是未来的收入。在 Facebook 这样的多边模式中我们很容易看到这种区别。在这种商业模式中，可变现价值来自社交网络用户（更确切地说，来自他们的注意力和用户数据）。Facebook 通过客户（广告商）在自己的平台上投放广告将这种可变现价值转化为收入。

―――――――――――――――――――――――――――

由于所有企业都有一个共同的目标，即把用户变成客户，因此我们可以用客户工厂（customer factory）这种比喻来可视化有效商业模式的产出，让增长力的定义更加具体形象。

欢迎来到客户工厂

在这个比喻中，客户工厂代表了企业内部的一切：市场、销售、客户服务和产品。客户工厂的任务就是制造客户。它接收对产品不了解的访客，将其作为输入（原材料），并将他们转化成满意的客户（成品）以完成任务。在这个比喻中，增长力代表你的客户工厂的总产量，相当于工厂制造客户的速度。

制造客户的流程可以进一步细分为 5 个主要步骤，这些步骤在所有类型的商业模式中普遍存在：获客、激活、留存、变现和推荐（图 3-4）。客户工厂是我们在持续创新框架中使用的第 2 个模型。

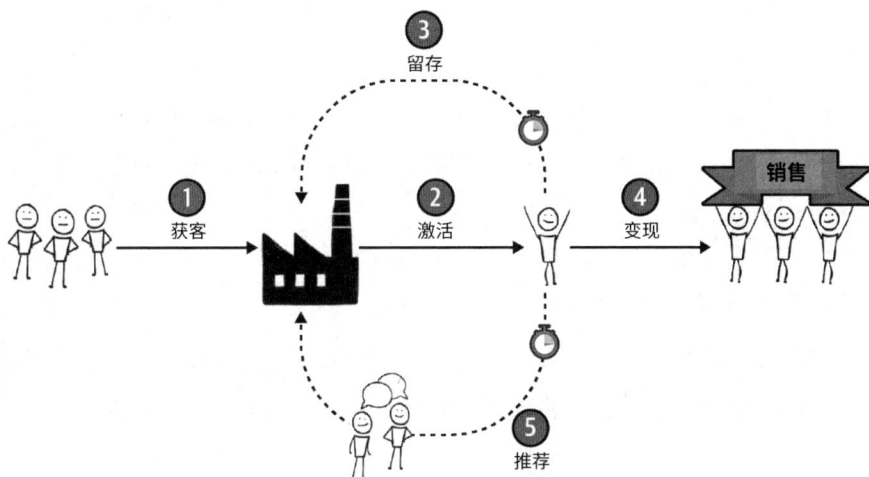

图 3-4　客户工厂蓝图

这 5 个主要步骤是衡量任何业务类型的增长力的关键先行指标。让我们以花店和软件产品为例，来了解每一个步骤。

步骤 1：获客（Acquisition）

获客是指把不了解情况的访客变成感兴趣的潜在用户。

在花店的案例中，让路过店面橱窗的人停下来，走进你的商店，就是一个"获客事件"。

如果产品是网站，除了离开（放弃）网站之外，让网站访客做任何事情都是获取用户的措施。关于如何衡量是否获取到了用户，我的建议是如果你能准确地识别访问者并与他们展开对话（例如，获取他们的电子邮件地址），那么你已经有效地获取了用户。

步骤 2：激活（Activation）

激活是指让感兴趣的用户拥有第一次满意的用户体验。有人将之称为"顿悟时刻"。在花店的案例中，如果潜在用户一进店就发现店内一片狼藉，与此前吸引他们的橱窗大相径庭，也就是商家的承诺与用户体验脱节，那么用户可能会转身离开不再来。你需要做的是让他们踏入花店时发现花店的布置华丽精致，因此会产生无法抗拒的购买冲动。

对于网站产品来说，一旦潜在用户注册，你必须让他们迅速进入某个页面，在这个页面上他们可以将你在着陆页上做出的承诺（独特价值主张）与你的产品联系起来。

步骤 3：留存（Retention）

留存衡量的是用户是否会重复使用你的产品或者忠于你的产品。在花店的例子中，留存意味着回到花店再次购买；在网站的例子中，留存意味着再次登录网站并使用你的网站产品。

步骤 4：变现（Revenue）

变现衡量的是获得报酬的情况。在前面两个例子中，可以是付款购买鲜花也可以是付费订阅网站产品。在第一次到访花店或者访问网站时，付费这一行为可能会发生也可能不会发生。即便客户愿意付费，大多数产品也会提供试用期，允许客户退货退款。这就是为什么在图 3-4 中变现是第 4 个步骤。

步骤 5：推荐（Referral）

推荐是获取用户的一种渠道，对你的产品感到满意的用户会推动新的潜在用户进入你的客户工厂，"推荐"利用的就是这种用户反馈循环。在花店的例子中，推荐可能就是用户告诉朋友这家花店的情况。对于软件产品来说，推荐可能包括隐性的社交分享功能（比如分享按钮）和显性的联盟营销。

―――― **敲黑板** ――――

你可能发现客户工厂蓝图中的各个步骤和戴夫·麦克卢尔提出的海盗指标中的内容相对应。如果你并不熟悉海盗指标，也不明白为什么称其为海盗指标，那么不妨把每个步骤的英文名字的首字母拼在一起，拼好的名字恰好是"AARRR"，读起来好似海盗登船前发出的叫喊声。

海盗指标与客户工厂的区别在于，前者将商业模式视为一个线性漏斗模型，而后者将商业模式视为一个（有反馈循环的）系统。在后面的章节中，我们将介绍以系统性的方式建立商业模式（而非漏斗模型）的益处。

用费米估算法测试创意的发展性

现在，你已经了解了什么是客户工厂，以及增长力是客户工厂的总产量，那么你可以对创业点子的发展性进行压力测试了（图 3-5）。

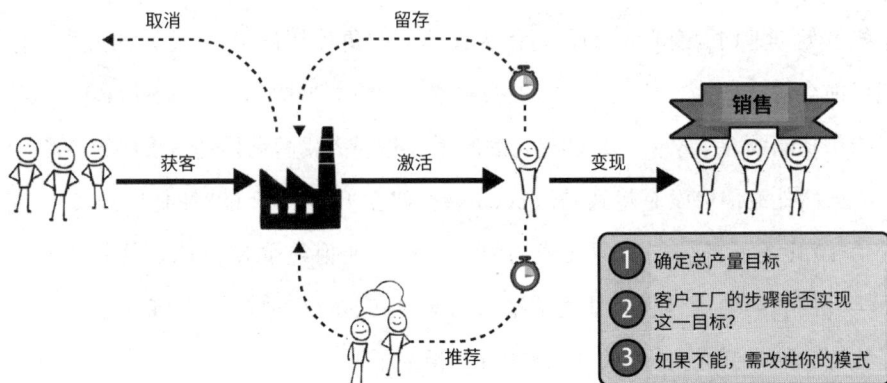

图 3-5　使用费米估算法进行发展性压力测试

第一步是为客户工厂设定一个总产量目标。接下来，你要估计每个宏观步骤的合理数值，以此来测试客户工厂的发展性。如果你的客户工厂不能够实现设定的总产量目标，那么你需要调整目标，或对客户工厂中的步骤进行调整（或同时对两者进行调整）。

让我们详细地了解一下这些步骤。

确定总产量目标

> 如果你不知道你要去哪儿，那么随便走哪条路都能到达。
>
> ——改编自刘易斯·卡罗尔创作的《爱丽丝梦游仙境》

上面这句话说中了我们需要目标的原因。不过，即便我们知道需要设定各种目标，通常也无人教我们如何设定正确的目标。很多为预测模式所制订的计划完全无法实现，原因在于它们总是尝试估计一个商业构想在遥远的未来可能的最大上升潜力。在商业构想的早期阶段，做到这点非常困难（甚至不可能做到），因为在其实现过程中充满了不确定性。

在设定目标的时候，应设定期限较短而不是期限过长的目标，这么做更加现实，因为不用考虑最大上升潜力，而是考虑最低成功标准（minimum success criteria，MSC）。例如，如果在爱彼迎、谷歌或者 Facebook 的创始人刚刚开始创业时，你问他们是否认为会建立起价值超过 10 亿美元的公司，他们可能会付之一笑。马克·扎克伯格曾说："我们创建了它（Facebook），但并不指望它能成为一家公司，创建它的原因只是因为我们觉得这是很棒的点子。"

虽然扎克伯格没有想到 Facebook 会在成立不到 10 年的时间里成长为一家价值 10 亿美元的公司，但在最初的两年里，他拒绝了 Myspace 提出的 5000 万美元的收购要约，因为扎克伯格认为对方在压价。他报价 7500 万美元，这是他当时的最低成功标准，但 Myspace 拒绝了。

敲黑板

假设 3 年之后，你的创业项目取得了成功，那么你针对企业那时的状况所做的最保守的设想就是最低成功标准。

当被要求为创业点子设定最低成功标准时，许多创业者都将目标设定为实现收支平衡。但是，这一目标过于短视，因为它不能保证在公司的增长超越了创始团队（通常只有你一个人）所能掌控的范围后，你建立的商业模式依然可重复、可扩张。

你应该将目标设置得比实现产品与市场相契合略高一些（图 3-6）。当公司到达这个节点时，证明你的商业模式已经摆脱了大部分风险，且关注焦点已转移到扩张上来。这时，你可以看得更远，能够对未来 5 到 7 年的财务情况做出更准确的预测。大部分产品平均需要 2 年左右的时间才能实现产品与市场相契合，这就是为什么我建议将达到最低成功标准的时间范围设定为 3 年。

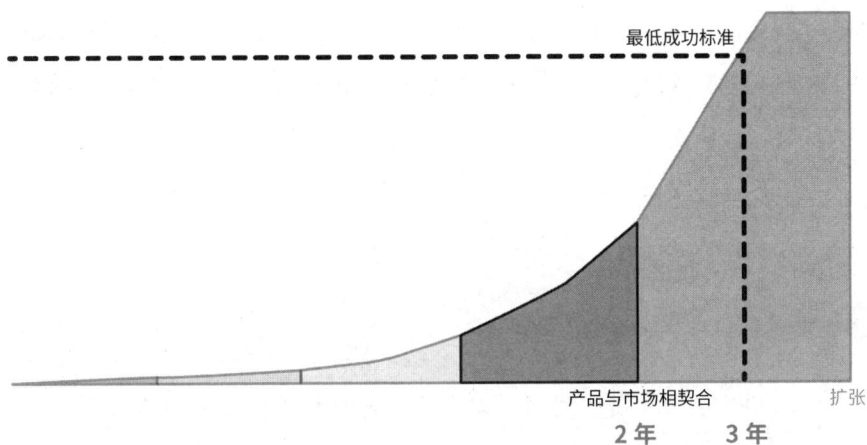

图 3-6　达到最低成功标准的时间线

下面是确定最低成功标准的其他准则。

在设定最低成功标准时要避免受到创业想法的影响

许多创业者会同时考虑多个创业想法（这无可厚非），但是如何从中挑选出最佳想法呢？如果创业点子根本没有机会达到最低成功标准，那你为什么要努力实现它呢？

设定了自己的最低成功标准后，就可以用它筛选最有希望的点子。换句话说，不要以某个创业点子为出发点，然后思考它能否达到何种规模，而是以最低成功标准作为出发点，思考你的创业点子是否能实现目标。

从年经常性收入的角度定义你的目标

我建议使用收入而不是利润或公司估值来确定你的目标，因为与收入相关的输入项较少（客户数量、价格和购买频率），这使得预估最低成功标准变得相对简单。无论如何，利润和估值都是收入的衍生物，所以只要收入达标，其他方面也不会出现问题。

这里用几个例子来说明。

- 如果你建立的是 SaaS 公司，在实现产品与市场相契合后，通常情况下利润率会达到 80%。如果你想创造 1000 万美元 / 年的利润，那么将总收入目标设定为年经常性收入达到 1250 万美元。
- 如果你建立的是典型的利润率为 40% 的硬件公司，为了获得 1000 万美元 / 年的利润，需将总收入目标设定为年经常性收入达到 2500 万美元。
- 如果你建立的是典型的利润率为 10% 的市场交易平台，为了获得 1000 万美元 / 年的利润，需将总收入目标设定为年经常性收入达到 1 亿美元。

即便是影响力驱动型企业也应该使用收入来制定目标。首先，要估计你希望产生的影响（例如，每年种植 100 万棵树）。然后，思考你需要多少资金来创造这种影响。

—— **敲黑板** ——————————————————

收入就像氧气。我们不是为了氧气而生活，但我们需要氧气才能生存。

————————————————————————————————

接下来，我想强调一下经常性收入和单纯的收入之间的区别，因为你需要从系统而非目标的角度来思考。

关注系统，而不是目标

虽然目标有其存在的意义，但仅仅设定一个目标远远不够。专注于建立能够推动你实现目标的系统更具可操作性。

—— **敲黑板** ——————————————————————

目标关注的是产出，系统则注重投入。

————————————————————————————————

举个例子。

- 目标：减掉 10 磅体重
- 系统：学会正确饮食

目标的问题在于，即便设定了目标，还是不知道如何实现，更不知道实现目标后该做什么。在前面的例子中，我们可能可以完全依靠意志力强行减掉 10 磅体重，但是一旦这种意志力消散，体重就会反弹。

此外，系统会帮助你关注关键活动或者日常任务，以推动你向目标迈进，比如学习如何正确饮食。一旦这些关键活动成为习惯，你就能达成甚至超越此前设置的目标。

所以，最好的方法是用目标来大致确定你的期望结果，并用系统来确定实现目标的关键步骤。

不过，你仍然需要确定目标的范围，因为要减掉 10 磅体重付出的努力显然与减掉 100 磅有着天壤之别。但是，一旦设定了大致目标，比如减掉 10 磅，那么最终减掉 9 磅或 11 磅真的重要吗？

将你的精力集中在构建系统上，以助你实现目标。

运营环境决定了最低成功标准

如果你是创业公司的创始人，问问自己是否打算寻觅投资人以筹集资金。如果答案是肯定的，那么设定最低成功标准的人是他们而非你自己。研究一下你的目标投资人会如何根据产品与市场相契合情况评估公司；这些信息可以作为你设定最低成功标准的基础。

如果你并不打算依靠投资人筹集资金，而是想一直自给自足，那么要考虑以下两个问题。

- 我想建立多大规模的公司？
- 我的公司将有多少名员工？

这些问题的答案可以帮助你估算年经常性收入目标。例如，一家拥有 30 名员工的公司在年经常性收入大约达到 500 万美元时，才能足以支付员工工资。

如果你是在大型公司内部创业，现在（而不是 3 年后）问问你的利益相关者是如何定义成功的产品的。如果他们不确定，建议他们查看一下此前的产品发布记录，以确定产品前 3 年的发展轨迹。然后，根据公司推出过的最成功的 5 款产品来确定你的最低成功标准。如果你能承诺你的产品在 3 年中的收入将高出那些成功产品的 2 到 3 倍（因为你正在使用更好的创新流程），那么你应该能够吸引你的利益相关者加入进来。

不要过度追求精确度

前述方法的目的是对 3 年的年经常性收入进行粗略估算。我们无须过度精细地考虑这个问题。不确定的时候，以 10 的幂次方进行估算即可。

- 10 万美元的年经常性收入：大约足够你辞去日常工作。
- 100 万美元的年经常性收入：足够一家小公司（2 ~ 3 名员工）使用。

- 1000 万美元的年经常性收入：足够一家拿到风险投资的公司使用。
- 你可以以此为依据进行相应的调整。

没有最低成功标准，就不要贸然行动

很多创业者急于采取行动，过早开始构建和测试他们的产品。几个月后他们才发现想要实现的想法缺乏价值。花必要的时间来考虑和定义最低成功标准是至关重要的第一步，我不建议你跳过这一步。

—— 小贴士

对于最低成功标准，你得出的数值没有正确或错误之分，但你应该做到心中有数。

史蒂夫设定了他的最低成功标准

所有谈到 AR/VR 技术的出版物都预测该项技术将改变所有行业，AR/VR 的市场价值更是以 10 亿美元为单位计算。包括微软、苹果、谷歌、Facebook 和亚马逊在内的一些主要参与者已经在部署这项技术。

由于史蒂夫着眼于为 AR/VR 技术建立一个重要的赋能平台，因此他认识到，虽然他可以通过自给自足实现起步，但是最终还是要依靠风险投资来实现更大的愿景，并为他的平台构建不公平优势。

史蒂夫决定将最低成功标准大致设定为 3 年内年经常性收入达到 1000 万美元。

测试创业点子是否能实现总收入目标

在确定了最低成功标准后，你可以开始测试创业点子的发展性了。通过尽量准确的估算，确定你的客户工厂各项指标的数值。

我建议按以下顺序进行（图 3-7）。

1. 变现（审视各种假设以预估活跃客户数量）

2. 留存

3. 获客

4. 激活

5. 推荐

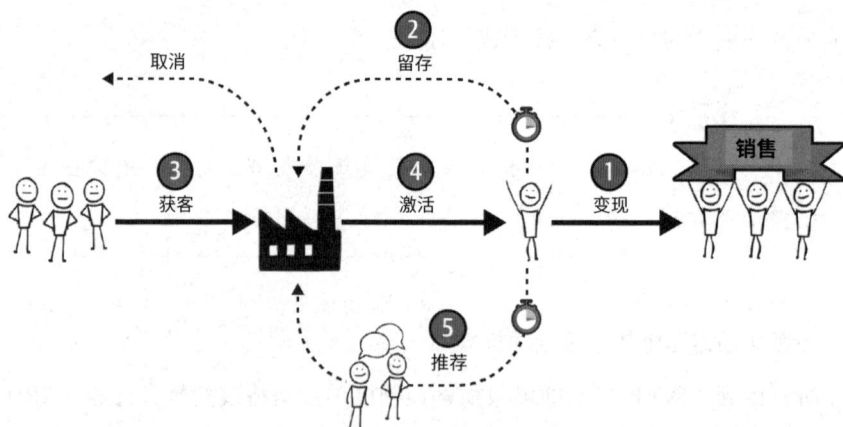

图 3-7 测试发展性的推荐顺序

估计所需的活跃客户数量

如果你还没有在精益画布上写上你的假设定价，请返回第 1 章中的"收入来源和成本结构"，学习如何为你的产品设定大致的价格。然后使用下面的公式来确定达到最低成功标准所需的活跃客户数量：

$$活跃客户数量 = 年收入目标 / 年单客收入$$

活跃客户数量是一个比收入目标更具说服力的数字，它有助于测试你的整体客户和早期采用者群体是否足够大。如图 3-8 所示，在理想情况下，你的早期采用者大约占整个客户群体（总潜在市场）的 13.5%。

13.5% 这个比例来自 E. M. 罗杰斯的著作《创新的扩散》，本书提出并推广了创新扩散理论。创新扩散理论解释了新思想是如何以及为何从创新者和

早期采用者（我将其归为一类）传播到早期大众（early majority）、后期大众
（late majority）以及落后者（laggard）的。

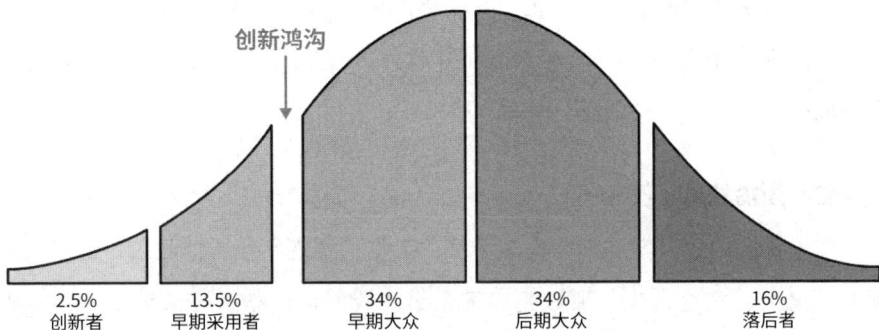

| 2.5% | 13.5% | 34% | 34% | 16% |
| 创新者 | 早期采用者 | 早期大众 | 后期大众 | 落后者 |

图 3-8 早期采用者所占的理想比例

你定位产品的方式会随着每组使用者的不同而变化（在图 3-8 中，我们
可以看到间隙和鸿沟）。杰弗里·摩尔认为最大的鸿沟是早期采用者和早期大
众之间的鸿沟。他的著作《跨越鸿沟》极具开创性，他在书中指出这道鸿沟
是足以毁灭创业公司的天堑。这是为什么呢？因为如果新技术可以让早期采用
者（和有远见的人）更接近他们期望的结果，他们就会有高于平均水平的动力
率先采用这种技术。不过，赢得这个群体的营销策略对下一个群体——早期大
众——就不那么有效了，因为他们往往是实用主义者，讨厌风险。这就是为
什么你最好仅仅使用早期采用者这一细分群体，以尽可能地接近你的最低成
功标准。

史蒂夫估计了所需的活跃客户数量

史蒂夫决定先对他的软件开发人员商业模式进行压力测试。考虑到他的
最低成功标准是采用订阅模式（SaaS），费用为 50 美元 / 月，并达到 1000 万
美元 / 年的年经常性收入，史蒂夫确定到第 3 年他将需要 16 667 个活跃客户
（约 1000 万美元 / 年）。

他对这个数字略感惊讶，随后他迅速在网上搜索"顶尖 AR/VR 应用软件

公司"，最终搜索到 2286 家公司。这让他感到紧张，因为这只约占他所需客户数量的 14%。由于这个数字只代表早期采用者的数量，他想知道对 AR/VR 技术的需求是否会迅速增长，足以在 3 年内填补剩下 86% 的空缺。

虽然他希望无须编程的平台能将非软件开发人员变成客户，但是还有许多方面需要改进，这让他感到不安。

估计所需的最低获客率

如果我们的目标就是创业头 3 年努力工作，实现年经常性收入目标，然后领取养老金，安度余生，那该是何等乐事。我们可以整日在海滩上沐浴着阳光，享受生活。但是很遗憾，现实并非如此，因为客户会流失。

所有公司的客户都会以一定的比例流失。这意味着，在某些时候，部分客户会放弃使用你的产品，你需要寻找新客户替代他们。这并不是在发展业务，而是在维持业务。这就带来了最低获客率的问题。

如果想让公司的成长超过你的最低成功标准，你的新客户的获取率需要大于你的最低获客率。例如，你有 10 000 个活跃客户，月流失率是 5%，这意味着平均每个月你会失去 500 个客户。你每月需要获得至少 500 个新客户（一年 6000 个新客户），才能维持你的商业模式，而只有超过这个数字才能使公司增长。

虽然大多数人理解客户流失率的概念，但他们很难估计流失率。一个更实用的方法是估计流失率的反面：客户生命周期或者留存率。客户生命周期是指你希望留住客户的平均时间（以月或年为单位）。

如何估计客户平均生命周期呢？下面是一些参考意见。

- 研究你所在行业的其他公司，以确定平均流失率。
- 预估你的产品效用。每项任务的周期都是有限的。例如，粉刷一间房子通常需要两周。

- 如果你预计你的客户平均生命周期会超过 5 年，那么就要准备用额外的证据来证明你的预测是对的。

对客户平均生命周期有了预估后，你可以使用表 3-1 来确定你的月客户流失率。

表 3-1　客户生命周期和流失率之间的转化

客户生命周期（年）	月流失率
1	8.33%
2	4.17%
3	2.78%
4	2.08%
5	1.67%
6	1.39%
7	1.19%
8	1.04%
9	0.93%
10	0.83%

客户流失率 = 1/ 客户生命周期（按月计算）

你可以用以下公式计算你的最低获客率：

月最低获客率 = 活跃客户数 × 月流失率

史蒂夫预估他的最低获客率

史蒂夫迅速了解了 SaaS 公司的客户平均生命周期，发现大家普遍认为 4 年是合理的目标。根据表 3-1，这意味着月流失率为 2.08%。

在第 3 年，他需要 16 667 个活跃客户，这意味着他在每个月会失去 347 个客户。也就是说，他每个月必须获取至少 347 个客户（大约每年 4000 个新客户）才能维持自己的商业模式。

他迅速地画了张草图，以更好地表现这些数字（图 3-9）。

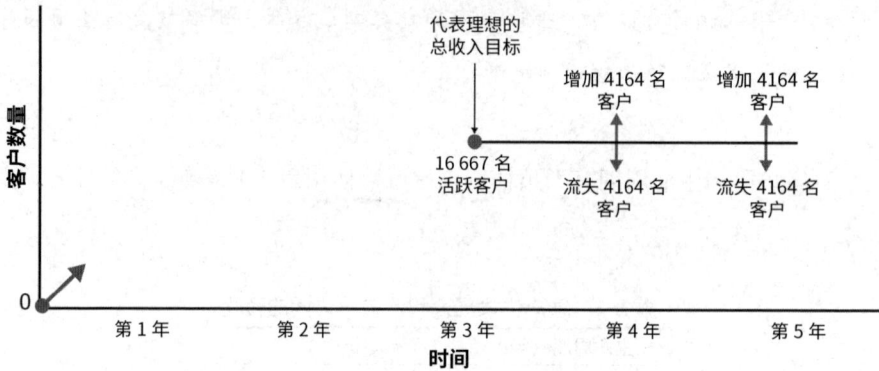

图 3-9　第 3 年后史蒂夫的最低获客率

估计所需的销售线索数量

没有任何一条客户获取渠道的转化率是 100%，所以你需要的用户比客户多得多。

客户工厂把从用户到客户的转换分成以下 3 个步骤。

- 获客（获客率）

- 激活（试用转化率）

- 变现（客户转化率）

只要稍加研究，就能很容易通过各种渠道找到你的产品所属类别的典型转化率。如果你正在努力寻找确切数字，请记住，你只需保证准确度在一个数量级内，预估就是有效的。对于大多数产品，无论产品属于哪个类别，初始的客户转化率都在 0.5 到 3% 之间。如果还是无法确定，可以假设客户转化率为 1%，这样最为稳妥。下面的准则可供参考。

- 对于 B2B（企业对企业电子商务）销售公司，根据全球知名的客户关系管理平台 Salesforce 的数据，营销合格线索（marketing qualified lead，MQL）到销售合格线索（sales qualified lead，SQL）的平均转化率是 13%。而只有 6% 的销售合格线索最终会转化为交易。也就是说，客户转化率为 0.78%。

- 对于 SaaS 产品，根据各行业基准[①]，在第一个付费期，会有 2% ～ 10% 的用户注册，15% ～ 50% 的用户会选择订阅，但是其中 20% ～ 40% 的用户会流失。也就是说，客户转化率为 0.18% ～ 4%。

- 对于刚刚起步的电子商务网站，大多数公司报告称客户转化率为 1% ～ 3%。

史蒂夫估计他需要吸引的销售线索数量

史蒂夫使用 SaaS 企业 1% 左右的付费转化率进行预测，为了每月获得 347 个新客户，他需要每月吸引 34 700 个潜在客户（图 3-10）。而这只能维持公司的年经常性收入，还不能实现企业的增长。

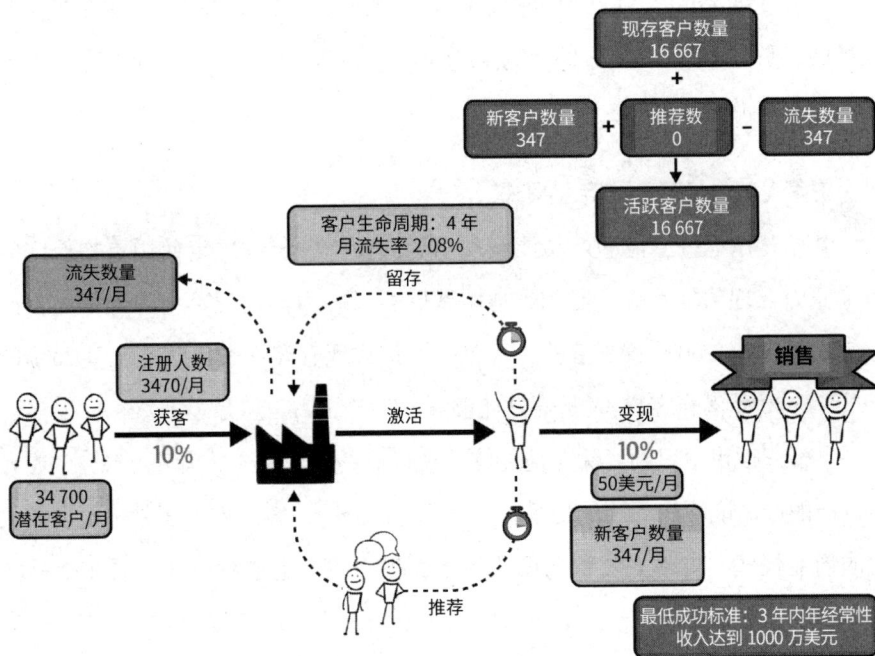

图 3-10　第 4 年开始时史蒂夫的客户工厂情况

[①] 参见阿利斯泰尔·克罗尔和本杰明·尤科维奇的 *Lean Analytics*（《数据精益分析》），其中文版已由人民邮电出版社出版。——编者注

由于风险投资公司期望在实现产品与市场相契合后的 2 至 4 年内获得 10 倍的回报，这意味着他需要找到一种方法实现最终吸引 34.7 万个潜在客户／月（或 400 多万个潜在客户／年）的目标。这让他忧心忡忡。

史蒂夫的商业模式看起来已经土崩瓦解。现在该怎么办？不要绝望。还有一个衡量指标：推荐。

利用在推荐方面的假设来减轻在获客上的负担

客户工厂中的推荐循环可以利用现有客户来发展你的商业模式，从而减轻在获客上的负担。首先，你需要根据自己的产品类型，估计合理的客户推荐率。

病毒式增长要求推荐率超过 100%，除非你的产品在使用过程中包含病毒式行为（与他人分享，例如 Facebook），否则这样的病毒式增长非常罕见。根据我的经验，15% ～ 25% 的可持续推荐率是非常不错的，40% 相当好，而 70% 左右则极为出色。

史蒂夫努力挽救他的商业模式

史蒂夫并不指望他的产品能实现病毒式传播，所以决定使用更加保守的 20% 作为合理的推荐率。起初，他略感欣慰，因为他发现不用完全依靠自己去获取所有 34 700 个潜在客户，而是可以依靠现有客户来帮助他吸引 20% 的流量（6940 个潜在客户）。虽然这能够缓解部分压力，但是还不够。

史蒂夫很快意识到，除非他能够实现极高的推荐率（推荐率 >80%）或者让自己的产品能够病毒式地传播（推荐率 >100%），客户推荐还是不足以拯救他的商业模式。史蒂夫的商业模式注定要失败吗？请继续阅读，看看他是如何找到解决方案的。

重新制定目标或者调整商业模式

尽管我们进行的只是粗略的估计，但是提前预估总比没有预估好。如果你的商业模式从纸面上来看都行不通，那么它在现实世界中绝无成功可能。

―――― 小贴士 ――――

花 5 分钟否定自己的商业模式要远远好过花 5 个月的时间去实现一个千疮百孔的商业模式。

与可以让你隐藏很多数字（或让你迷失在数字中）的电子表格不同，费米估算法让一切都清清楚楚。当自己的商业模式无法通过发展性测试时，只有两种可能的解决方案：重新制定目标或者调整你的商业模式。因为没人喜欢调低自己的目标，所以我们只能将重新制定目标作为最后的手段。那么现在，先让我们思考如何调整你的商业模式。

调整你的商业模式

因为费米估算法只需输入少量的假设条件，所以它能让我们更容易看清模式失败的原因。更重要的是，它能让我们发现模式需要使用哪些杠杆来进行调整。在讨论具体的杠杆之前，我们要认识到对于给定的最低成功标准来说，只有有限的几种可行方法能够实现目标，如图 3-11 所示。

图 3-11 的灵感来自 Point Nine Capital 的风险投资人克里斯托弗·詹兹的一篇博文，题为《建立市值 1 亿美元的 SaaS 公司的 5 种方式》。

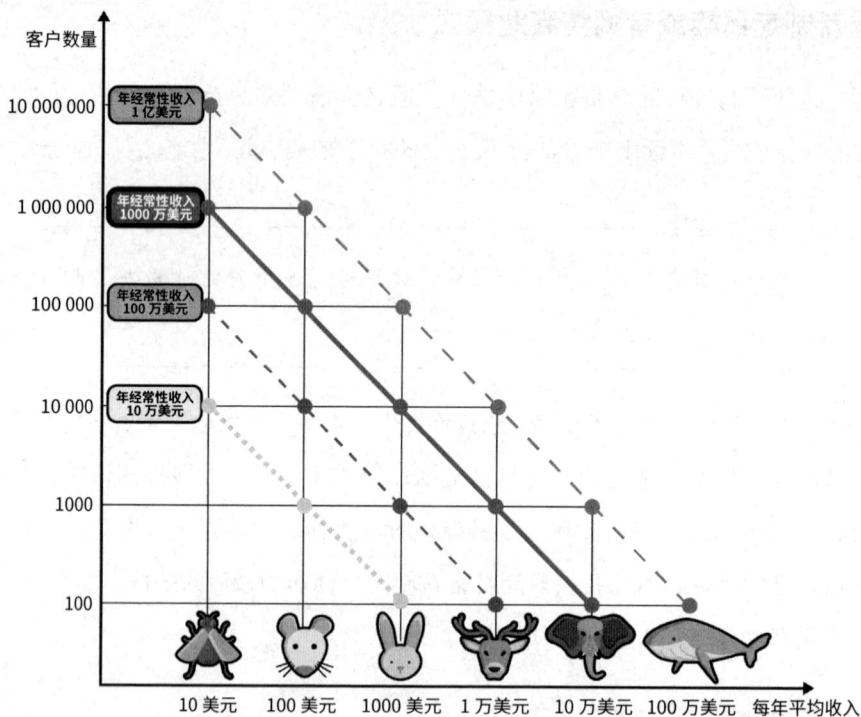

图 3-11　创建业务的可行方法的数量是有限的

下面是使用图 3-11 的方法。让我们假设你已经设定了最低成功标准，即在 3 年内实现 1000 万美元的年经常性收入。在图表中找到那条线，你会发现为了实现这个目标，你需要具备以下条件中的一个。

- 100 万名客户每人每年向你支付 10 美元
- 10 万名客户每人每年向你支付 100 美元
- 1 万名客户每人每年向你支付 1000 美元
- 1000 名客户每人每年向你支付 10 000 美元
- 100 名客户每人每年向你支付 100 000 美元
- 10 名客户每人每年向你支付 100 万美元

　　上述条件中的两种极端情况都不可取。例如，在 3 年内获得 1000 万名客户的唯一方法是使用病毒式增长引擎，而让 10 个人每人每年向你支付 100 万美元需要极具价值的独特价值主张和复杂的销售过程。这两种方式，虽然并非完全不可能，但是都极难实现。现在摆在你眼前的是剩余的 4 条更加现实的途径。你可以选择其中的一两条进行探究。

　　这种思考方式的优势在于，它让你从自己的具体想法中抽离出来，从发展性的角度来看待各种商业模式。一旦你选择了实现目标的方式，比如获得 1 万名客户，让每人每年支付你 1000 美元，问题就会从"我的创业点子能有多大发展？"变为以下问题。

- 在 3 年内获得 1 万名客户对我来说是否现实？
- 我解决的问题是否是客户需要解决的问题，值得他们每年支付 1000 美元吗？

　　如果这两个问题的答案你都不能确定，你就需要调整你的商业模式了。鉴于我们不会降低你的最低成功标准，调整商业模式的唯一途径就是增加每用户平均收入（average revenue per user，ARPU）。数值较小的增量调整很难影响到费米估算法的结果。你需要寻找的杠杆必须使原有数值增大 10 倍，或者更为现实的情况是，让数个杠杆累计产生使原有数值增大 10 倍的效果。

　　下面我们来看看如何找到这些杠杆。

　　重新考虑定价。提高产品价格是最没有得到充分利用的杠杆之一。如果你将定价翻倍，那么需要的客户数量就会减半。很多创业者对提高价格犹豫不决，因为他们害怕会失去客户。我们可以这样考虑这个问题：如果你把价格提高一倍，失去的客户只要不超过一半，你就能从中获利。你之所以可以获利是因为在总收入保持不变时，单个客户支付的费用更高，客户的数量更少，而为客户提供服务的运营费用会相应减少，所以你的净收入或利润会增加。

许多创业者在为其产品定价时，常犯一个错误，即根据成本定价。他们首先会估计开发产品的成本，然后，加上"合理的"利润率以确定产品的最终价格。用这种方式确定的产品价格往往无法达到最优价格，总有改善的空间。而且，这种定价方式也较为落后。原因在于：客户根本不会关心你的成本结构和你的利润率。他们关心的是，是否能够以合理的价格实现他们的期望结果（价值）。那么如何制定客户心目中"合理"的价格？答案是使用"创新者的礼物"。

我们曾在第 2 章中使用"创新者的礼物"来测试你的独特价值主张的需求性，例如，你要解决的问题是否足够重要，是否足以引起转换？现在，我们将使用"创新者的礼物"对你的收入来源的发展性进行压力测试，即你要解决的问题是否足够重要，以至于值得去解决？

切记，创新是要使人们放弃使用原有方式，转而使用更好的新方式。客户在考虑转换的时候，他们会将新的方式与原有方式进行对比。你在考虑产品定价时也应该使用这种方式。

你的最优价格介于两个固定的锚点之间。第一个锚点是客户认为你的独特价值主张所具有的货币价值。只有你的产品为客户实现的价值超过他们支付给你的费用时，他们才会使用你的产品。这个锚点通常是你定价的上限。

第二个锚点是现有产品的成本。换句话说，客户目前要完成待办任务需要花费多少时间、金钱和精力？如果你的独特价值主张确实更好，你的定价可以存在一定的溢价，但是要注意客户总是会将你的产品与现有的备选产品进行比较。这个锚点通常为你的定价设定了下限。

因此，你的产品的最优价格介于现有产品的成本与客户认为你的独特价值主张所具有的货币价值之间。在这个阶段，不要尝试确定最优定价。要想制定出最优价格，需要的不是艺术的灵感，而是科学的方法和大量的测试。我们将在后面的章节中介绍优化价格的方法，而你现在需要做的是为你的产品预估大致的"合理"价格。

你的价格有多大的提升空间？你能够把定价翻番么？你能够把它提升到原来的 10 倍吗？如果应用"创新者的礼物"无法调整你的商业模式，还有其他的杠杆可以考虑。

重新审视问题。考虑解决更重要的问题，或者更频繁发生的问题，或者两者兼而有之。解决更重要的问题可以提高产品的价格。增加产品的使用频率（效用）可能会延长客户生命周期，从而让你获得更多的价值。

考虑不同的客户群体。只要留心观察，你就会发现小到瓶装水，大到汽车，产品的定价范围极广。购买 25 000 美元汽车的客户所属的客户类型与购买 250 000 美元汽车的客户所属的类型截然不同。定价不仅是你产品的一部分，同时它也定义了你的客户群体。如果你需要将价格提高 10 倍，你可以尝试改变你的独特价值主张，或者只需改变你的目标客户群体。你应重新审视创业点子的所有变体，从发展性的角度重新确定它们的优先次序。

修改你的目标。虽然没有人喜欢下调自己的目标，但是我们提及这个方法的目的在于让你清晰地认识到公司发展的难度。如果你的创业点子无法达到你的最低成功标准，但是出于其他原因，你还是想要实现你的创业点子，那么就重新调整你的目标然后继续前进。

在实现产品与市场相契合的道路上，你可以在不同阶段采取不同的商业模式。最常见的方法是先设定较低的价格，瞄准最初的客户群体，然后逐渐提升定价，而目标客户群体也会逐渐不同。例如，你最初提供的是自助式 SaaS 产品，随着公司的发展，你开始进入企业软件领域。

虽然乍看之下，这种策略可以消除眼下的商业模式在发展性方面所面对的困境，不免让人跃跃欲试，但是你应该注意，在 3 年内采取多种商业模式并不容易，这意味着你必须在多种渠道之间切换，制定新的独特价值主张，开发不同的功能，等等。

理想的情况是，只要有可能，使用单一的商业模式达到你的最低成功标准。

史蒂夫调整了他的商业模式

史蒂夫重新审视了自己此前进行的粗略估算，列出了假设的输入数据。他发现单是从 4 个关键指标进行衡量，他的商业模式就已经出了岔子。

- 最低成功标准：3 年内实现 1000 万美元年经常性收入；
- 定价（收入）：50 美元 / 月；
- 客户生命周期（留存）：4 年；
- 付费转化率（获取付费用户）：1%。

接下来，他逐一进行查看，试图找到 3 到 10 倍的杠杆。

他意识到，设定的最低成功标准是自己的雄心壮志的标志，绝对不能更改。所以他跳过了这一项。他认为自己的客户生命周期也无法更改。当然，他可能可以将优质客户多留 1 到 2 年，但是他不可能保证客户生命周期延长到原来的 3 到 10 倍！突然间，史蒂夫意识到他所能掌控的最具发展性的杠杆是定价。他之所以选择 50 美元 / 月，是为了让自己的产品对软件开发人员更具吸引力，从而促使他们使用产品。但是，如果将价格提升到原有的 10 倍，软件开发人员会认为这是一个合理的价格吗？

在他的精益画布上，大部分的现有产品是免费的，但是他们需要软件开发人员花数百个小时进行编码才能创建自己的应用。开发一个典型的应用需要 200 个小时，如果按照 50 美元 ~ 75 美元 / 小时的收费标准来收费的话，总费用是 10 000 美元 ~ 15 000 美元。

史蒂夫认为，他的平台可以轻松地将应用的开发时间缩短 10 倍，即开发一个应用需要 20 小时，而不是 200 小时。利用这一点作为锚点，他认为收取原本定价的 5 倍的价格，即 250 美元 / 月，肯定是合理的价格。那么能否收取 10 倍的价格（500 美元 / 月）呢？也许可以。史蒂夫意识到以下几点：

- 如果把价格提升到原来的 5 倍，他需要的客户数量就会降低到原来的 1/5。

- 如果把价格提升到原来的 10 倍，他需要的客户数量就会降低到原来的 1/10（图 3-12）。

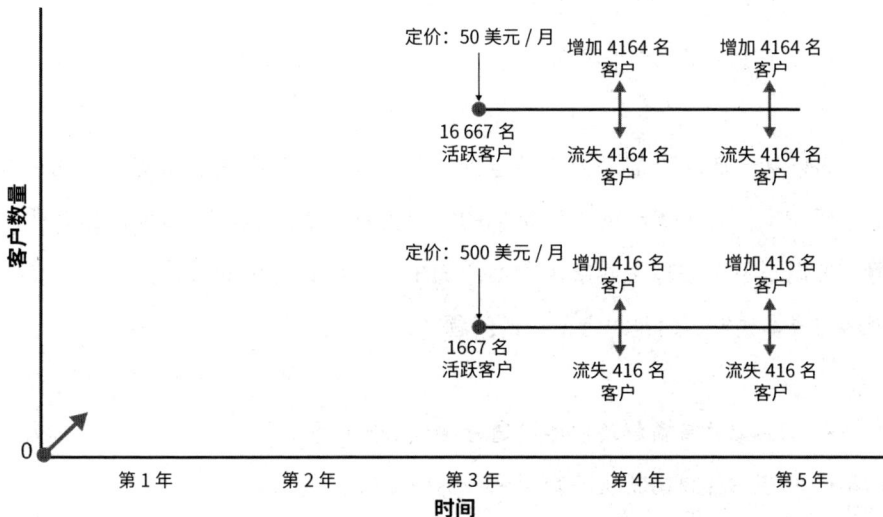

图 3-12　定价是一个未被充分利用的杠杆

这不就是简单的数学问题吗

并非如此。费米估算法能够让你看清自己的商业模式想要成功（或者导致其失败）所需的输入假设。在使用费米估算法之前，史蒂夫手头拥有的只是由一系列定性假设建立起来的商业模式故事，对于尚处于早期阶段的产品来说，其前途看似一片光明。

然而，使用费米估算法后，他发现即使在最为理想的情况下，他针对软件开发人员的商业模式也无法达到自己的最低成功标准目标，即 1000 万美元的年经常性收入。为了实现目标，他需要将价格至少提高到原有的 5 倍（250 美元 / 月），而他的商业模式在将价格提高到原有的 10 倍（500 美元 / 月）时才会更加有效。

史蒂夫的定价模式成为风险最高的假设——他能够且应该尽早进行测试。

接下来，他将注意力转移到其他方面。他想知道以下问题的答案。

- 如果自己的解决方案可以帮助零售商将网上销售额提升到原来的 3 倍到 10 倍，他们会如何评估这个解决方案的价值？
- 设计出一张 3D 效果图，建筑师会向客户收取多少费用？

如果基于产品价值来为产品定价，前面这些问题都是非常好的问题。但是不要忘了，客户关心的并不是你的解决方案，他们关心的是他们面对的问题。他们毫不关心你构建解决方案的成本。因此，定价的最佳方式就不是将价格与成本挂钩，而是思考下面的问题。

- 你的客户目前解决这些问题时要付出的成本。
- 你承诺提供的价值（你的独特价值主张）。

对你的创意进行费米估算

虽然在创业道路上，我们需要先确定一个大致目标，以此证明我们踏上这段旅程是正确的选择。但是，如果想要判断我们是否走在正确的道路上或者是否需要修正路线，依靠的不是此前设定的目的地，而是我们开始时所提出的各种假设和沿途的里程碑。

建议使用下面的三步走流程来预估你的商业模式是否可行。

1. 定义你的最低成功标准。

切记，定义你的最低成功标准可能需要你深刻地思考"为什么"这个问题，但是最低成功标准的重要作用在于约束你的想法，避免毫无束缚的妄想。

2. 测试你的想法是否能实现你的目标。

使用你在定价模式、客户生命周期和转化率等方面的假设来预估你需要多少客户才能达到并维持你的目标。

3. 修改你的目标或调整你的商业模式（如果需要的话）。

如果你的创意无法达到你的最低成功标准，需要找出致使你商业模式失败的关键杠杆，看看是否能够进行调整。这些关键杠杆通常是你应该率先测试的假设。

费米估算法的结果可以让我们从纸面上判断商业模式是否可行。不要忘记将你的假设添加到精益画布中。如果你的商业模式属于多边模式或者市场模式，估算流程不会有什么变化，但是你需要考虑模式中的双方。

现在轮到你了

对自己的商业模式进行费米估算的具体方法由你自己决定。你可以：

○ 在纸面上进行计算；

○ 访问 LEANSTACK 网站，了解如何在线进行费米估算。

史蒂夫与玛丽一起复盘他的商业模式

"这真是让人恍然大悟，"史蒂夫说，"练习使用费米估算法就像是上了一堂有关创业公司增长指标的速成课。以前，我只是专注打造优秀的产品。现在我明白了，不能守株待兔，坐等增长发生。我必须做好周全的增长计划。"

玛丽点了点头，说："没错，这 5 分钟的时间是你在着手实现创业想法前最具价值的一笔投资。费米估算法这一工具最大的作用在于可以帮助你找到**值得解决的问题**，为你的解决方案提供参考，而非帮助你找到解决方案。"

　　对于玛丽所说的，史蒂夫沉思片刻，然后说道："嗯，我想我明白你的意思了。无论我的客户是谁，也不管我的精益画布上最初有什么问题，要想商业模式成功，我都需要找到值得客户每月支付 500 美元的问题，尤其是针对软件开发人员的精益画布，我最初没有考虑太多，毫无依据地将价格定为每月 50 美元，经过调整后价格有了大幅提升。"

　　"完全正确，"玛丽说道，"定价这一杠杆往往没有得到充分利用，很多创业者都会陷入基于成本的定价陷阱，而没有从自己的产品价值或者现有产品的价格出发来思考定价。"

　　她继续说道："希望你能从这个方法中学到的另外一点是，要专注于为少数的生命周期总价值较高的客户设计商业模式，这胜过为大量生命周期总价值较低的客户设计商业模式。"

　　"这么做是因为客户流失问题？"史蒂夫打断了她。

　　"是的。"玛丽笑着说。

　　接下来，史蒂夫向玛丽介绍了更新之后的精益画布，概述了他是如何做到以下几点的。

- 设定自己的最低成功标准；
- 找到需要调整的杠杆；
- 确定需要优先考虑的 3 张画布。

　　"我看到你还是偏爱针对软件开发人员的这张画布。总而言之，这张画布的规划非常缜密，这也是你的商业模式很好的起点。"

　　"我也这么认为，但是我还是纠结于……"

　　玛丽点点头，让史蒂夫继续说下去。

　　史蒂夫似乎有些不舒服，欠了欠身，然后继续说道："这些模型对我有很大的帮助，我明白了需要围绕客户的期望结果而非产品功能提出自己的独特价值主张，要认真思考定价问题，此外它们也拓展了我最初构建产品的范围。此前，我一直在画为期 18 个月的产品路线图，如果我只专注软件开发人员的这张画布，我至少要在 6 个月后才能发布第一个产品，或者是 9 个月后。坦率地说，我对达到我的最低成功标准的速度有些担忧。"史蒂夫拿出他的笔记本，给玛丽看他画的草图（图 3-13）。

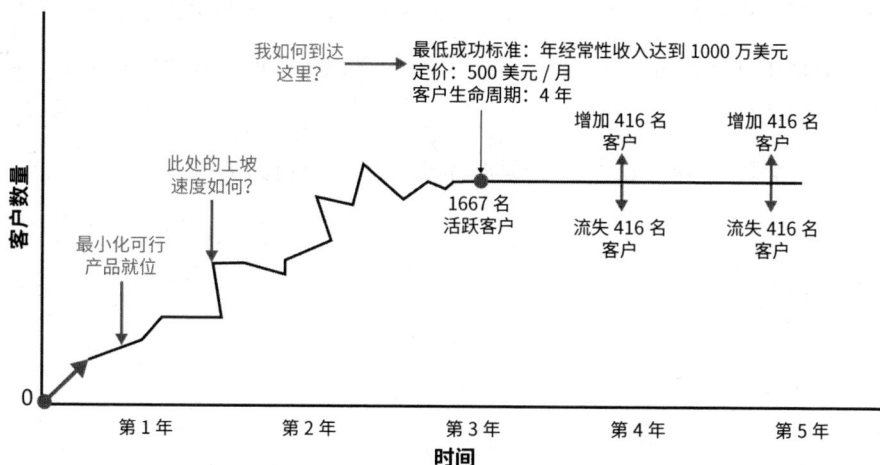

图 3-13　史蒂夫想知道达到最低成功标准的速度

"我知道 3 年似乎是很长的时间，也许我不应该担心……但是要想在 3 年内获得 1600 个付费客户，就意味着每年要有 500 多个付费客户。这个项目我已经做了一年多了，我觉得我的速度还不够快。如果我有更多的资源就好了——再有一两个开发人员与我一道工作会大大提升速度，此外还需要有人负责市场和销售……"

玛丽看了看手表，说："我 10 分钟后要去开会，我会通过电子邮件给你发送一些关于增长力路线图的内容。"

"增长力路线图？就像产品路线图一样吗？"史蒂夫问道。

"不完全是。增长力路线图会帮助你将 3 年目标分解成有着多个里程碑的阶段，每个阶段都有具体的目标和时间表。它可以有效地解决你如何加速的问题。有了这些不同的里程碑，你就能制订出更加清晰的产品推出计划。"

玛丽注意到史蒂夫想要插话，但她继续说道："持续创新框架的第一步是勾画出具有成功潜力的商业模式。因为大多数产品最初都会在客户和市场风险方面出现问题，所以你需要对自己的商业模式的需求性和发展性进行压力测试，这一点你已经做到。现在，你考虑的是如何实现你的商业模式。这正是接下来的可行性压力测试的全部内容，这个阶段需要使用的增长力路线图和产品推出计划会帮助你实现目标。在你绘制出自己的增长力路线图后，请给我留言。"

玛丽又瞥了一眼她的手表，说："糟糕，我又要迟到了！"

第4章 对可行性进行压力测试

可行性：你能否创建这一产品？

传统上，我们使用产品路线图来进行可行性测试并制订产品推出计划。但是产品路线图是假设你知道在未来的 18 ～ 24 个月中将要打造什么产品，但是你现在并不清楚要打造什么。所以，我们应该使用的是增长力路线图来进行规划。

—— 小贴士

不要再创建产品路线图了，试一试增长力路线图吧。

与产品路线图不同，增长力路线图不是以产出为导向，而是以结果为导向。在第 3 章中，你已经了解了一个以结果为导向的指标，即增长力，它完全符合这个要求。此外，你也了解了如何用你的最低成功标准来衡量未来 3 年的增长力。

然而，尽管花费 3 年的时间来衡量创业点子是否具有发展性是合理的，但是正如第 3 章提到的原因，要想确定想法的可行性，即你将如何实现它，还为时过早。

你需要一种方法，将你的最低成功标准分解成周期更短的多个阶段，且每个阶段都有里程碑作为标识。这样做不仅更易管理，而且可以制订出分阶段的产品推出计划。这就是本章将要为你介绍的内容，其重点是如何对可行性进行压力测试（图 4-1）。

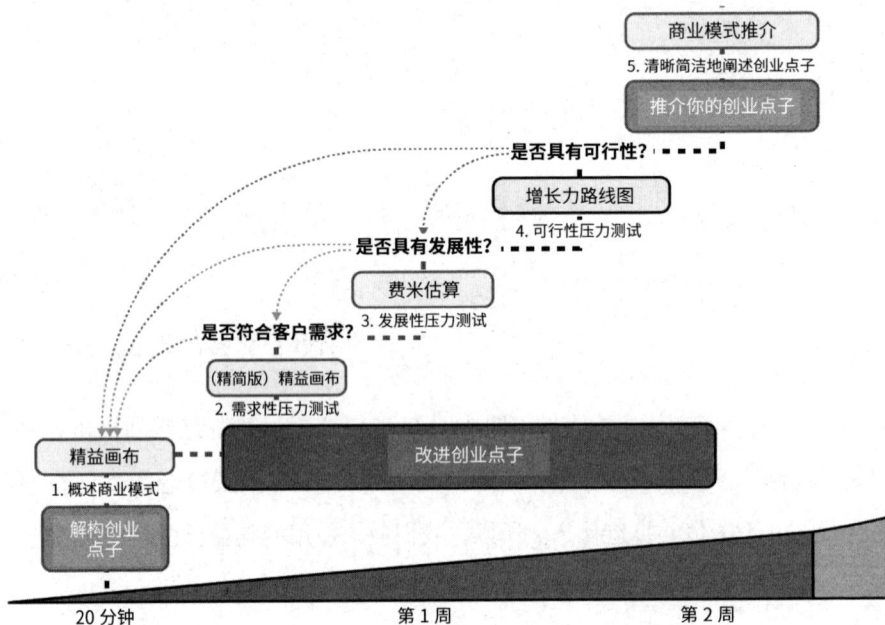

图 4-1　可行性压力测试

绘制增长力加速图

在第 3 章中，史蒂夫努力思考如何才能实现他的目标，即在第 3 年拥有大约 1600 个付费客户。如果他要绘制前 3 年的产品推出情况图，你觉得应该是什么样子呢？是线性、非线性、还是指数式的？

首先，加速图不可能是线性的，因为两点之间的最短距离是一条直线。产品能够以线性的方式成长，意味着已经有了可供执行的完美计划。但是在初创公司的世界中，所谓"完美计划"不过是天方夜谭。

　　在第 3 章中，我们讨论过"估计所需的活跃客户数量"，提到了创新扩散理论，该理论认为新想法占据的市场份额遵循 S 形曲线。这条 S 形曲线的前半部分是我们熟悉的曲棍球杆的曲线，同时也是如何绘制前 3 年产品推出计划图的正确答案（图 4-2）。切记，在确定最低成功标准时，要稍微高于产品与市场的契合点（曲棍球杆曲线中的拐点）。

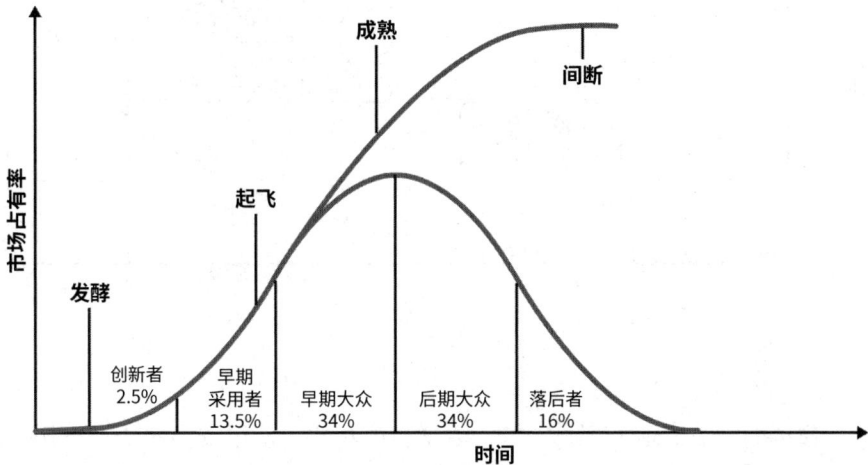

图 4-2　S 形曲线和使用生命周期

—— 敲黑板 ——

曲棍球杆曲线并非只适用于初创公司。无论是初创公司还是大型企业，其新产品的采用过程都遵循类似的轨迹；初始平缓，随着时间的推移越来越陡峭，直到最终达到市场饱和或被其他产品中断。

　　由于你的最低成功标准锁定了你在 3 年内所需要的客户数量，你只需再假设一个数据，就能模拟实现目标的过程，这个数据就是增长率。

　　对于尚处于早期阶段的产品来说，怎样的增长率算是迅速的呢？ 3x / 年、5x / 年、10x / 年，还是更高？每当创业者需要为他们的增长力路线图选择增长率时，很多人倾向于选择较小的数字，但这并不一定是最好的策略。

请看图 4-3，我用 3 种不同的增长率绘制了增长力路线图。

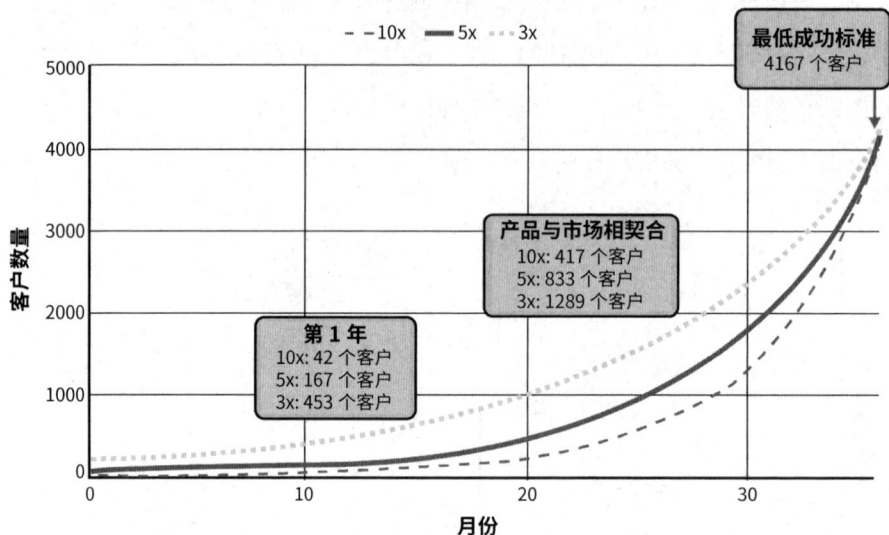

图 4-3　为实现目标的 3 种增长率

你可能会惊讶地发现，与较大的增长率相比，使用较小的增长率在一开始就需要更高的获客率。与 5 倍增长率相比，10 倍增长率在第 2 年所需的客户数量大约为其一半，第 1 年的客户数量更是只需约其 1/4！

这是因为你的 3 年最终目标取决于你的最低成功标准，这不能改变。改变增长率假设改变的是曲棍球杆曲线的斜率。在确定增长率时，我们应采取的方法正好与我们的直觉相反。在明白这一点后，我指导的许多团队改变了方向，在假设增长率时都选择了更高的数值。

但是也要注意，不要走向极端，去假设过高的增长率。我发现，正确的起始增长率应该在学习和扩张之间取得平衡。我建议你在前 3 年将起始增长率设定为 10x / 年。

虽然乍看之下，10x / 年的增长率可能只适合超高速增长的初创公司，但是事实并非如此。切记，世界上每家公司的起点都是相同的，即从获取首位客户开始。如果你计划在头 3 年内从拥有一个客户发展到至少拥有 100 个客户，你就可以选择 10 倍的增长率。

- 第 1 年：1 个客户；
- 第 2 年：10 个客户；
- 第 3 年：100 个客户。

史蒂夫创建了增长力路线图

史蒂夫决定使用我们建议的 10 倍增长率来创建他的增长力路线图，结果如图 4-4 所示。

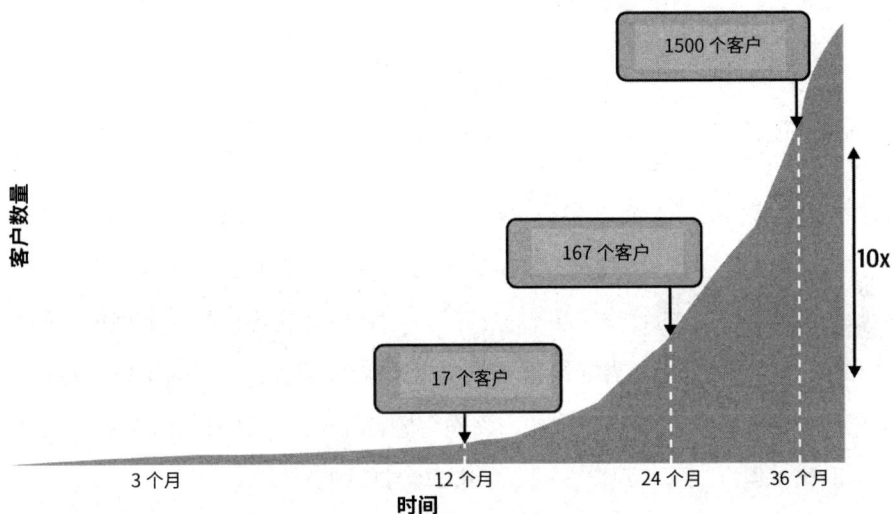

图 4-4　史蒂夫创建的增长力路线图

他看到在 10 倍增长率的模型中，他在第一年只需要获得 17 个客户，而在原来的线性模型下，他则需要获得 500 多个客户。这种改变让他大大松了一口气，但这种欣慰是短暂的。当他把注意力转移到曲棍球杆曲线的右边时，他又有了新的担忧。

他掏出手机，给玛丽发了一张他的增长力路线图的截图，并附上了信息。

"我怎样才能在第 3 年获得 1500 名新客户？原先的获客率已经让我担忧，而现在是原来的 3 倍！"

玛丽的回复如下："你必须先学会走，然后才能跑。先关注曲线的左边，然后再关注右边，利用增长力路线图上的数字来制订一个现在-后续-未来产品推出计划（now-next-later rollout plan）。"

史蒂夫："好吧，但是第 1 年的目标，即便比我原来设想的目标要小，要想实现还是比较困难。我不确定自己如何能获得 17 个客户，因为我的产品还需要 9 个月才能准备好。也就是说只有 3 个月的时间来获得 17 个客户。"

玛丽："你要做的就是想办法尽早获得这些客户。"

史蒂夫："我不知道该如何下手。"

玛丽："我们明天一起吃午饭，讨论一下。"

史蒂夫："我都等不及了。"

玛丽："你可以进行一个思考练习。想象一下，假设你是一位抱负远大的餐馆老板，这是你第一次开店，你的餐馆正处于筹划阶段。不用说，餐饮业是存在风险的，大多数新餐馆甚至撑不过一年。和创业者一样，大部分餐馆老板通常都有自己的解决方案。他们准备了堪称完美的菜品、精挑细选的餐具和餐巾……他们唯一需要的就是投资人给他们开出一张大额支票，然后就可以开张营业了。当然，问题是，没人会愿意在第一次开餐馆的人身上冒险，因为开新餐馆存在很多风险。这听起来非常熟悉吧？"

史蒂夫："哈哈……确实熟悉。"

玛丽："打破这种困局的关键是评估启动风险和规模风险孰重孰轻。你需要思考对于这位餐馆老板来说，什么是最直接的风险，并制订一个现在-后续-未来产品推出计划。"

史蒂夫："好吧，我试一试……"

玛丽："既然我们要讨论跟餐馆有关的内容，也许我们明天可以在拐角那家新开的墨西哥玉米饼店见面，一起吃午饭。我听说那家店不错。"

史蒂夫："我很喜欢那家餐馆……不过我们应该早些到，可以不用排队。否则，碰到高峰期，很可能要等 1 个小时。"

玛丽："我差不多 11:30 到那里……到时候见。"

制订现在 – 后续 – 未来产品推出计划

许多创业者急于达到曲棍球杆曲线的右侧，这是可以理解的。为了做到这一点，他们的办法是在每件事情上都力求快速。但是，欲速则不达。事事求快反而会加快你迷失的速度，因为这种方式很容易让你失去工作重心，陷入过早优化陷阱。

下面是部分过早优化的例子。

- 在你没有任何用户时，就想为成千上万的用户优化产品。
- 在你没有任何客户时，就雇用一个销售副总裁。
- 在你没有增长力时，就着手筹集资金。

过早优化是初创公司的头号杀手之一，因为它在错误的时间优先考虑了错误的风险，这会消耗你本就有限的用来实现产品与市场相契合的资源。避免过早优化陷阱的方法是接受持续创新的思维模式。

思维模式 4
在正确的时间采取正确的行动。

无论在任何阶段，对商业模式产生最大影响的只是少数的关键行动。你需要专注于这些关键行动，忽略其他行动。这就是"在正确的时间采取正确的行动"这一思维模式的精髓所在。

这种做法难道就不存在过于短视的风险吗？作为创业者，你需要在长期规划的同时，也兼顾短期的行动。但是，由于创业历程本来就被笼罩在不确定性的迷雾之中，我们往往只能看清眼前的事物，而难以为遥远的未来做出清晰的计划。但是没关系，这正是现在 – 后续 – 未来产品推出计划的用武之地。

现在 – 后续 – 未来产品推出计划背后的理念是从 3 个时间段来审视你的增长力路线图，这 3 个时间段的跨度大致与曲棍球杆曲线的 3 个阶段一致：首先是较为平坦的部分，然后越发陡峭，一直持续到曲线出现明显的拐点为止，随后曲线猛然上升。每一段都代表产品生命周期中的一个特定阶段，如图 4-5 所示。

1. 问题与解决方案相匹配（problem/solution fit）；
2. 产品与市场相契合；
3. 扩张。

你使用增长力路线图来确定你在每个时间段结束时需要达到的增长力目标。然后，你要为每个时间段制订一个计划。可以预料，你的"现在计划"应该最为具体，你的"后续计划"不会那么具体，而你的"未来计划"则最为模糊。

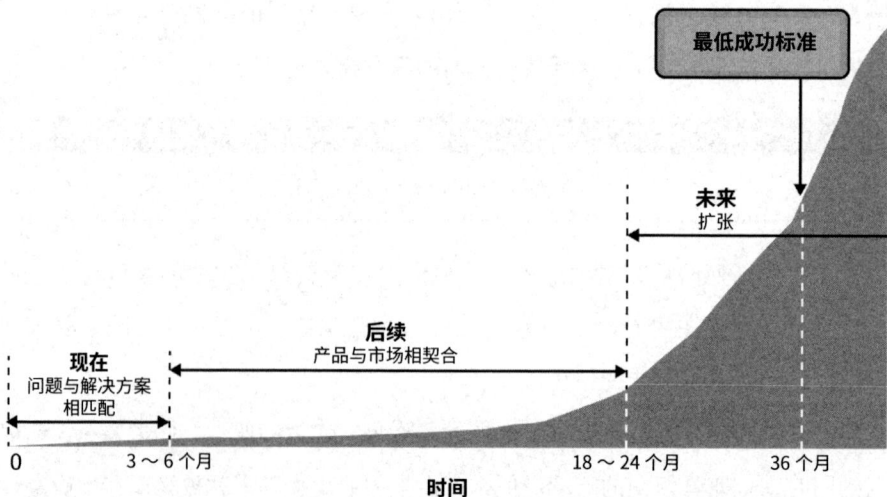

图 4-5 产品生命周期的 3 个阶段

如果你使用 10 倍的增长率，每个阶段大约比前一个阶段大一个数量级。让人不易察觉的是，这些阶段决定了你的商业模式中哪些方面风险最高。这是一个关键的洞见，用于制订现在 – 后续 – 未来产品推出计划，这种计划会优先处理风险最高的假设。

思维模式 5
分阶段处理风险最高的假设。

让我们具体了解一下 3 个阶段，我们将讨论各个阶段的目标、典型的时间表、可交付的成果以及每个阶段的策略。

第 1 阶段：现在——问题与解决方案相匹配

虽然没有人喜欢曲棍球杆曲线平坦的部分，但有了正确的思维模式，你就会将之视为一种馈赠。练习"在正确的时间采取正确的行动"思维模式的第一步就是认识到，如果不先经过这段平坦的部分，你就不可能到达曲棍球杆曲线的右侧。

—— 小贴士 ——

在产品的早期阶段，你需要的是减速而不是加速。

曲棍球杆曲线的平坦部分是你培养关键洞察力或者发现各种秘诀的地方，这会助你打造有价值的独特产品。想要做到这一点，你必须花费一定的时间深入了解客户，发现真正值得解决的问题，并使用演示 – 销售 – 构建流程来测试可能的解决方案。

此处，我们需要知道一个与直觉相反的洞见，即并不是先做出可以使用的产品才能获得付费客户。

这个阶段最终的成果是根据实证做出决定，来确定是否应该进入将自己的想法付诸实践的阶段（第 2 阶段）。

在第 1 阶段结束时，你需要：

- 清楚地了解客户需求（和渴望）；
- 了解为了给客户提供价值，你需要创建的最小化产品（最小化可行产品）是什么；
- 从客户那里获得了足够的有形承诺（例如预付款、意向书）。

对于大多数产品来说，实现问题与解决方案相匹配通常需要 3 到 6 个月的时间。我们将在第 7 章至第 11 章中介绍实现问题与解决方案相匹配的详细步骤。

第 2 阶段：后续——产品与市场相契合

在第 1 阶段结束时，你应该对产品有明确的定义，你知道客户确实需要你的产品，而不是仅仅希望他们需要你的产品。然后，你会花几周或几个月的时间来开发产品的第一个版本（最小化可行产品），并为发布产品做好准备。初始目标是迅速地向客户展示产品价值，确定你是否创建了客户想要的东西。要做到这一点，你要不断利用客户的持续反馈循环来改进你的产品。

此处还有一个与直觉相反的洞见，即你无需大量的用户就能在你的商业模式中实现可重复性。

促进商业模式的可重复性是这个阶段的关键成果，这也是你跨越曲棍球杆曲线拐点的地方。同时，你开始将目光投向加速增长，为进入第 3 阶段做好准备。

对于大多数产品来说，实现产品与市场相契合通常需要 18 至 24 个月。我们将在第 12 章至第 14 章介绍实现产品与市场相契合的详细步骤。

第三阶段：未来——扩张

实现产品与市场相契合意味着你已经确保了一定程度上的成功，而问题在于最终的成功会达到何种程度。在扩张阶段，在战略上会有显著的转变，你的重点从打造正确的产品转向追求增长。在这个阶段，你会进行一些优化实验来测试诸多可能的增长策略和活动。

在第 3 阶段，还有一个与直觉相反的洞见，即单纯追求工作的速度，只会让你更快地迷失方向。你需要一次只专注测试一个增长引擎。

从帮助你改变创业理念，到实现产品与市场相契合，再到此后的阶段，本书的目标是帮助你顺利走过创业这段旅程。关于追求增长和实现产品与市场相契合之后要做的工作，我将在第 14 章中分享一些指导性建议。

史蒂夫领悟了 "在正确的时间采取正确的行动"

玛丽抢到了墨西哥玉米饼店最后一张空桌，并示意史蒂夫过来。史蒂夫拉起椅子，放下午餐时，发出一声叹息，说道："哇，看看这条队伍，已经排到了门外，拐过街角。而现在才 11 点 45 分。还好我们来得够早。"

"没错。自从几个特色餐厅名单收录这家餐厅之后，每天都是这样。"

玛丽等史蒂夫一切就绪后，问道："昨天我提出的问题，你思考的怎么样？你认为第一次当餐馆老板的人做出的假设中，哪个风险最高？"

"看看这家餐馆。"史蒂夫回答说，"当然是好的产品加上好的地段，这就是通往成功的门票。就像房地产行业的金科玉律，最重要的 3 件事就是地段、地段、地段。"

"你真的确定选择一个好地段开店，对第一次开餐馆的人来说是明智的选择吗？"玛丽问道。

她补充道："好的地段价格昂贵，这意味着留给餐厅获得成功的生命周期要短得多，赌注也大得多。"

史蒂夫点了点头，玛丽接着说："此外，只有好的地段并不能保证成功。你肯定去过很多地处黄金地段但是门庭冷清的餐厅，或者地段糟糕但是生意火爆的餐厅。"

"你是说地段不重要吗？"

"那倒不是。好的地段能够助力增长，但是这属于增长风险，而非启动风险。在目前的节点上，餐馆老板的产品尚未得到证实，所以，启动风险应该围绕产品交付价值，而不是加速增长。"

玛丽确认史蒂夫明白她的意思之后，继续说："我选择这个地方有两个原因，一个是他们的玉米饼真得很美味，另一个是他们现在发展很快，而且有很多在黄金地段的店铺，但是他们启动的时候可不是这样。你了解他们的创业之初的故事吗？"

史蒂夫摇了摇头。

"他们的创始人叫杰克，最初他只是在城东经营一家餐车。你知道，城东可算不上热门的黄金地段。"

史蒂夫插话说："我记得读过相关文章。我猜，这是因为从经营餐车起步，要比租用店铺开餐厅便宜很多，起步也更快，可以让他更加迅速地测试自己在食品方面的理念。餐车对于餐厅来说就是最小化可行产品，对吗？"

玛丽点点头，说道："没错。太多创业者落入的陷阱是过早进行优化。他们想象自己的产品有成百上千的客户使用，并试图将这种想象变为现实。这使他们优先考虑的风险是错误的，导致他们在错误的时间选择了错误的行动。在初始阶段，你不需要大量的用户，只需要少数优质客户，也就是产品的早期采用者。"

"那么你说他做出的初始假设中，风险最高的是什么？是食物吗？"

"从某种程度上来讲，是的，但是它不仅仅是做出大量食物，然后开车在镇上四处销售，其实还有其他事情。任何产品面对的第一场战斗都是吸引客户的注意力。你还记得'创新者的礼物'吗？创新从根本上说就是要引起一种转换。到了午餐时间，在这个镇上，方圆 3 英里内有超过 100 家餐厅提供午餐。为什么人们要选择去餐车吃饭？"

"是口碑吗？"史蒂夫自言自语道。

"口碑是后来才有的。你必须先用独特价值主张抓住第一批客户（早期采用者）的注意力。一旦吸引了他们的注意力，你就要提供一些与众不同、引人注目的东西。如果你能做到这一点，那么口碑就会随之而来。"

"没错，确是如此。但是你该如何让客户来到餐车呢？创始人是投资开展了大规模的品牌宣传活动，还是已经有大量的社交媒体粉丝了？"

"都没有，我来展示给你看。"玛丽拿出她的手机，找到了餐车的早期照片给史蒂夫看。

"告诉我你首先注意到的事情。"

史蒂夫看了看照片，看到一条巨大的横幅横跨在餐车的上半部分。

"韩国烧烤墨西哥玉米饼？"他回答道。

"完全正确。但它既不是餐厅的名字也不是餐厅的标志，甚至不是餐厅的宣传口号。我们这些做产品的往往痴迷于名字、标志和宣传口号。但它是什么？"

"他的独特价值主张？"

"没错。在得克萨斯州，如果提供美味的烧烤或者墨西哥玉米饼，你就能吸引美食家的注意力。在餐厅这个场景中，他们是你的早期采用者。如果你能把烧烤和墨西哥玉米饼都做得很好，那就更好了，但是已经有好多餐厅可以提供这两样美食。但如果你进行一点创新，推出韩国烧烤墨西哥玉米饼，这就变得非常独特，而且引人注目。美食爱好者和网络博主都想率先尝试这种独特的食品，然后告诉别人是否好吃。"

玛丽停了一下，喝了一口饮料，然后继续说："让我们把所有细节放在一起看看。对于第一次开餐馆的人来说，最大的风险首先是如何获得关注度。在这方面，需要先思考产品的独特价值主张是什么，产品的用途是什么，服务的客户是谁。在这个案例中，创始人决定把美食爱好者设定为目标，并且选择了餐车形式，因为这种形式更加便宜，也能迅速地触达自己的受众并测试经营理念。这就是他当时的计划，他用了几天就实现了，而不是几周或者几个月。"

"他是不是同时也想出了'后续计划'和'未来计划'？"

"是的，确实如此。但是那些计划的目标都很高。他的'后续计划'是在镇里开设多家餐馆，而'未来计划'是进军其他城市，最终打造出全国性的品牌。"

"这位创始人经营了多长时间的餐车？"史蒂夫问道。

"在这个案例中，时间不太长。最终帮助他飞速增长的产品理念和他最初设想的并不一样，这并不奇怪。运营餐车的早期，通过几十次小的迭代，他找到了让产品成功的理念。他调配出了很棒的食谱，也逐渐建立了口碑。开业仅仅4周，餐车还没有开始供餐之前，人们就已经开始排起了长队。"

"发展这么快？"

"是的。在那之后他的发展进入了快车道。每天准备的食品总是一售而空，这也吸引到了美食评论家的注意。他们品尝并介绍了这辆餐车后，等待购餐的队列变得更长。杰克不得不想办法来应对客户需求，这使得他顺理成章地实施自己的'未来计划'。"

"再增添一辆餐车？"史蒂夫插话道。

"没错。他在距离现在这个餐厅很近的地方又添加了一辆餐车。餐车还是进入餐饮市场的成本低廉的方式。就像你说的，这个地段的租金可不便宜。新添加的餐车生意也非常火，食品也是销售一空，这是一个很棒的有关早期增长力的故事，也成了帮助他从投资人手中筹集资金的杀手锏。距离开始运营第一辆餐车不到9个月的时间里，他将这两辆餐车都改造成了实体餐厅。我想他还会再开3家餐馆。接下来的事情，正如大家所说，就是创造属于他们的历史了……"

史蒂夫插话说："难道他的投资人不担心杰克的业务规模无法扩大吗？毕竟，经营一辆餐车和经营多个店铺完全不同，更不用说建立全国性的品牌了。"

"我觉得他们确实存在这样的顾虑，但是这种风险正是投资人愿意冒的，他们更愿意冒增长风险而非启动风险。任何产品最初面临的风险都是解决需求侧问题。一旦产生了足够的需求，供给侧的问题一般不难解决。"

"你所说的供给侧，是指开发一个产品吗？"

"是的，没错。另一种说法是，需求侧风险与客户风险（需求性）是和市场风险（发展性）有关，而供给侧风险通常与产品风险（可行性）有关。"

"有道理。"史蒂夫表示同意。

"我相信杰克在将他的业务从两辆餐车发展到十几家餐馆时，从人员配置到培训再到品牌推广，都会存在各种增长风险。但是，只要你的核心产品得到了验证，这些风险都会降低，转化为可以解决的问题。回想一下早期阶段的 Facebook、YouTube 和推特，在从数以千计的早期采用者发展到数以亿计的用户的过程中，他们都面临巨大的增长风险，但他们都想方设法克服了。还记得推特页面出现技术故障时出现的'失败鲸'吗？"

玛丽注意到史蒂夫睁大了眼。

"避免过早进行优化，"他说，"这个观点很有启发性，但是我还在努力思考如何把它应用在我的产品上。"

玛丽解释说："当你遇到此类案例研究时，重要的是区分理论原则和实际策略。虽然从策略层面上讲，发展餐饮企业可能与发展软件企业有很大的不同，但是策略背后的基本原则普遍适用。它们适用于任何类型的产品。"

"不过这些原则真的普遍适用吗？我看到对餐馆来说这些原则确实有效，但是餐饮业打造最小化可行产品只需要烹饪几个小时，而开发产品需要花几个月甚至几年，那又该怎么做呢？"

玛丽微笑着说："你一直是原来团队中最难说服的人，但你说得没错。那让我们再进一步，提升一个层次，考虑一下确实需要好几年才能打造的产品，比如电动汽车。"

玛丽又喝了一口饮料，然后继续说："比如特斯拉。假如你是埃隆·马斯克，你的愿景是在 2006 年制造一辆价格合理的电动车，你会如何制订现在－后续－未来产品推出计划？"

这时，玛丽的电话响了。

"午休到时间了。想想特斯拉在发布产品时是如何应用这些原则的吧。我们明天一起喝咖啡，接着聊。"

说完，玛丽离开了餐厅。

史蒂夫了解了什么是奥兹最小化可行产品

"特斯拉产品推出计划思考得怎么样了？"第二天，玛丽和史蒂夫在他们经常喝咖啡的地方碰头，她问道。

"我了解了特斯拉发布产品的故事，我也能将一些故事片段串联起来了。"史蒂夫回答道。

"说来听听。"

"好的。首先，我承认，如果你昨天没有跟我说那番话，我可能会认为，对于一家新成立的汽车公司来说，技术、设计、制造、充电基础设施和品牌方面的假设是风险最高的假设，对于没有造车经验的公司更是如此。但是，昨天的谈话让我可以确定所有这些风险都是供给侧风险，而非需求侧风险。然后，根据"创新者的礼物"理论，我开始思考：人们为什么要转而使用电动汽车？"

玛丽点点头，让史蒂夫继续说下去。

"我猜对于部分人来说，他们想要节约能源方面的开支，对于另外一部分人来说，是希望减少他们的碳足迹。"

"很好，史蒂夫。2006 年，马斯克确实面对两个转换触发因素：一是，人们对于气候变化的认识不断提高，二是油价持续上涨。这些转换触发因素导致了一些客户的转换行为，购车人群中的部分细分人群——潜在的早期采用者——正从传统的内燃机汽车转向混合动力汽车。但是混合动力车的问题是，它们还是需要依赖化石燃料，或者至少是部分依赖化石燃料。而完全不依赖化石燃料或者实现零排放，是平价电动汽车给予客户的承诺。"

"没错，我很认同你将这点定位为宏大愿景的一部分，"史蒂夫说，"所以特斯拉的第一笔业务是测试其独特价值主张。我猜马斯克此前已经和足够数量的人群分享了零排放的愿景，激发了人们的兴致，获得了他们的关注。"

"是的，特斯拉甚至更进一步。在第一辆电动车还没制造出来之前，特斯拉就让人们进行预购，他们使用了演示 - 销售 - 构建流程。"玛丽补充说。

"这里我不太明白，我理解如何将'演示 - 销售 - 构建流程'应用到餐饮业的经营理念中，但是对于汽车制造业来说，特别是特斯拉这样的电动汽车，创建产品的时候部分技术还没有发明，需要好几年才能打造出来。那该如何快速迭代和测试呢？"

"但是此前他们不是完整地造出了一辆汽车吗？"

史蒂夫的脸上露出疑惑的神情，说道："你指的是特斯拉的跑车 Roadster 吗？"

"没错，特斯拉推出的第一款车是特斯拉 Roadster，这辆车甚至不是他们制造的——至少不是完全由特斯拉制造的。虽然特斯拉 Roadster 车身上有特斯拉的标志，但是它的设计和底盘是另一家汽车公司——路特斯汽车公司——授权的。那么他们为什么要这么做？"

"为了让自己的汽车更早地进入市场？"史蒂夫想了想说。

"没错。与大多数汽车公司从形成概念到汽车上市需要 10 年的时间相比，特斯拉只用了两年半的时间就实现了。这在汽车行业中这堪称'光速'。我喜欢研究这个案例的原因是，它说明了虽然学习速度非常关键，但这是相对而言的。你的学习速度只要超过你的竞争对手，就能让你在竞争中获胜。"

"有道理。"史蒂夫插话说。

"但在特斯拉的故事中，上市速度只是值得我们关注的重点之一。不必设计、开发、制造整辆汽车，就能够优先测试下一个风险最高的假设，而不需要关注其他假设，你能猜到是什么吗？"

"电池？"史蒂夫问道。

"没错。从头开始设计、开发和制造一辆汽车，虽然工作量很大，但是存在的风险并非不可克服。很多汽车公司已经掌握了制造汽车的各项技术。但是，在那时没人掌握制造电动汽车的所有技术。这就是值得优先考虑的与众不同之处。"

史蒂夫插话道："所以，通过获取授权的方式得到一辆现成的汽车，然后将电池改装到车上，特斯拉这么做就避免了重复毫无技术创新的工作，而是优先研究大家还没有掌握的技术。而且他们也不需要聘用汽车工程师或建立大型工厂，他们只专注于制造电动汽车的电池，把它装入现有汽车，然后出售。我知道我把流程说得简单了，但无论如何，这真是天才的想法。"

"没错，这就是他们的'现在计划'。顺便说一下，这种将现有解决方案拼凑起来，融入最小化可行产品然后进行验证的做法在持续创新框架中很常见，它被称为'奥兹最小化可行产品'（Wizard-of-Oz MVP）。这种做法在精益创业运动早期就被推广和改进了。"

"奥兹？我猜这个名字是来自电影《绿野仙踪》[①]吧？""是的，这种验证模式的本质就是在你准备好制造产品之前，假装你已经能够制造它。换句话说，就是通过拼凑现有的解决方案，缩小你最初创建最小化可行产品时需要开展的工作范围，而不用从头开始创建所有东西。"

"如果你的产品是通过拼凑现有解决方案而来，怎么保证它具有竞争力呢？"史蒂夫问道。

玛丽答道："记住，你的目标还是提供独特的价值主张。这种独特的价值来自组合现有解决方案之后得到的新方法，即整体大于部分之和，或者来自组合得到的解决方案中的某个新组件。特斯拉的案例属于后者。他们用自己独特的电池技术将现有汽车转变为电动汽车，向客户提供了他们想要的新的独特价值主张。"

玛丽注意到史蒂夫似乎有些思绪不定，所以停下来提醒他注意听。

[①] 奥兹最小化可行产品的英文是 Wizard-of-Oz MVP。Wizard-of-Oz 是电影《绿野仙踪》的英文名，直译为"奥兹国的魔法师"。影片中的魔法师根本没有魔法，因为他乘坐的热气球从半空中掉落，人们以为他是从天而降、本领高强的魔法师，但其实他只是一个普通人。——译者注

"抱歉。我在快速思考，我想我可能可以应用奥兹最小化可行产品的模式来加速产品的发布。我需要深入地思考一下……不过，我还是不太清楚特斯拉是如何平衡客户需求和技术风险的。他们让客户预购汽车时，关键技术还在研发中。如果订购的客户数量过多，导致做出的承诺无法兑现，这不是一个巨大的风险吗？"

"是的，确实存在这种风险。他们使用的是分阶段的现在－后续－未来产品推出计划来应对这种风险。"

玛丽看到史蒂夫的脸上露出困惑的神情，于是她进一步做出阐述："马斯克在 2006 年向全球承诺将推出平价电动汽车，但是特斯拉推出的第一辆电动汽车 Roadster 与他的承诺正好相反，Roadster 的起价超过 10 万美元。理论上，他们可以将电池改装到任何汽车上。但为什么他们选择了非常昂贵的跑车，而不是起亚、大众或者福特野马这类更实惠的车型呢？"

"让我想想……我觉得他们也许是为了更高的品牌定位或者更丰厚的利润，但我猜还有其他原因？"

玛丽笑着说："是的，还有其他原因……其实推出 Roadster 只是精心策划的推出计划的一部分，整个推出计划包含 3 种不同的车型，每种车型都是为了在正确的时间优先应对最需要化解的风险。马斯克在 2006 年的一篇博文中含糊地将这一推出计划称为'特斯拉的秘密总体规划'。在 Model 3 的主题发布会上，他进一步解释了这一总体规划。你现在还可以在网上找到这个主题演讲的回放。如果我没记错的话，他大概在第 3 分钟时提到了特斯拉的产品推出计划。"

史蒂夫记下来玛丽提到的视频时间点。

玛丽继续说道："特斯拉的第一辆车面对的最大风险是将燃油汽车转化为电动汽车。获得现有汽车的使用授权而非从头制造一辆新车是他们第 1 阶段或者说'现在计划'的第 1 个关键部分。"她继续解释说："这个计划的第 2 个关键部分是选出正确的车型。为什么是双座路特斯 Elise 跑车，而不是其他车型呢？当你把起售价格提升到原来的 3 倍时，产品的需求会发生什么变化？"

"需求会降低？"史蒂夫回答。

"没错。使用高级跑车品牌推出第一款电动车，特斯拉构建了所有人都能看到和想要的理想车型，但是只有少数人才能买得起。"

"也就是说他们推出第一辆电动车的目标从来都不是进入主流市场？"史蒂夫问道。

"是的。你还记得创新扩散理论的 S 形曲线吧。特斯拉只专注于瞄准早期采用者市场，在这种情况下，他们有效地利用较高的定价来发挥曲棍球杆曲线的优势。跑车是一款价格高、销量低的车型。他们在几年内每年只卖 500 辆，然后就停止了生产。"

"所以，这就是所谓'学习型最小化可行产品'？"史蒂夫问道。

"没错，史蒂夫。第一阶段的核心就是测试最小化可行产品——在特斯拉的案例中，就是在跑车的框架中测试研发的电池。"

"我现在明白了。有能力下单购买价格达到 7 位数汽车的人，很有可能车库里已经有好多辆汽车了，他们不会把这辆电动车作为主要的交通工具。他们愿意等待长达两年的交货时间，买一辆与主流汽车完全不同的新车。"

"完全正确。客户数量少也意味着他们不会因要建设扩张所需的基础设施而分心，比如布局经销商、充电站或者服务中心。他们对价值交付的这些方面非常'节制'。"

"我猜他们一旦充分降低了电池的风险，他们就会进入第 2 阶段，用他们的 Model S 拿下豪华轿车市场？"

"是的。Model S 价格不那么高，产量中等，特斯拉还是以预购方式逐步推出。当推出 Model S 时，他们承担了一系列新的风险，比如自己制造汽车，建设充电站、零售店和其他基础设施。"

"我猜 Model 3 就是他们的第 3 阶段——面向主流市场的平价电动汽车。"史蒂夫补充道。

　　"你说对了。当他们宣布推出 Model 3 时，许多方便他们打入主流市场的基础设施已经到位。更重要的是，他们已经充分降低了电动汽车的风险，让主流市场愿意接受。Model 3 车型的发布是 3 个阶段中规模最大的，在 2 周内获得了 25 万辆的预订。"

　　"嗯，我读过有关报道。所以特斯拉在最初阶段故意放慢速度，方便他们跨越鸿沟，然后加快步伐。现在我明白你说的要利用曲棍球杆曲线的道理了。特斯拉发布产品的各个阶段是否也遵循了 10 倍增长力模型呢？"

　　"是的。大家都知道，马斯克非常推崇指数式或者 10 倍式模式的思维方式，而特斯拉的各种产品推出计划都符合教科书般的 10 倍模式。可能现在你还能在网上找到一些图表，预测特斯拉的增长力路线图，即在 10 年内，依靠这 3 款车型的产品推出计划销售出 50 万辆车。"

　　"10 年？这比我一直使用的 3 年期限要长得多。"

　　"当然，建造汽车或者飞往火星的飞船确实需要调整时间表。花 10 年时间来实现宏大的愿景没有问题。你的元宇宙愿景也是如此。但是请记住，为了使你的愿景在实践中更容易实现，你需要将整个实现旅程划分为时间跨度更小的部分。你应该记得，特斯拉在宣布造车后的几周内，就开始接受预购订单。我建议，无论是什么类型的产品，你都应该争取在 3 个月的时间内实现问题与解决方案相匹配，因为在这个时间段你还没有开发出产品。"

　　"明白了。即使是在开发产品的阶段，特斯拉也使用了奥兹最小化可行产品的模式，走了一条捷径。"

　　"是的，只要有计划，再加上一点创造力，你肯定能够缩小初始的最小化可行产品的功能范围。我相信到时候我们会有很多内容需要讨论。"

　　"那是一定的。不过，我还是不清楚你是如何将问题与解决方案相匹配的增长力路线图由 1 年缩短至 3 个月的，特别是如果 3 个月的时间到了，我们却还没有准备好需要销售的产品。解决办法必须是靠预售吗？"

　　"这个问题问得好。我们的目标是尽可能获得一位客户，而通过预售获得预付款是你在问题与解决方案相匹配阶段所能取得的最接近目标的成果。也就是说，并非所有产品和客户关系都适合预售。在其他一些情况下，完全可以在你的客户工厂中，更早地采用'制造客户'这一步骤，比如抢先体验、抢先试用或者收集销售线索。"

"对，在客户工厂中确实有这样的做法。我猜应该使用由费米估算法得出的客户转化率来确定采取何种办法？"史蒂夫问道。

玛丽点点头，说："你已经理解了。"

"太好了。咱们差不多该走了。特斯拉的这个案例很有启发性。我的脑子还有点转不过来。今天下午，我要在办公室里认真研究一下我的现在－后续－未来产品推出计划。"

玛丽微笑着说："能帮到你我很高兴，史蒂夫。随时告诉我你的最新进展。"

史蒂夫制订现在－后续－未来产品推出计划

回到办公室后，史蒂夫准备好思考他的现在－后续－未来产品推出计划了。他的首要任务是将获取 17 个付费客户的时间从 1 年缩短到 3 个月，以此作为判断他的问题与解决方案是否相匹配的标准。

他根据由费米估算得到的最初数值开始计算。

- 最低成功标准：3 年内年经常性收入达到 1000 万美元；
- 定价模式：500 美元 / 月；
- 客户生命周期：4 年；
- 客户转化率：1%；
  - 用户转化率（试用版）：10%；
  - 付费转化率（升级版）：10%。
- 推荐率：20%。

为了简化计算，史蒂夫假设第 1 年的线条基本上是水平的，并进行线性建模。随后，他使用估算的转化率，将其转化为图 4-6 中的图象。

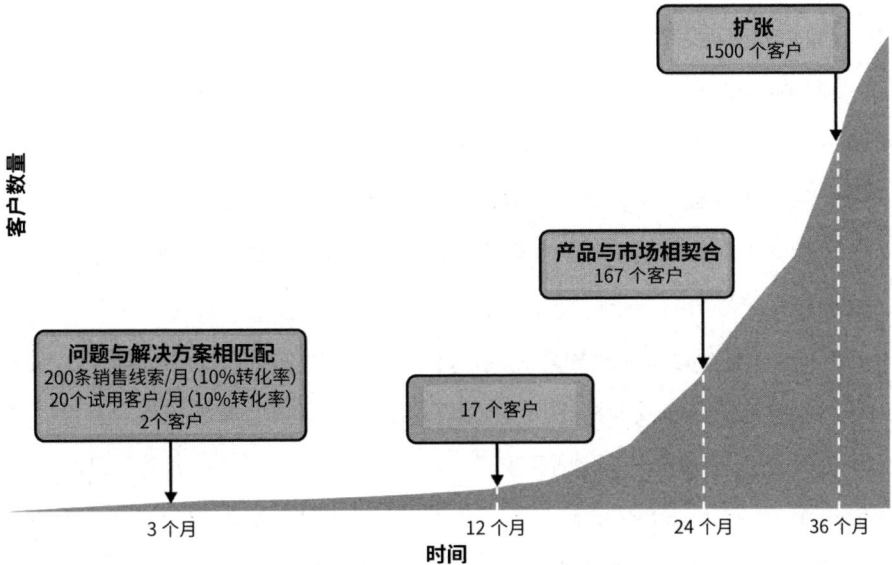

扩张
1500 个客户

产品与市场相契合
167 个客户

问题与解决方案相匹配
200条销售线索/月（10%转化率）
20个试用客户/月（10%转化率）
2个客户

17 个客户

客户数量

3 个月　　　　　　　　12 个月　　　　　24 个月　　　　36 个月

时间

图 4-6　史蒂夫的问题与解决方案相匹配的成功标准

他仔细思考了自己的选择。到第 3 个月时，他需要做到以下 3 点中的一点。

• 每月获得 2 个付费客户（四舍五入）。
• 每月获得 20 个试用用户。
• 每月收集 200 条销售线索。

因为倾向使用可以试用 30 天的订阅模式，史蒂夫决定使用试用指标作为他判断问题与解决方案是否相匹配的标准。这意味着他需要 20 家软件公司试用他的定价 500 美元 / 月的产品，试用期为 30 天，并在第一年每月都有 20 家软件公司试用他的产品，这样才能达到第一年的目标。

为了实现这一目标，他需要缩小最小化可行产品的工作范围。在了解了奥兹最小化可行产品模式后，他很乐观。史蒂夫相信，他可以更快地构建独特且有价值的东西。以众多软件公司正在使用的平台为基础，以插件的形式提供自己的解决方案，而不是自己构建一个完整的平台，这就是史蒂夫在第 1 阶段的"现在计划"。

和特斯拉一样，随后，史蒂夫会扩大他的独特价值主张，引导人们进入他开发的平台（第 2 阶段）。他的宏大的元宇宙愿景将在第 3 阶段逐渐展开。史蒂夫忽然发现自己又在做第 3 阶段的白日梦了，他迅速打住了。

他在电子邮件中概述了他的现在－后续－未来产品推出计划，并将它发给了玛丽。几个小时后，他收到了玛丽的短信。

玛丽："增长力路线图和现在－后续－未来产品推出计划做得不错。我建议你可以找几位顾问或者投资人朋友聊聊你的商业模式，听听他们的意见。"

史蒂夫："现在是不是太早了？"

玛丽："不，已经不算太早了。注意，我说的是听听他们的意见，而不是要你筹集资金。大多数早期阶段的创始人面临的挑战就是，如何清晰简洁地向他人传达自己的想法。围绕反馈意见构建你与顾问或者投资人之间的对话是一种很好的练习，它可以使你和对方建立良好关系。假以时日，多加练习，你也能进行成功的公司推介。"

史蒂夫："我上一次做的公司推介不太顺利。我们只是象征性地兜了一圈。有几次我险些发火，感觉完全是在浪费大家的时间。"

玛丽："不要自责。很多创始人一开始就很难让别人理解自己设定的愿景。现在，你的故事更加清晰了，要想进一步完善你的商业模式，最好的办法就是寻求他人的反馈。"

史蒂夫："那如何组织这些早期对话呢？你有什么建议吗？"

玛丽："有的。我给你发了一封电子邮件，它专门讲了如何清晰简洁地传达自己的想法。"

第5章　清晰简洁地阐述创业点子

创业公司失败的首要原因是他们制造的东西无人问津。产品失败的第二个原因是没有得到关键利益相关者的有力支持。

如果你在大型公司内部孵化你的创业点子，可能会被要求提交一份长达60页的商业计划书，内容包括5年的财务预测和18个月的产品路线图。事实上，对于全新的、创新性的想法来说，这些事情在初始阶段是无法知道的。因此，鲜有想法能顺利通过，得到领导的批准。

如果你有一家创业公司（或者你身处以创新为己任的创新团队中），起步阶段相对会容易一些。你可能会创建你的精益画布，确定最低成功标准，确定需要解决的问题和客户群体……但不久之后，当你需要获得额外的资源来开发产品、扩充团队时，你便会陷入困境。你需要推销自己的想法，让别人看到你的愿景，接纳你的世界观，参与你的使命之中，并让他们投入时间、金钱或精力。

我们已经看到，史蒂夫曾经尝试让他人看到自己的愿景，但是遭遇了挫折。他无法说服他人（投资人或者联合创始人）支持他的愿景，这就导致了典型的困局。即便你的创业项目不需要依靠外部力量，不需要寻求投资，但是你仍然需要额外资源，比如联合创始人、设备等，才能最终实现愿景。

进行推介是所有企业家需要学习的一项关键技能。推介的目的不仅仅是获得投资，而是要通过推介来获得客户、联合创始人和顾问的支持。在本章中，你将学习如何清晰简洁地与他人交流你的想法，以获得反馈和认同（图 5-1）。

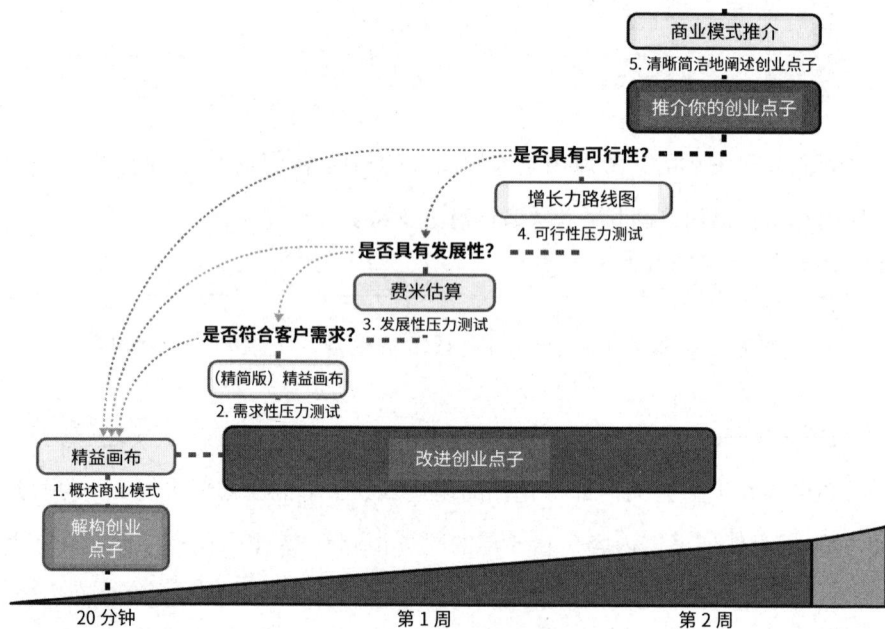

图 5-1 商业模式的推介

你会如何进行电梯演讲

所谓"电梯演讲"，是指如果你与潜在的投资人或者客户同在电梯中，你会如何在短短的 30 秒钟内将你的想法高度概括并将其推介给他们。通常，大部分创业者会优先准备电梯演讲的内容，这也是我们将要首先讲解的。但是，大多数电梯演讲存在的问题是，它们听起来是这个样子的：

> 我们创建了一个区块链驱动的物流引擎，它应用了机器学习和
> 人工智能技术，能帮助托运商将收入最大化。

通常，电梯演讲充斥着各种流行语，让人对公司到底从事何种业务摸不着头脑。电梯演讲的另外一个极端是这样的：

> 我们制造光剑；
>
> 我们训练绝地武士；
>
> 我们帮助绝地武士对抗邪恶的银河帝国。

这类电梯演讲虽然不会让你想说的重点被热门的流行语所淹没，但是也无法达到预期效果。这是为什么呢？因为他们假设的内容太多，且往往过于关注解决方案。许多创业者所犯的错误是想尽办法在 30 秒中解释清楚他们的解决方案。这并非电梯演讲的初衷。电梯演讲的目的是引起兴趣——如果能成功做到这一点，就能促使对方提出更多问题（而不是找借口离开）。

引起兴趣的方式并不是以解决方案为主题，而是用好你的需求性故事（见第 2 章），以此表明你的产品为何存在。

下面，我会分享一个模板，向你介绍如何基于需求性故事创建电梯演讲。

概述你的电梯演讲

使用下面的模板，将你的电梯演讲概括为以你的客户为核心的故事。

> 当 [客户] 遇到 [触发事件] 时，
>
> 他们需要完成 [待办任务]，以实现 [期望结果]。
>
> 他们通常会使用 [现有解决方案]。
>
> 但由于 [转换触发因素]，此前使用的 [现有解决方案] 由于 [某

些问题]而不再有效。如果这些问题没有得到解决，那么会产生[利害攸关的问题]。

因此，我们构建了解决方案，帮助[客户]通过[独特价值主张]，实现[期望结果]。

下面是我的一个产品的电梯演讲示例。

当**创业者**有绝妙的点子时，

他们往往**需要筹集资金**，才能开始实现自己的想法。

他们通常会**写一份40页的商业计划书**。

但由于**最近世界各地的创业公司数量激增（全球创业浪潮复兴）**，现在已经没人去读商业计划书了。我们所处的时代，**有太多的想法在争夺大家的注意力**。今天的投资人**不会因为一份商业计划书而选择投资，甚至不会阅读商业计划书，他们寻找的是有增长力的创业公司**。如果一个初创公司不能抓住投资人的注意力，他们就无法获得必要的资源来实现他们的创业点子，最终只能失败。

因此，我们创建了解决方案来帮助**创业者在20分钟内清晰简洁地传达他们的想法，并获得关键利益相关者的认同**，这样他们就可以把更多的时间用于构建业务而不是规划业务。

请注意，在这个演讲中，我没有提及产品的名字——精益画布。

当电梯演讲被成功传达时，它会为接下来占用时间更长的推介打下基础。你接下来要说什么主要取决于听众的世界观。

世界观不同，对创业点子的看法不同

赛斯·高汀的《销售就是讲故事》（*All Marketers Tell Stories*）是一本极具开创性的著作，他将世界观定义为人们在某种情况下遵循的规则、抱有的价值观、信仰和偏见。好的销售人员不会去改变客户的世界观，而是要根据他们已经存在的世界观来构建自己的故事。

对于创业也是如此：所有的创业者都在讲述商业模式故事，而好的推销不是把你的解决方案强加给别人，而是根据你的受众先前存在的世界观来构建你的商业模式故事或产品故事。在这种情况下，你的受众包括投资人、客户和顾问。

准备有效的推介演讲的第一步是了解不同受众的世界观。

投资人的世界观

投资人并不关心你的解决方案，他们真正关心的是你的商业模式故事中是否承诺在规定的时间内给他们带来投资回报。拥有大量资金想要寻找投资机会的投资人通常会有许多现成的选项（其他的创业公司、股票市场等）。那么他们为什么要选择你的商业模式呢？

以下是他们真正想要知道的。

- 你的产品的市场有多大？他们并不关心你的客户是谁，他们关心的是到底能有多少客户，即市场的总体规模。
- 你将如何盈利？他们想了解你的成本结构和收入来源，特别是你何时能够盈利，即你的盈利能力和增长潜力。
- 你要如何赢得竞争？他们想要了解你会如何抵御模仿者和竞争者，因为如果你获得成功，模仿者和竞争者将不可避免地进入市场，你有何种不公平优势做出抵御。

但是正如我们在此前讨论的，最能引起投资人注意的因素是增长力。如果你向投资人展示产品的曲棍球杆曲线，这会引发身体上的条件反射，投资人会习惯性地让你坐下来，试图了解你的商业模式故事的其余部分。

当你向具有投资人世界观的人推介时，你需要关注精益画布上的这些部分（图 5-2）。

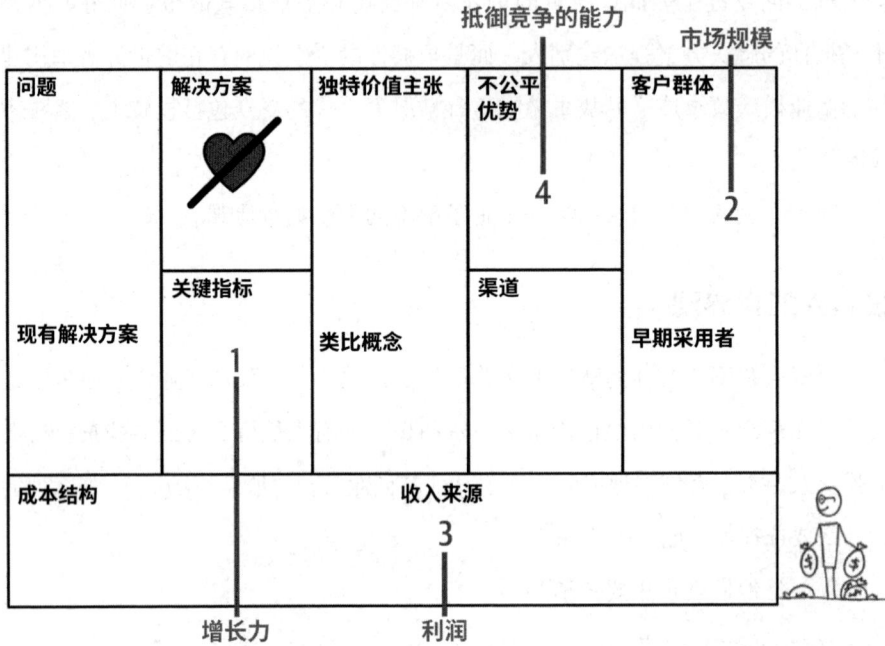

图 5-2 投资人的世界观

这时你的产品还没有获取实际的增长力，所以带有现在－后续－未来产品推出计划的增长力路线图不仅可以帮助你定义和衡量商业模式故事，而且是你向投资人讲述故事的最佳途径。

客户的世界观

客户与投资人一样，他们也不会关心你的解决方案；正如我们所见，他们感兴趣的是那些让他们无法达到期望结果或者无法完成任务的问题（或障碍）。当客户想要完成一项特定任务时，通常会面对许多现有解决方案。那么他们为什么要选择你的产品呢？

正如我们在第 3 章中讨论的，吸引顾客的注意力是你的第一场战斗。赢得这场战斗的关键是你的独特价值主张。如果你的独特价值主张正是客户的需求，那么你就有机会向客户进一步介绍你的解决方案，且一般是以演示的方式进行。

这种演示通常是一场精心编排的叙事，可以帮助客户看到你的解决方案是如何帮助他们从 A 点（受问题所困）到达 B 点（问题被你的解决方案解决）的。如果你的演示能够说服客户，唯一需要解决的就是你提供解决方案的回报，也就是精益画布中"收入来源"一栏中你填入的收入数字。如果商业模式为直接模式，可能是用产品直接换取金钱，但在多边模式中，你获得的可能是一种货币等价物（如注意力），然后通过（广告商）二次交易转换为货币。

图 5-3 表明了在我们准备向客户进行推介时，我们应该关注精益画布的哪些部分。

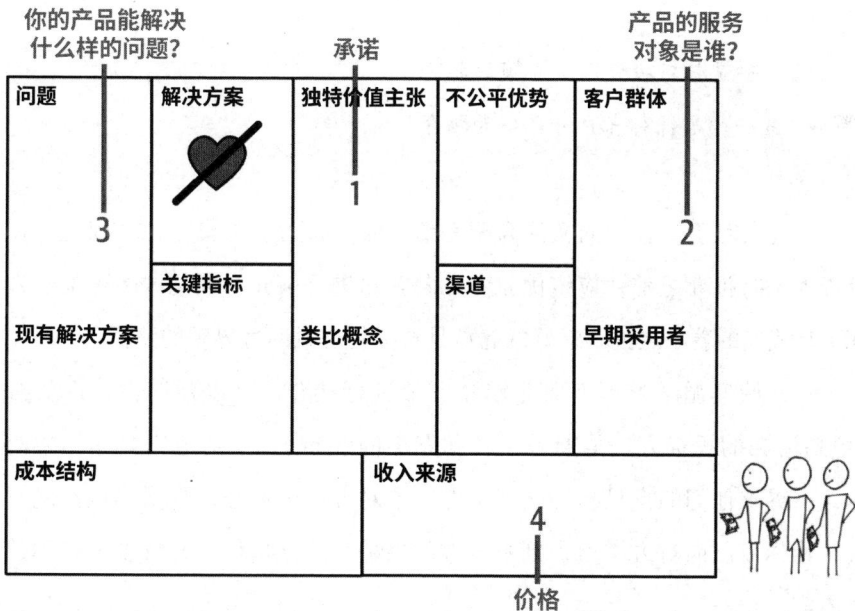

图 5-3　客户的世界观

顾问的世界观

我们都需要旁人的指导，指出我们犯的愚蠢错误，让我们负起责任来。而这位"旁人"就是顾问。

顾问在与你对话时，也会受自己独特世界观的影响，但与投资人和客户的世界观不同，他们的世界观源自他们独特的阅历和个人兴趣。所以我们在选择顾问时尽量选择那些与我们具有互补性的顾问，并且尽可能地与他们开诚布公地交流。

如果你面对顾问时，只报喜不报忧，那么你可能会得到对方的赞赏，但是你错过了难得的学习机会。与顾问进行有效沟通需要遵循的是学习框架，而非推介框架。

那么我们应该从何处开始来准备推介演讲呢？你最终需要准备的是两种类型的推介。

- 一种是针对投资人世界观的推介；
- 另一种是针对客户世界观的推介。

投资人对于增长力的关注高于一切，而增长力又来自客户，因此，在向投资人进行推介之前，应该优先考虑向客户进行推介。但是这两种推介方式都不是我们的着手之处。最好的起点是选择符合顾问世界观的路径。

一开始遵循学习框架而非推介框架进行推介，可以帮助你接近所有人（包括潜在的投资人、早期采用者和真正的顾问），并与他们分享你的商业模式，寻求他们的意见。学习框架可以让对方放下戒心，降低你被拒绝的风险，让你可以向对方学习，判断对方的兴趣，建立信任，并反复改进你的推介内容。

进行商业模式推介

和任何技能一样，推介的水平也会在实践中不断提高。在本部分中我会分享一些可供参考的准则，帮助你学会使用学习框架而非推介框架进行最初的商业模式故事推介。

- **选择你的目标**

  锁定符合"顾问"这一宽泛定义的所有人。这些人可以是潜在的联合创始人、同行企业家、友好的领域专家、潜在的早期投资人以及创业教练 / 导师。注意，我没有把客户放在这个名单中。客户并不关心你的整个商业模式；他们只关心与他们有关的部分。我将在第 10 章单独提供向客户推介的脚本。

- **安排足够的时间**

  请求对方安排 30 分钟的时间让你完成推介，并请对方给予反馈。

- **使用幻灯片和宣传材料相结合的方式**

  你的精益画布和增长力路线图就是完美的宣传材料，它们可以避免你在带领听众阅览 10 页的幻灯片时被打断。后面我将为大家提供幻灯片模板。

- **遵循二八定律**

  用 20% 的时间（约 5 分钟）进行推介，剩下的时间则用来征求反馈意见。用大约 5 分钟的时间向听众介绍你的商业模式。推介的目的不是让对方深入了解你的商业模式，而是清晰简洁地描述自己的商业模式。

  概述结束之后，你要征求听众的反馈意见，并认真倾听。看看听众是否理解了你的商业模式。如果他们对某一点感到困惑，并要求你澄清，要迅速解决他们的问题，并做好笔记，以改进推介中的相关内容。

- **警惕"顾问矛盾"**

  向 10 个人征求意见，你可能会得到 10 个截然不同且相互冲突的答案。我总能在企业加速器中看到这种情况。你的任务并不是采纳所有建议，而是将其内化、整合，然后再应用。

  ─── **敲黑板** ───────────────────────

  只要有机会，任何人都能成为一个批评家。
  ───────────────────────────────────

  如果有人为你提供了特别规范的解决方案，尝试了解该方案背后的理念。这一方案是基于大胆假设或传闻，还是深度学习之后的结果？

- **招募优秀顾问**

  一个好的教练 / 导师应该专注于提出正确的问题，而不是提供正确的解决方案。如果你找到了这样的顾问，尽量留住他们。创业这段旅程，最好有人同行。

10 张幻灯片搞定商业模式推介

我在这里提供的幻灯片模板的内容顺序与对商业模式进行压力测试时使用的顺序相同。你要按照这个顺序，重点介绍创业点子的需求性、发展性和可行性。下面将解释每张幻灯片上应有的内容。

需求性

开场幻灯片应包含以下主题。

- **幻灯片 1：为什么是现在（转换触发因素）**

  世界发生了怎样的变化，使现在成为实现你想法的最佳时机？通常，这种变化是众所周知的宏观转变或全球趋势，比如气候变化、互联网的发明，或是一场席卷全球的、扰乱并可能打破原有工作方式的流行病。

- **幻灯片 2：存在何种利害攸关的问题（市场机会）**

  如果依旧使用原有解决方案（什么都不做），会有怎样的结果？描绘市场机会时，可从两方面进行描述，即痛点（危机 / 损失）和收益（愿望 / 胜利）。

- **幻灯片 3：要打破什么（要解决什么现有问题）**

  介绍现有解决方案，并概述为什么它们无法应对触发事件。在这张幻灯片中，你需要指出现有解决方案作为可行解决方案的弊病。

- **幻灯片 4：如何解决问题（你的解决方案）**

  介绍你的创新想法，并描述你如何以不同的方式解决这个问题（你的解决方案），并帮助你的客户实现他们的预期结果（你的独特价值主张）。

发展性

接下来的一组幻灯片应提供以下信息。

- **幻灯片 5：你的护城河是什么（不公平优势）**

  投资人了解了你的解决方案的来龙去脉并理解你的独特价值主张之后，他们会想知道你如何抵御模仿者和竞争者。你需要在这张幻灯片中介绍以下内容。

  - 如果你已经具有不公平优势，请说明。
  - 如果你正在努力形成你的不公平优势，请讲出你的不公平优势的故事。
  - 如果你没有不公平优势，请坦白说明，并表明自己正在寻找。

- **幻灯片 6：你如何盈利（收入来源）**

  接下来，解释你的商业模式是如何运作的。（如果你的商业模式中有多个角色）你需要描述你的客户是谁，并说明如何获取可以变现的价值（收入来源）。

- **幻灯片 7：你的关键里程碑是什么（关键指标）**

  展示你如何获得增长力。使用增长力路线图表明 3 年内的最低成功标准，并突出在实现目标过程中的关键里程碑。

可行性

在最后一组幻灯片中你要讨论的主题包括以下内容。

- **幻灯片 8：目前的进展如何（产品推出计划）**

  在你的增长力路线图上标出你目前的进展，并介绍你的现在 – 后续 – 未来产品推出计划。比如，如果你刚刚起步，你应该标出自己处于增长力路线图的起跑线上。

- **幻灯片 9：你将如何实现目标（团队）**

  这张幻灯片是你分享创业初心的好地方。如果你已经组建了团队，也是你介绍创始团队的好时机。如果你还没有团队，请说明创始团队需要哪些关键技能来推出你的产品。

- **幻灯片 10：呼吁行动（请求）**

  这张幻灯片的内容主要取决于你推介的对象和你的目标。如果你在寻求建议，那就表明你希望大家给予建议。如果你寻求对方的认同，那就直白地表明你接下来需要哪些支持。

史蒂夫分享自己的商业模式推介

"简直是天壤之别。"史蒂夫告诉玛丽他这一轮商业模式故事推介的情况。

"去年我曾经联系过几个人，希望他们能加入我的创业公司或者给我投资，这次我联系的还是他们。我按照你的建议，使用学习而非推介的框架来展开对话。同时，我还在电子邮件中加入了我大致准备的电梯演讲。"

"然后呢？"玛丽问道。

　　"我迅速得到了每个人的反馈，并且所有人都与我进行了对话。与上次一脸茫然的表情不同，这次推介的过程中，大家频频点头。我认为是两件事情让情况发生转变。首先，是我提前给他们发送了我电梯演讲的内容。上次我推介的是技术平台，我想我的推介对象费劲脑筋也没有搞清楚它的服务对象是谁。在推介之前，他们花了很长时间思考平台的客户群体和可能的用例。这次，在参会之前，他们已经清楚了背景，希望深入了解我的产品。"

　　"真是个好消息。第二件事是什么？"玛丽问道。

　　"第二件事是将增长力路线图和现在 – 后续 – 未来产品推出计划结合使用。上一次，我推销自己的宏大愿景（我的第 3 阶段目标）时，没有明确的路线图来说明我将如何实现。那时，对方无法将计划的各个部分串联起来。坦白地说，我自己都没有对自己的计划有如此清晰的认识，多亏了你的方法！"史蒂夫笑着说。

　　"真棒！那谈话结束后有什么结果？"

　　"结果真的令人欣喜。与我交流的人之中，有两位是天使投资人，他们去年都拒绝给我投资，只是说在项目更进一步时联系他们。但是这次，他们都答应，只要我达到了问题与解决方案相匹配的成功标准，他们就会提供资金。"

　　"真的是令人振奋的消息！不过史蒂夫，我其实并不惊讶。天使投资人喜欢分阶段进行投资，而增长力路线图是量化这些阶段的最佳工具。我们可以讨论一下，看看如何将商业模式故事推介变为投资人推介。"

　　"好的。还有一件事，咱们此前的同事莉萨和乔希都愿意加入我的团队，成为联合创始人。"

　　"那真是太好了！我听说乔希在咱们此前的公司被收购后休息了一段时间，莉萨在一家大型公司担任了高级营销主管。"

　　"没错。去年我试图招募他们作为联合创始人，但是他们对我的公司不感兴趣。这一次，我想我做到了。你知道，乔希是出色的用户体验设计师，他在公司会议上已经提出了自己的一些想法，我都等不及要把这些想法付诸实施了。莉萨在销售和营销方面很有天赋。他们擅长的这两个领域都是我的致命弱点。他们说，初期先以兼职的形式加入，之后在适当的时候跳槽，全职做。"

"这真的是了不起的进步。莉萨和乔希有可能加入你的创始团队真的让我兴奋。他们都很出色，能够完美地填补公司的技能短板。现在也是你从商业模式设计转向商业模式验证的完美时机。"

"我也非常兴奋。虽然我已经习惯了单枪匹马的工作，但是我已经等不及要加速推进这项事业了。我们已经开始讨论所有需要关注的领域，而有了3个团队成员，我们可以分工合作，完成更多的工作。"

"理论上讲，确实是这样。但是现实是，作为团队合作，聚焦少数问题远胜过各自为战、关注很多问题。"

听了玛丽的话，史蒂夫的脸上露出困惑的神情。"我不太明白你的意思。"

"特别是在早期的创业公司中，分头行动的方法会使本来就资源紧张的团队更加缺少战斗力。"玛丽解释道，"与其各自为战，关注3个不同问题，不如形成合力，优先考虑最为关键的问题，拿出解决方案，这样做会更有效。"

"有道理。但是，在创业公司中需要解决的问题成百上千。我们如何确定哪个是最为关键的问题呢？"史蒂夫问道。

"你需要具备系统性思维。"玛丽解释说，"你的商业模式是一个系统。在任何系统中，总会存在一个瓶颈或者最为薄弱的环节，阻碍着整个系统的产量。试图优化所有的步骤纯粹是浪费资源，因为系统产量的提升总是被最慢的步骤所拖累。如果你想迅速提升产量，就需要处理最慢的步骤，然后再寻找第二慢的步骤。"

"这不就是戈尔德拉特的约束理论吗？"史蒂夫问道。

"没错。这个理论也同样适用于客户工厂。在任何时间节点，你的目标都是提升客户工厂的产量（或者增长力）。你的工作是找到客户工厂中的制约性步骤或者瓶颈，并解决相关问题。虽然用各种指标来发现瓶颈通常比较容易，但是想要突破瓶颈并不容易。这时你需要发掘团队的潜能。当然，其他事情你同样需要处理，但是无论什么时候，都要努力将八成的资源用来消除瓶颈。"

"如果我没记错的话，从系统理论来看，这些瓶颈会随着时间的推移而变化，对吧？"史蒂夫问道。

玛丽笑了，说道："是的，完全不可预测。一旦有足够多的人注册使用了你的产品，如果没有指标，也没有做深入分析，你就不可能预测出新的瓶颈会在哪里出现。想象一下，如果没有任何数据支持，你就不知道如何在工厂里找到最慢的一环。"

"当然，我就知道你会这么说。我们应该多久重新评估一次，来确定公司的瓶颈呢？"

"每个系统都会出现延迟，所以你最好按周监测公司的指标。但是在做出任何有关商业模式的重大决定之前，一定要给你的客户工厂留出足够的时间。持续创新框架建议做出这样的重大决定应该以 90 天为周期。90 天的时间比较充足，可以实现增长力这一重要目标。同时，时间也不算太长，可以在过程中修正方向。"

"这个项目我已经进行了 18 个月，感觉真的是一眨眼的功夫。我想 3 个月的时间会过得很快。"

"确实，尤其是当你需要把每个 90 天周期进一步分解成 6 个为期 2 周的冲刺（sprint）阶段。"

"冲刺阶段？是来自敏捷（Scrum/Agile）软件开发项目管理中的概念么？"史蒂夫问道。

"差不多，更准确的说是来自敏捷 ++（Agile++）软件开发项目管理。"玛丽回答道，"记住，在持续创新框架中，商业模式就是产品。因此，每个冲刺阶段不是以产品的构建速度作为衡量标准的，而是以增长力的提升速度作为标准。"

"有意思，你知道我接下来要问什么，对吧？"

玛丽微笑着说："是的，我知道。今天晚些时候我会给你发电子邮件，告诉你如何开展 90 天周期活动的所有细节。"

"谢谢你，玛丽！"

第二部分

验　证

02

在设计好商业模式后，你将进入商业模式验证阶段。本部分将阐述将持续创新框架付诸实践的各个步骤，展示如何验证是否已经实现了增长力路线图上第一个重要的里程碑：问题与解决方案相匹配。

那是 2012 年 1 月一个寒冷的清晨，我们推出精益画布这一在线工具已经有 4 个月了。我手捧咖啡，检查着我们每周的产品指标，这是我周一早上的一贯做法。

这一次，我又发现了问题。

连续 4 周，一个趋势始终令我不安——激活率在不断下降。

我们对于激活率的定义是用户填好他们第一次的精益画布。这是一个重要的里程碑式指标，因为它是表示客户是否持续参与的先行指标。那些在第一周完成自己的精益画布的用户通常都会再次访问产品页面，探索产品的其他功能。而那些没有完成自己精益画布的用户则不会再次光顾。

当天，我发现激活率在 35% 以下，低于刚推出时的峰值——80%。这意味着每 100 个注册的人中，有 65 人不会再次访问我们的网站。

更令人担忧的是，这个问题已经存在数周了，但我们还是毫无反应。过去 4 周，我要求设计师针对导致激活率下降的主要步骤，改进网站设计，使网站更易使用。

但是这些改善收效甚微，且事情还在不断恶化。似乎在取得某项成果或者达到某个数据峰值之后，无论我们做什么，都再也无法取得突破了（图 II-1）。

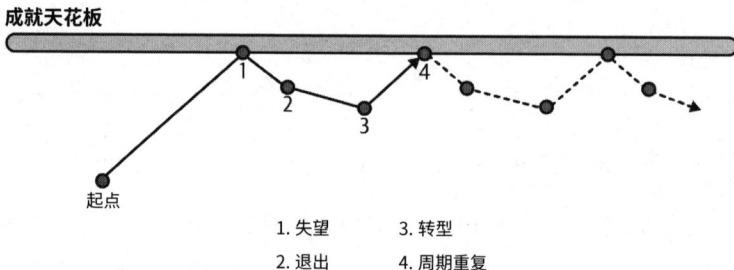

图 II-1　实验的典型生命周期

这种感觉就像电影《土拨鼠之日》中的一个场景，由比尔·默里饰演的主人公被迫重复同一天的生活，直到他在自我认识方面取得重大突破才结束了重复的生活。

团队的其他成员在忙于开发产品的其他方面。我们决定各自专注于一个特定领域。

- 我的主要工作是通过内容建设和开展研讨会推动新用户的注册。
- 其他开发人员开发新工具来补充精益画布的内容。
- 为了支持上述两项工作，设计师有很多事情要做。

我意识到，这种各自为战的方法是行不通的。这种方法让我们忙碌不已，分散了我们的精力，我们无法集中所有精力去做正确的事情——解决激活率下降的问题。

是时候采取一种完全不同的方法了。

专注最薄弱的环节

我召开了一次团队会议，向整个团队解释了为什么我们要集中精力关注激活率：激活率是商业模式中的瓶颈（主要制约因素）（图 II-2）。我们把过多的注意力集中在其他领域实属无效努力，这是因为：

- 即便我们设法让更多的用户进行注册，最终我们还是会在第一周之后失去 65% 的用户；
- 即便我们创建了更多的工具，65% 的用户根本就不会去使用它们。

图 II-2　处理最薄弱的环节是唯一重要的事情

基于上述原因，我们需要首先解决激活率的问题。

团队认为我的观点很有道理，但也询问了我如何确定其他举措的优先次序。我们不能在其他事情上掉以轻心，所以我们一致同意实施一项新政策：把 80% 的注意力放在主要瓶颈上，20% 放在其他工作上。

避免"专业化的诅咒"

随后，我们讨论的内容转向了可能的解决方案，而讨论的结果令人惊讶。

- 开发人员开始提议构建解决方案。
- 设计师开始提出更多的设计方案。
- 团队中的营销人员想要加大营销力度。

这些就是"专业化的诅咒"，是我们的老对手——"创新者的偏见"——的变形。

───── **敲黑板** ────────────────────────────

当你善于使用锤子时，一切看起来都像钉子。

──────────────────────────────────────

我们始终没有取得实质性进展，所以我叫停了会议，并建议我们不要进行集体头脑风暴，而是分头思考几天，各自准备打破这种制约的提案。

找出问题

在大家分头思考之前，我强调说，我们是一个小团队，每次只能关注一到两个提案。我建议到时通过投票选出最具希望的提案。

提案被选中的条件是，它必须通过解决方案的可行性测试；更重要的是，对于解决方案可以解决的问题来说，提案必须提供强有力的实证案例。

我们同意在周末的时候再次碰头。

生成各种潜在解决方案

目前为止，对于激活率下降这个问题，只有我一个人在提出可能的解决方案，但显而易见，这些解决方案没有发挥作用。我知道我们需要扩大思考的广度，这是我召开会议的缘由。但是集体头脑风暴没有解决问题。集体头脑风暴很快就沦为群体思维，或者受到 HiPPO（highest paid person's opinion，薪酬最高人士的意见）的挟制。

―――― **敲黑板** ――――――――――――――――――――――――

HiPPO 是指薪酬最高人士的意见，这些意见往往影响团队中其他人的观点，从而使高薪员工的意见决定了最后的决策倾向。

――――――――――――――――――――――――――――――――

我就是团队里薪酬最高的人，虽然我确实有自己的想法，但是我还是决定不说出来，而是像其他人一样把自己的想法付诸表决。

将"专业化的诅咒"转化为优势的方法是通过采用"集中－分散"的方式来促进思想的多样性（图 II-3）。如果使用这种方法，会议的作用就是形成一致的意见并做出决策，而不是集体自由讨论或者头脑风暴。

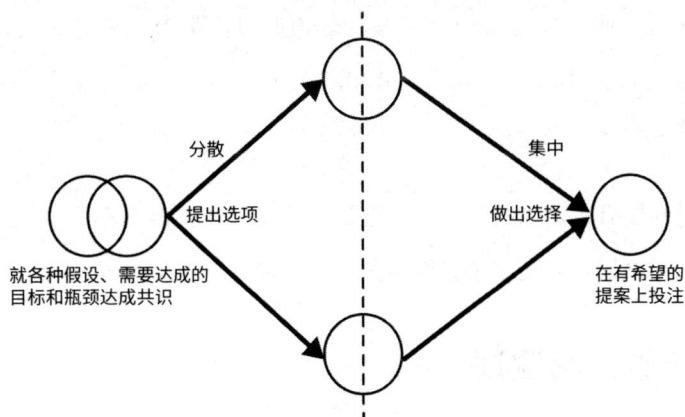

分散

提出选项

就各种假设、需要达成的
目标和瓶颈达成共识

集中

做出选择

在有希望的
提案上投注

图 II-3　集中－分散法

于是，大家分头进行研究，并草拟出一些可能的提案。

在最具希望的提案上投注

周末的时候，我们再次碰头，这时团队已经产生了十几个提案。

以往大家都会极力推介自己的解决方案，但是这次不同，在推介之前，每个推介者都要先为他们发现的问题提供有力证据，然后说明为何自己的解决方案能够解决问题。

评审过程迅速、高效且最终意见统一：我们选择了由设计师提交的"空白画布提案"。

过去几天里设计师对新用户进行了快速的可用性测试，在仅仅 7 次测试之后，他注意到几乎每个人在填写精益画布中的各栏时都会犹豫。他们中的大多数人都会询问是否有指南或者精益画布范例可以参考。

当然，他的解决方案还需要更多的测试，但这已经是至关重要的见解了，能让我们推测出以下理论。

> 在产品推出后，我们的激活率立即提高了很多，这是因为当时的用户都是早期采用者。他们已经通过博客、研讨会或图书（《精益创业实战》）熟悉了什么是精益画布。他们无需额外的帮助就能填写精益画布。但是随着时间的推移，我们的用户群体在不断扩大，而这部分新用户并没有这方面的知识。他们盯着空白的画布，完全不知道该如何下手。

一旦对问题有了清晰的认识后，解决方案就变得清晰简单了：我们需要一种方法来引导新用户使用指南，帮助他们完成第一张精益画布。

测试、测试、再测试

选择了提案后，我们又讨论了如何以最快的方式进行测试。例如，我们是否应该使用工具提示条，允许客户下载本书中的节选，或者使用教学视频。

最终，我们决定使用我在研讨会上用过的幻灯片和会议内容制作一个帮助视频，指导新用户完成他们的第一张精益画布。

我们设定了为期两周的时限，然后开始工作。

几天之后，我们就制作好了视频，我们把它设置为只推送给部分新用户，这意味着只有一半的注册用户看到了帮助视频，另一半没有。通过这样的拆分对比测试，我们可以衡量解决方案的有效性。

决定下一步行动

两周结束时，我们聚在一起复盘结果。

我们的激活率有了显著的提升，同时，看过视频的新用户的参与度也有所提高。

测试证明我们的方法行之有效，初步的结果也表明我们应该加大这项措施的力度。

接下来，我们决定将其拓展成为期 90 天的活动，并向所有用户推送帮助视频。我们继续跟踪相关指标，来验证扩大测试范围之后的结果。

进一步测试证明，帮助视频确实有效：我们的用户甚至会分享和引用视频链接，使得视频在短时间内增加了数十万的浏览量。这一结果验证了帮助视频的有效性。最终，我们加大了投入，制作了更多的视频，甚至开发了一些完整的课程。

持续创新框架便开始逐渐成型了。

本书的第二部分将阐述以 90 天为周期，将持续创新框架付诸实践的实际步骤，同时也将展示如何验证自己已经实现了增长力路线图上第一个重要的里程碑：问题与解决方案相匹配。本部分的各章内容将教你如何做到以下几点：

- 利用 90 天周期法验证创业点子（第 6 章）；

- 启动第一个 90 天周期（第 7 章）;
- 比客户更了解他们自己（第 8 章）;
- 设计能引发转换的解决方案（第 9 章）;
- 提出客户无法拒绝的"黑手党提案"（第 10 章）;
- 90 天周期复盘（第 11 章）。

第 6 章　利用 90 天周期法验证创业点子

虽然将你的商业想法解构为一个商业模式，有助于为其成功打下坚实的基础，但是重要的是，要认识到无论你的商业模式故事和推介多么精彩夺目，它们依然是建立在一系列未经测试的假设之上。

通过验证商业模式是否可行，你才能把你设计的商业模式（A 计划）变成一个可行的商业模式。

很多人会习惯性地采取各个击破的方式来验证商业模式，因为这样我们可以根据团队中每个成员的长处来划分团队的工作重点。但是正如本书第二部分中的例子所示，专注于诸多不同的优先事项会使得资源过于分散，因此并不是理想的验证方法。发挥团队全部潜力的最佳方式是，让他们一起关注特定时间节点以及你的商业模式中风险最高的部分（主要瓶颈或最薄弱的环节）。

如何正确识别风险最高的部分？太多的创业者在列出最具风险的假设时，只是依靠他们的直觉或者寻求其他专家的建议，但是这种方法非常主观，很容易受到各种偏见（包括你自己、你的团队以及顾问的偏见）的影响。

───── **敲黑板** ─────────────────────────

无法正确排列风险的优先次序是造成资源浪费的重要因素之一。

──

那么，是否有更好的方法呢？答案是肯定的。我们需要使用一种系统性的方法。具体来说，就是应用瓶颈理论[①]。瓶颈理论是一种以"瓶颈"驱动的系统优化方法，由艾利·高德拉特在其开创性著作《目标》中首次提出。

瓶颈理论的基本前提是，在任何时候，一个系统总是受到单一环节或者最薄弱环节的限制。想象一下，你的任务是提高一个工厂的产量。你可以询问生产线上的工人或经理，征求他们的意见，但这样做的结果很可能是得到了一个问题清单和一个可能的解决方案清单。但是，你又该研究哪个问题或者哪个解决方案呢？

解决办法是，首先将工厂的生产过程分解为一系列步骤。你的目标是确定生产线上最慢的机器。最慢的机器代表了当前系统中的主要瓶颈。系统中总会存在一个瓶颈，它也是你风险最高的假设所在。试图改善其他步骤都不会提升工厂的产量，因为真正制约产量的因素是那台最慢的机器。在其他步骤上下功夫就会掉入过早优化陷阱。

发现主要瓶颈后，我们总是想要通过获取更多的资源来解决问题。例如，雇用更多的工人或者购买更多的机器。虽然这些解决方法肯定能够破除瓶颈，但是它们也会造成不必要的浪费。假如你可以通过培训来提高现有工人的技能，或者通过维修最慢的机器来破除瓶颈，结果会怎么样呢？

▌ **思维模式 6**

瓶颈也是一份馈赠。

──

从系统的角度来看，瓶颈就是一份馈赠，是实践"在正确的时间采取正确的行动"的关键。

───────────────

① 瓶颈理论的英文为 Theory of Constraints，缩写为 TOC，也译为"制约理论"。——译者注

- 将系统分解为一系列步骤，有助于你识别主要瓶颈。
- 正确地识别主要瓶颈可以促使你关注正确的问题。
- 找到主要瓶颈背后的根本原因，就能找到破除瓶颈、提高系统产量的可能途径。

　　同样，这种以瓶颈为驱动的方法可以用来发现商业模式中风险最高的假设。

　　更进一步，一旦我们成功地破除了一个系统中的主要瓶颈，瓶颈就会发生变化，转移到系统的另一部分中（这种转移往往是不可预测的）。如果我们没有保持足够的警惕，注意不到这种转变，就容易落入过度优化陷阱，从而导致优化的回报递减。

　　你的商业模式会随着时间的推移而改变，这无法避免。与此同时，商业模式中风险最高的部分也在不断变化。系统地优化和发展商业模式需要有固定的节奏，应定期且持续地与你的团队重新思考公司商业模式的目标、假设和瓶颈。

> **思维模式 7**
>
> 让自己对外部负责。

　　你需要使用 90 天周期法。

90 天周期

　　以 90 天为周期开展工作，是你自己、你的团队和你的商业模式（产品）正确的工作节奏和运作节奏。90 天的周期足够长，可以完成重要的工作，取得显著进展（实现增长力）；同时它也足够短，能够带来紧迫感。

　　以 90 天为一个周期意味着可以将实现最低成功标准的 3 年旅程大致分成 12 个周期（图 6-1）。每个 90 天周期都有一个增长力目标，作为你的目标和关键成果（objectives and key results，OKR），而每个周期的增长力目标从你的增长力路线图而来。现在你有了明确的阶段目标，之前也确立了自己的商业模式和各种指标，团队就会围绕一个共同使命，保持开放的态度，探索实现目标的多种方式，而这些方式可能由一个或多个活动来实现。

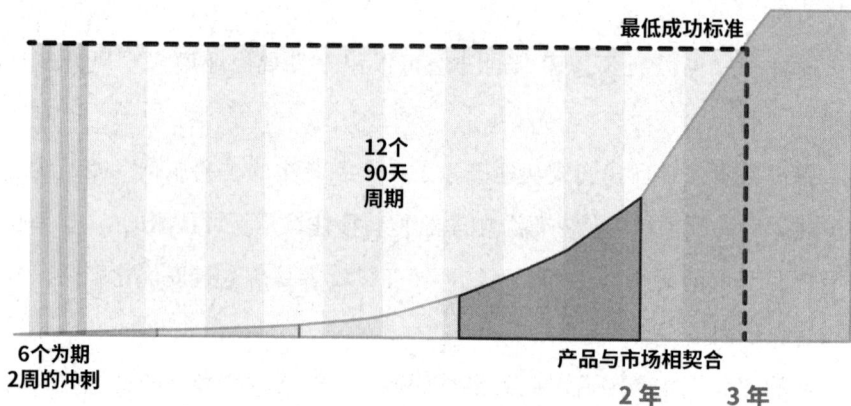

图 6-1　目标、周期和冲刺

活动（campaign）是指，针对如何在 90 天内实现或接近 90 天周期目标和关键成果（增长力目标）而提出的提案。

单独一个活动可能不足以让你达到目标，所以我们经常需要在 90 天周期内平行地开展多个活动或者连续开展多个活动。每个活动又进一步细分为一系列为期两周的冲刺。冲刺阶段不仅可以让我们的工作更有条理，而且还会为我们提供更迅速的反馈，促使我们使用小而快速的实验来迭代式地测试活动是否有效。简而言之：

- 目标定义了任务；
- 活动定义了实现目标的策略；
- 用冲刺来测试策略。

典型的 90 天周期

一个典型的 90 天周期分为 3 个阶段：构建商业模式、确定优先次序和测试（图 6-2）。90 天周期的前 2 周是用来构建商业模式和确定优先次序的。在这个阶段，要让团队围绕同一个 90 天周期的目标和关键成果进行调整，并列出最具希望的提案。90 天周期中的其余 10 周是测试活动的时间。

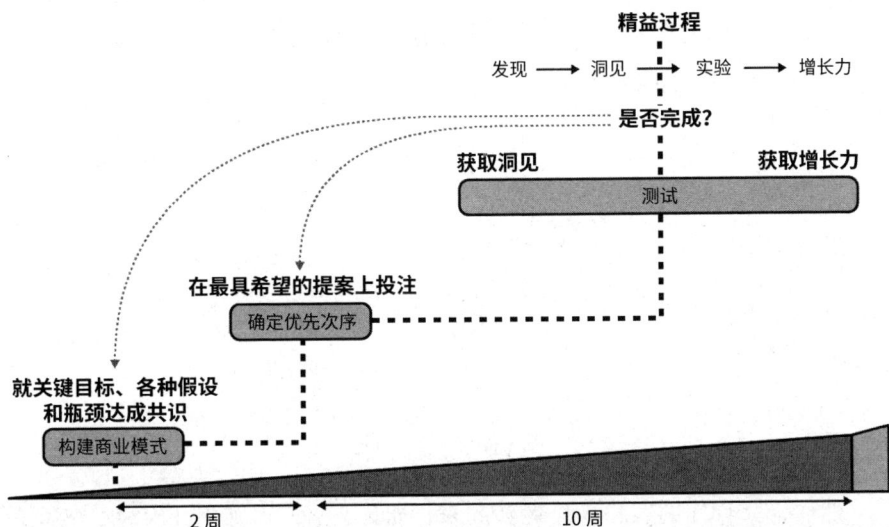

图 6-2 典型的 90 天周期

90 天周期以复盘整个 90 天周期结束。复盘时你需要回顾整个周期的过程，总结工作和学习收获，并规划下一步的工作，这也是下一个 90 天周期的起点。

下面，让我们详细地了解一下这 3 个阶段。

构建商业模式

在构建商业模式阶段，你要让团队成员就关键目标、各项假设和瓶颈达成共识。每个周期开始的时候，要召开一个 90 天周期启动会议，规划这个周期的目标和关键成果。这是集中 - 分散法中"集中"这一步。

你要先从商业模式设计阶段所创建的模式开始着手。随着时间推移，你要定期更新这些商业模式，这点非常关键，因为这些模式会随着时间的推移而不断发展。不像重量级的计划方式，比如商业案例、预测趋势的电子表格以及产品路线图，商业模式的设计初衷就是实现足够轻量化，让人可以相对快速、方便地更新。

　　除了保持商业模式不断更新外，你还需要着手使用各项指标来衡量你的商业模式。当你有了新创意的时候，原来的各项指标都要从零开始。你的第一个目标是让你的客户工厂运转起来。你的瓶颈将遵循可预测的规律，与典型的客户生命周期阶段相匹配。

1. 获客；
2. 激活；
3. 留存；
4. 变现；
5. 推荐。

　　然而，一旦你的客户工厂运转起来，即你与客户开始有了互动，瓶颈就会变得难以预测。找到瓶颈（以及最具风险的假设）的唯一方法是系统性地分析现有指标。切记，依靠猜测寻找最具风险的假设容易受到偏见的影响，错误的诊断只会导致浪费。我会在本章后面的部分分享一些准则，帮助你了解如何衡量这些指标。

确定优先次序

　　第 2 个阶段是确定优先次序，将焦点聚集在最具希望的提案上。在 90 天周期启动后，团队成员应独立分析瓶颈，思考能够实现周期目标的活动，并准备好提案。

　　之后，团队再次召开 90 天周期规划会议，在会上团队成员提出各自的提案。

一个提案推介可以：

- 找出瓶颈出现的可能原因；
- 总结根本性问题，并提供有力的证据；
- 提出一个可能的解决方案；
- 给出预期结果。

通常，我们不可能实施所有提案，因此团队需要投票，选出最具希望的提案，并在 90 天周期中付诸实施。

思维模式 8
多次小额下注。

我们此前讨论过，宁愿减少付诸实施的活动的数量，也不要选择过多的活动。针对特定的 90 天周期，根据经验，活动数量的确定方法是将团队成员的数量除以 2。例如，对于 5 人团队来说，目标应该是每个周期开展 2 项活动，最多不超过 3 项。

与传统的产品策划不同，我们的目标不是力图制订极其成熟的计划然后直接执行，而是确定最有希望的活动，然后并行评估。

将 90 天周期的其余时间（10 周）分成 5 个 2 周的冲刺，用于进一步测试和完善选定的活动。

思维模式 9
做决定时以实证为依据。

测试

选择好活动之后，我们进入测试阶段。活动设计者设计实验，组成子团队，并分配任务，然后正式启动第一个冲刺。

提到测试，人们通常只会想到进行评估性实验（evaluative experiment）。在这些实验中，针对预期结果，我们会做出各种假设（或者猜想），然后进行测试。例如，"如果我做了 X，我期望的结果是 Y"。举几个例子。

1. 如果我推出这一产品，将得到 100 个新的付费客户。
2. 如果我投放这个广告，将带动 1000 个注册用户。
3. 如果我开发这个功能，将减少 40% 的流失率。

评估性实验是将预期结果与 5 个客户工厂步骤（见第 3 章中的"欢迎来到客户工厂"部分）之一联系起来的增长力实验（traction experiment）。不过，急于进行评估性实验通常不是最佳方法。为什么呢？因为评估性实验的结果是否有效，直接取决于你假设的质量。换言之，如果你的假设是"一堆垃圾"，最终得到的结论也只能是"一堆垃圾"。所以，我们关心的问题应该是：如何以更准确的假设或者猜想作为起点？

这时，我们就需要进行生成性实验（generative experiment）。生成性实验是帮助你发现新见解、揭示新秘密的探索性实验（discovery experiment）。这些洞见往往在一开始并不明显，它们是实现突破和提升增长力的关键因素。

思维模式 10

要想取得突破，需要获得意料之外的结果。

生成性实验或者探索性实验可以发现重要见解，帮助你做出更好的假设，然后再通过评估性实验或者增长力实验来验证这些假设。

我设计了一个简单的助记词，帮助我们记住要在增长力实验之前进行探索性实验：D-ARRRR-T[①]。有效的验证活动应该是从问题开始，然后才是解决方案，或者是先探索（英文单词 discovery 的首字母为 D）再获取增

---

① D-ARRRR-T 的发音同英语单词 dart，意为"飞镖"。——编者注

长力（英文单词 traction 的首字母为 T）。由于获取增长力（T）是每个活动
的最终目标，因此，所有活动的结果都应该与客户工厂的一个或者多个指标
（AARRR）相关，这一点不难理解。

在设计任何活动时，我们可以考虑如下 7 个问题。

1. 探索：是否存在值得解决的潜在问题？

2. 获客：是否有足够的人感兴趣或者受到影响？

3. 激活：你的设计是否提供了价值？

4. 留存：人们会再次使用你的产品吗？

5. 变现：（就收入或其他重要指标而言）会带来什么影响？

6. 推荐：人们会告诉其他人（你的产品）吗？

7. 增长力：增长力提升了吗？

通常，在一个为其两周的冲刺中不可能回答以上所有问题，这就是为什
么各种活动通常需要分别在一系列冲刺中进行测试。我们将在第 7 章看到，
D-AARRR-T 提供了非常有效的模板，可以帮助我们设计每个冲刺阶段的测试
内容。

为你的第一个 90 天周期做好准备

现在你已了解 90 天周期的工作原理，让我们来看看有效使用 90 天周期
的一些先决条件。

组建合适的团队

虽然自己一人从头创建产品并非不可能，但是你要认识到，早晚一天产
品的进展会受到你的可用时间（每个人一天只有 24 小时）、技能（"专业化的
诅咒"）或者世界观（偏见）的限制。

我们此前提到过，优先组建一支具有跨职能技能和多学科视角的团队至关重要。如果有人能帮忙，进行定期的进展检查则更好。理想情况下，这个人应该是联合创始人，不过顾问、投资人，或者由其他创始人组成的临时董事会也可以承担这项任务。

—— **敲黑板** ——

创业初期的成功取决于是否拥有良好的团队，而非出众的想法。

好的团队能迅速识别和扼杀坏主意，并最终找到好点子。糟糕的团队无法区分好点子和坏主意，他们要么会在坏主意上坚持得太久，要么会在好点子上无望地、笨拙地摸索。

由于组建一个好团队所需的时间总是比预期的要长，因此，你应该和史蒂夫一样，尽早开始与潜在的候选人分享你的商业模式故事。

下面是在组建团队时需要考虑的其他准则。

抛开传统的部门框架

对于处于早期阶段的创业公司，传统的部门标签，比如"工程部""质检部""市场部"等可能会妨碍组建团队，造成不必要的摩擦。此外，如果产品由各部门分头打造，且各部门遵循不同的内部KPI，那么你可能会遇到的问题是：你的整体工作产出会因为不同部门的不同的衡量指标而受影响。例如，激励销售团队的是佣金，所以他们追求的是成交率，而非学习和探索。

最佳的方案是，初创团队不分部门，而是围绕实现增长力这一共同使命形成一个整体。

首先建立最小可行团队

梅特卡夫定律（Metcalfe's Law）告诉我们，"网络价值同网络用户数量的平方成正比"。涉及组建项目团队时，它可以衍生出一个推论：

项目团队的效率与团队人数的平方成反比。

——马克·赫德伦，个人理财服务网站 Wesabe[1]

联合创始人兼首席执行官

随着团队规模的扩大，团队中的沟通会不再有效，且容易形成群体思维。而用尽可能小的团队来构建你的最小化可行产品可以让：

- 沟通更为容易；
- 构建的内容更少；
- 成本保持在较低水平。

至于到底该建立多大规模的团队，根据经验，最好遵循"两个比萨原则"来组建。

任何团队的规模都应该足够小，小到吃两个比萨就能吃饱。

——杰夫·贝索斯，亚马逊创始人

在实践中，大多数新项目一开始通常有一个 2 到 3 人的最小可行团队，随后会发展成 5 到 7 人的核心团队。当团队人数超过 5 到 7 人时，更好的做法是将整个团队分为多个完整的小型团队；所有小型团队都围绕共同的使命努力，力争获取增长力。

好的团队是完整的

比起团队成员的数量，更为重要的是确保你的团队成员的技能组合搭配合理、世界观具有多样性，这样才能实现迅速迭代。如果公司不得不依赖共享的外部人才来完成工作，公司的学习速度就会受到影响。

---

[1] 美国个人理财服务网站 Wesabe 因无法与竞品竞争，已于 2010 年关闭。——编者注

我喜欢把一个完整的团队想象成这些角色的混合体："黑客"、设计师和金牌销售。如果你不喜欢这些标签，可以考虑下面这些用词。

- "黑客"、时髦人士、金牌销售
- 开发者、设计师、交易促成者
- 创建者、设计师、营销人员

或者你为这些角色起些新名字。

组建最小可行团队并非总是需要 3 个人。有时，两个人可以扮演 3 个人的角色，甚至有时一个人也可以胜任。

下面是我对这 3 种角色的定义。

- **"黑客"**

  如果你正在构建产品，团队中需要具有强大产品开发技能的人。除了具备公司涉足的专业技术领域的专业知识，拥有开发产品的经验非常关键。

- **设计师**

  设计的关键是美学与实用。在新兴的市场中，功能比形式更加重要，但是我们生活在一个"设计意识"越来越强的世界中，形式不容忽视。此外，产品不仅是功能的集合，而且是用户流的集合。在你的团队中，需要有人让产品所提供的体验符合客户的世界观。

- **金牌销售**

  除了前面提到的之外，剩下的就是营销（和销售）。市场营销决定了外界对你的产品的看法，你需要一个能够设身处地为客户着想的人。除了了解各种指标、定价技巧和产品定位，良好的文案能力和沟通技巧也是营销工作的关键。

优秀团队具备组合技能

一个完整的团队需要具备"黑客"、金牌销售和设计师的技能组合（图 6-3）。

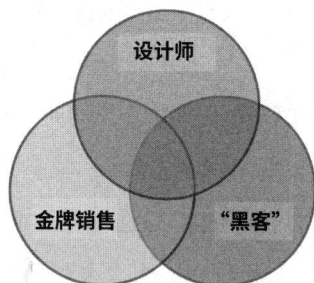

图 6-3　核心团队

下面我们来绘制一张技能重叠图。请每个团队成员说出自己最为出众的两个能力，分别为 1 号能力和 2 号能力。例如，我的 1 号能力是"金牌销售"，而我的 2 号能力是"黑客"，所以我的技能组合可以是"金牌销售" + "黑客"。如果我想再找一位联合创始人来完善团队，那么这个人的技能组合应该是"黑客" + "设计师"或"设计师" + "黑客"。

外包关键技能务必谨慎

我经常会遇到这样的团队，他们会将前述 3 个核心技能中的一个或者几个外包出去。这通常是个糟糕的决定。虽然，早期你可能会把制作原型或者演示的工作外包出去，但是要警惕不要让自己受制于他人的时间安排，因为可能会限制你快速迭代和学习的能力。

—— 小贴士 ——

有件事你永远不该外包，那就是学习。

好的团队要对外部负责

你的核心团队需要得到授权，可以为了实现目标做所需的任何事情。如果他们必须不断申请许可，才能测试自己的想法，就会影响工作速度。但是另外一个极端是，给予团队完全的自主权，无须对任何人负责，这同样是危险的。这是传统的研发模式，在此类模式下，团队会获得大量的资金，负责进行"创新"。在这种情况下，只有一件事是肯定的：资金最终会被花得一干二净。

这样的团队往往不会在公司内部办公，而是会到公司之外更有创意氛围的地方，以不同于传统业务的方式进行思考。虽然从原则上讲，这合情合理，但当这种自主权不受约束时，团队个人的激情（或偏见）也会使团队偏离公司的目标。

公司内部创业和深空探索

把公司内部管理想象成向太空发射探测器。如果作为探测器的团队走得太远，就会迷失方向，耗尽燃料，悄然报废。

即便你想方设法返回了地球，但带回的东西可能也与核心业务格格不入，以至于你们可能会因此而被某位副总裁踢出公司。

成功的关键不是瞄准深空，而是瞄准一个特定的目的地（尽管有时这个目的地略显模糊），并定期与"地球上"的执行发起人联系沟通。

目的地的确立树立了值得追求的目标。定期沟通和让自己对外部负责能够管理人们的预期并保证你们的顺利回归。

改编自与戴尔公司早期内部创业者马尼什·梅塔的对话

正确的平衡方式是让团队处于半自主状态，即建立对外部负责机制，为团队提供探求解决方案的自主权，同时保持约束力，让团队的努力方向始终是破除核心商业模式的瓶颈以及实现核心商业模式的目标。

要想成功应用持续创新框架，内部和外部的利益相关者的参与至关重要。对于创业公司来说，这些利益相关者可以是外部顾问或投资人。在公司环境中，他们可以是领域专家或执行项目发起人。即使你是白手起家的创业者，我也强烈建议为了让内部和外部利益相关者参与进来，需要建立一个特别咨询委员会。

好的团队会利用好的教练

除了让利益相关者参与进来，大多数刚接触持续创新框架的团队还可以通过聘请外部教练和导师来获益。外部教练和引导师既不是核心团队的一部分，也不是关键利益相关者。与利益相关者和领域专家（顾问）不同，教练专注于提出正确的问题，而不是给出正确的答案。这可以有效消除团队内部的偏见，并客观地确定要破除的瓶颈。即便是乔布斯、拉里·佩奇、埃里克·施密特这样的知名企业家都接受过同一位教练的指导。[①] 主流方法和方法论的传播和推广是无数教练的功劳，这些方法和方法论包括敏捷方法论、迭代式增量软件开发过程和精益六西格玛，等等。同时，也正是这些教练的实践，让这些方法和方法论不断演化。持续创新框架也是如此。

组建合适的团队是 90 天周期准备阶段的第一步。下一步是建立定期报告制度。

建立定期报告制度

精益画布和增长力路线图可以帮助你定义和衡量商业模式，更有效地与他人交流你的商业模式，还可以让你对外部负责。在上述方面它们堪称完美的轻量化模型，但是只有当你动力充足，不断复盘各个模式时，它们才能发挥应有的作用。

这当中存在一个问题——光有动力是不够的。在开发产品的时候，人们完全沉浸其中，进入一种心流状态，这很常见。在这种情况下，人们会失去时间感。正如我们在史蒂夫身上看到的那样，他沉醉在自己的产品中，完全忽视了设定的时间限制，不知不觉就度过了数周、数月甚至数年。

[①] 比尔·坎贝尔，退役橄榄球运动员，曾任橄榄球队教练。坎贝尔被称为"万亿美元教练"。许多知名公司都是在他的帮助下建立的，其中包括谷歌、苹果和 Intuit。

你需要强制手段促使自己不断复盘商业模式，而不能仅仅依靠动力。这就是建立定期报告制度的原因。你要在 90 天周期内举行数个仪式来进行定期报告。

"仪式"（ceremony）这个概念并不新鲜。各类仪式在敏捷开发框架、迭代式增量软件开发过程和设计思考方法论中都有广泛的应用，它们用来促进团队沟通、推动责任的落实。如果你正在遵循其中一个方法论，那就很容易调整现有的仪式，使其成为 90 天周期内的仪式。如果你的团队还没有举行过任何仪式，是时候建立这样的机制了。

在 90 天周期中，需要举行 6 种仪式（图 6-4）。

- **90 天周期启动会议**

  这次会议需要促使团队就关键目标、假设和瓶颈达成共识。

- **90 天周期规划会议**

  这次会议需要确定最具希望的提案。

- **冲刺规划会议**

  这次会议需要确定在即将到来的冲刺阶段，要开展哪些实验，并分配相应的任务。

- **每日站立会议**

  在这种会议上，可以快速检查工作，了解团队成员日常工作的最新情况，提出需要关注的障碍或问题。

- **冲刺回顾会议**

  这种会议用来分享冲刺阶段的主要学习成果。

- **90 天周期复盘会议**

  这次会议将报告 90 天周期内取得的进展，并决定下一步行动，即是坚持、转型，还是暂停。

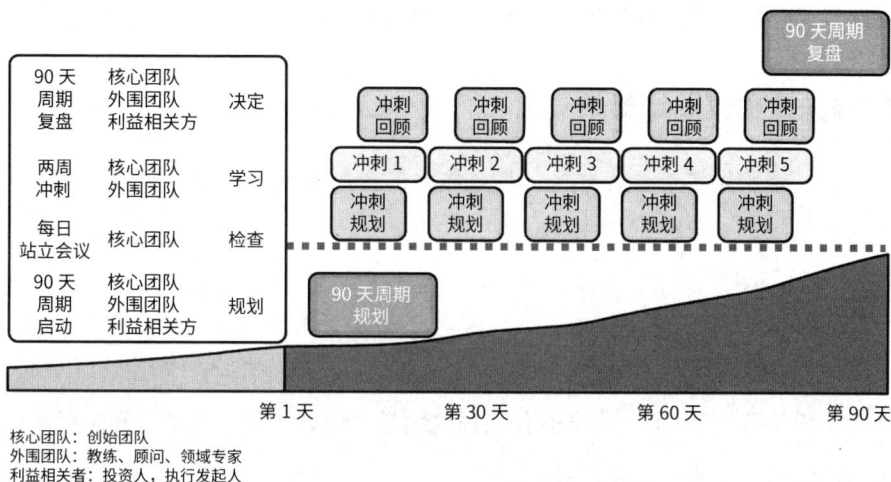

90 天周期 复盘	核心团队 外围团队 利益相关方	决定
两周 冲刺	核心团队 外围团队	学习
每日 站立会议	核心团队	检查
90 天 周期 启动	核心团队 外围团队 利益相关方	规划

核心团队：创始团队
外围团队：教练、顾问、领域专家
利益相关者：投资人，执行发起人

图 6-4　90 天周期报告制度

高效实验需要养成的 7 个习惯

在设计商业模式的阶段，你需要依靠思想实验来拿定主意。当你准备进入商业模式的验证阶段时，你根据针对客户所开展的实际实验来做出决定。

下面是我制定的一些设计实验和实施实验的基本原则。但是在开始之前，我想先对比一下进行科学实验和创业实验之间的区别。

首先，两者的目标不同。科学家寻求的是永恒的真理，是要揭开宇宙的奥秘，而创业者寻求的是暂时的真理，是要揭开使商业模式运作的秘密（洞见）。

第二，时间线不同。创业者没有无限的时间，需要将学习的速度放在首位。所以在多数情况下，严格按照科学探究的方式进行创业探究并不合适。创业不是为了获取知识而进行学习，创业所需的学习是为了得到理想的结果（获取增长力）。创业的目标是在喧闹的噪声中迅速捕捉到正确的信号，然后加倍关注这个信号。

在实验过程中，可以测试你凭借直觉（或预感）而选择的捷径，有时这就是在噪声中捕捉到正确信号的方法。那么，如何平衡创业中的速度和学习这两件事情呢？这里将简明扼要地介绍 7 个习惯，帮助你进行高效的创业实验。

1. 预先宣布预期结果

> 如果你只是顺其自然，那么你肯定会成功地收获你想要的"结果"，因为事情总会有个结果。
>
> ——埃里克·莱斯 《精益创业》作者

科学家绝对不会不假思索，径直走进实验室，将一堆化合物混合在一起，然后"顺其自然"，等着看会有什么样的结果。同样，你不能毫不知晓所要探求的目标便盲目地投入到实验中。

下面来看看这种错误认识是如何影响我们的。假设你在夏季推出一个产品，但是它的销售表现惨淡。你会觉得，显然这是因为大家都在度假。如果你的产品在秋季还是卖不出去，你会认为，可能是因为大家刚刚结束假期，还没准备好购买你的产品。此后，至少是在美国，还有万圣节、感恩节和圣诞节等节日，它们都会影响产品的销量。按照这种逻辑，一年到头都没有销售产品的好时机。

—— 敲黑板

无论面对何种问题，聪明人总是能找到借口，而创业者在这方面更是天赋异禀。

为了避免落入这种合理化陷阱，你需要采取更多的实证方法。你需要预先宣布预期结果，并将季节等因素考虑在内，而不是简单地采取"顺其自然"的方法。这一点说起来容易，做起来难。有两个更深层次的原因使你不愿意预先宣布结果。

- 谁都不喜欢被证明自己是错误的。

- 对于未知事物，人们很难做出有理有据的猜测。

下面所列的两个习惯将帮助你克服这两点。

2. 让宣布预期结果成为一项团队行动

如果你是公司的创始人或首席执行官，你可能会回避大胆地公开宣布预期结果，因为你不愿犯错，想要显得知识渊博，能够掌控全局。甚至你不一定非得是首席执行官才会有这种表现。如果你是一位提出新设计方案的设计师，那么对结果含糊其辞要比宣布新设计能够提升的转化率的具体数字、冒着被证明有错误的风险要稳妥得多。

大多数人不愿预先宣布预期结果的根本原因是，人们将自我意识与工作结果紧密联系在一起。虽然自我意识能够强化我们的主人翁意识，却不利于在实践中学习。

要想有意识地将自我意识从产品中分离出来并不容易。毕竟，除了睡觉之外，你可能将大部分时间花在了推出产品上。但是，在某些时候，你会到达这样一个节点：打造正确的产品比维护你"永远正确"的形象更加重要。这种思想转变对于建立健康的实验文化至关重要。

害怕提前宣布预期结果可能还有另外一种表现：你只会宣布那些保险的结果。只走那些安全路线是无法取得突破的。你需要在公司培育一种文化，允许成员有执着的想法、奇怪的预感和不寻常的直觉，然后付诸严格的测试。

下面将阐述我们如何才能做到这一点。宣布预期结果的责任不应该由一个人承担。相反，它应该由团队承担，但是要遵循正确的方法。

过早地寻求团队共识会导致群体思维，宣布的预期结果也特别容易受到团队中薪酬最高人士的意见的影响。

最好的办法是，让团队成员先单独宣布结果，然后再进行比较。

我们以设计师提出一个新的着陆页设计为例。设计师首先向整个团队介绍自己的提案，然后团队中的每个成员独立预估转化率的提升情况。之后，团队成员比较彼此的估值，并交流是如何得出的。

我的建议是，在完成一次实验后，在整个团队范围内再进行一次投票。在得到最终的实际结果后，将团队的估值与实际结果进行比较。如果你想让活动更具趣味性，可以把这个练习变为一个游戏，给估值最接近最终结果的人颁发小奖品。重点不在于对错，而在于让你的团队成员能够自如地宣布预期结果。仅靠这个练习就可以显著提高团队成员的判断能力。

如果你是一个人创业，那么在进行实验之前写下你的预期结果就更为重要了。

3. 重在预估，不求精确

我们对宣布预期结果望而却步的另一个原因是，我们觉得自己没有足够的信息来做出准确的预测。如果你之前从未推出过 iPhone 应用，你怎么可能预测出预期下载率？

你需要接受这样一个事实：你永远不会得到充足的信息，且无论如何你都需要做出这类预测。

你可以选择下面的 3 种方法，帮助自己预估结果。

搜寻参照物

理想状况下，我们能够搜寻到任何指标的预期转化率。不过，出于竞争考虑，大多数公司选择对其客户工厂的内部运作情况保密。

但是，我们只需稍作研究，还是可以拼凑出其中的一些数值，就像我们在第 3 章进行的费米估算练习那样。当然，要想做出最精准的预估，需要长期练习，不断提升自己的判断力。

你必须成为客户行为模式方面的专家。要实现这个目标，唯一的方法就是不断做预先宣布期望结果的练习，并从每个预估结果的练习中学习。

当你第一次开始宣布预期结果时，要做好心理准备，因为你的预估数值与实际数值可能会有很大偏差。例如，在发布 iPhone 应用之后，你可能期望的日下载量是 100 次，但最终结果只有 10 次。你的首次猜测可能会过于乐观，但是当你的预估误差持续超过一个数量级时，你自然会调整自己的预期，使其更加符合现实。

使用增长力路线图和客户工厂模型

切记，不要凭空猜测，例如毫无根据地定下每日 100 次的下载目标。预测出的数字应该来自你的增长力路线图和客户工厂模型。先建立模型的意义在于，你可以用它来预测你需要怎样的客户行为，才能使业务运转起来（计算结果），然后通过实验来证实或者推翻这些预测。

先从预测大致范围入手而非追求精准的数字

人们畏惧做出预测的另外一个原因是，他们觉得自己必须做到丝毫不差。

—— **敲黑板** ————————————————————————

无论预测结果如何，都胜过不做任何预测。

————————————————————————————————

让我们看看由道格拉斯·哈伯德提出的另一种估算方法，其根据是一个研究结果。该研究表明，评估不确定性是一项可以教授的通用技能，教授过程中可以衡量其提升状况。哈伯德提出的方法是，进行预测时只估计范围而非精确的数值。他通过我在工作坊中使用的一个预测练习介绍了这一方法，详情见下面的方框内容。

> ### 练习：波音 747 飞机的翼展是多少？
>
> 　　除非你是航空行业的从业者，否则遇到这样的问题时，你只能举手投降。你可以把这个问题一分为二，而不是给出一个准确的数值作为答案：首先解决 90% 置信区间的上限，然后对下限做同样的处理。让我们来试一试。

翼展会小于 20 英尺（约 6 米）吗？

不可能，显然太短了。

对此，我们有 100% 的把握。

30 英尺（约 9 米）怎么样？

继续提高这个数值，直到你觉得继续提高不再合适。提高数值的目标是对其准确度有 90% 的把握。

把这个数字写下来。然后重复这一方法，计算最大值。

翼展会大于 500 英尺（约 152 米）吗？

不可能，显然太长了。

对此，我们也有 100% 的把握。

300 英尺（约 91 米）呢？这大约是一个足球场的长度。

继续降低这个数值，直到你觉得继续降低不再合适，同样，降低数值的目标是对其准确度有 90% 的把握。

把这个数字写下来。

你得到的结果是多少？

正确答案是 211 英尺（约 64 米）。

在我的工作坊中，我时常会进行这个练习。学员在刚开始时完全无法做出预测，但是后来，他们离正确答案的误差只有 5 ~ 20 英尺。在预估客户总量的实验中，你同样可以应用这个方法。转化率的上下限是固定的。以获客率或者注册率为例，我们知道注册率不可能为 0%，否则实验就失去了意义。通过逐步调整预估的下限和上限，你可以建立 90% 的置信区间，得出的注册率为 20% ~ 40%。

通过实践，你会在预估期望结果方面取得进步。随着时间的推移，你的信心会逐渐提高，误差也会逐渐减小。

4. 衡量行动，而非言语

所有评估性实验都需要根据一个或者多个客户工厂指标来预测结果。而探索性实验则更具挑战性，因为定性学习可能是主观的过程。随便问一位创业者他的客户访谈进行得如何，通常的答案是，一切都好。这是确认偏误造成的，我们倾向于选择性地记住那些符合我们先前就有的世界观的内容，而忽略其他内容。与其试图定性地评判用户的言语，不如衡量他们的所作所为（或做过什么）。

5. 将假设转化为可证实的设想

仅仅预先宣布预期结果是不够的。你必须用实证证明它们是正确的或者是错误的。要证明一个模糊的理论是错误的，非常困难。可证伪性可以避免我们落入归纳法陷阱。所谓归纳法陷阱是指，我们只收集足够的信息来说服自己，证明自己是正确的。你可能已从"白天鹅悖论"中了解了归纳法陷阱。如果你见过的所有天鹅都是白色的，那么很容易宣布所有天鹅都是白色的。但是，只要出现一只黑天鹅就可以推翻你的结论。

让我们看看这种归纳法陷阱是如何在商业模式假设中出现的。比如，你的假设是，"大家认为我是业内专家，所以这能够为我的产品招揽早期采用者"。为了验证这一说法，你可能会在访谈中谈到自己的产品，在推特中推送产品的链接，或者撰写博文专门介绍自己的产品。所有这些动作都可以推动用户注册你的产品。但是你何时宣布你的商业模式假设已被验证了呢？是当有 10 个用户注册了你的产品时，还是有 100 个或者 1000 个用户注册了你的产品时？你的预期结果并不明确。

这种方法存在的另外一个问题是，在你同时开展许多活动时，很难区分每个活动取得的结果和活动之间的因果关系。就注册人数上升而言，每个活动所做出的贡献都是一样的吗？还是某个活动推动了大部分的注册行为？

前面所说的商业模式假设的表述方法，可以称为"大胆的预测"，但是它还不是一个可证伪的假设。它需要进一步完善，变得更加具体，更易于验证。下面是改进之后的商业模式假设。

- 在博客上发布一篇文章将促使超过 100 个用户注册产品。

修改之后，测试的方式非常清晰，判断假设是否成立的标准非常明确。切记，100 个注册用户并不是简单地凭空得出的，它的依据是你的增长力路线图和客户工厂模型。这里的关键在于，你要意识到画布上的假设在一开始并不是可证伪的设想，而是大胆的预测。为了让这种大胆的预测变成可证伪的设想，你可以将之改写为：

- [可验证的具体行动] 将促使 [可测量的预期结果]。

到目前为止，我们已经介绍了让你可以设计行之有效的实验的两个习惯：预先宣布预期结果，并使预期结果可被验证。但这还不够。预先宣布预期结果的过程中还缺少某个环节。你知道它是什么吗？

6. 为实验设定期限

假设你已经开始了实验，并决定在一周内检查结果。一周后，你获得了 20 个注册用户。你可能认为这是个不错的开始，并让实验再进行一周。两周结束后，你获得了 50 个注册用户，而你的目标是 100 个。现在恰巧实现了一半的期望目标。这时，你应该怎么做？

过于乐观的创业者通常会落入这样的陷阱，即"时间再长点儿"的陷阱，他们希望获得更好的结果。问题是，如果实验的时长不受控制，那么一开始想让实验"延长几周"就会演变为延长了几个月。

归纳法陷阱会让我们过早地宣布成功，而缺乏时间限制会让我们无限期地延长实验时间。切记，最稀缺的资源不是金钱，也不是人，而是时间。相应的解决办法就是为你的实验设定期限。这样，我们就可以将预期结果写为：

- 在博客上发布一篇文章将促使两周内有超过 100 个用户注册产品。

设立这样的时间期限，为将来你与团队的讨论设置了一个不可逾越的雷池。时间一到，不论结果如何，都应该结束。

我建议在设置时间期限方面可以更进一步：与其费劲儿估计进行某种类型的实验需要多长时间，不如将所有的实验调整在同一时间段内。换句话说，设定一个期限，无论你进行何种实验，都按照这个期限进行。下调实验目标，使其满足期限要求是完全可以的。例如，在我们的实验中，如果你觉得无法在两周内实现新增 200 个注册用户的目标，但可以在 4 周内达到，那么将其切分为 2 个实验进行。

- 实验 1：在博客上发布文章，促使在头 2 周内有超过 50 个用户注册产品。
- 实验 2：在博客上发布文章，促使在接下来的 2 周内有超过 50 个用户注册产品。

如果在第一个为期两周的实验结束时，只有 10 个用户注册产品，那么你就会知道，除非采取一些纠正措施，否则在接下来的 2 周内弥补差额、达到目标的可行性微乎其微。你应该将设定期限当成强制压缩每次实验规模的一种方法。规模越小，实验的反馈回路越短，反馈速度就越快。

在小型和大型团队中，我都使用过这种设定期限的方法。经过对比，在两种团队中的效果相同。在确定期限之前，团队根据小型实验的几周时长，或大型实验的几个月时长来设定实验范围。对于周期较长的实验，唯一能看到的进展是团队构建产品的速度。正如我们之前所述，这并不是一个可靠的衡量进展的指标。

我们做了一个以两周为时间单位的时间表，并预先安排好与项目监督员的进度汇报会议。这意味着团队必须找到方法来开发产品、衡量各项指标、进行学习，并做好每两周交流一次业务成果的准备。就像变魔术一般，各个团队进步迅速，找到了很多创新性的方法，并将他们的大型实验分解为更小的实验。通过更迅速的反馈循环，团队能够尽早地否定某些大型计划，或者对某些提案更有信心。无论是哪种结果，这都是一种进步。

7. 坚持设立对照组

实验的进展速度总是相对的。为了判断实验是否有效，你需要能够将其与之前的状态进行比较。在科学实验中，这相当于建立对照组。

在本书后面的章节中，我会简述如何以周为时间单位，按照批次（或者群体）的方式来对客户工厂进行基准测试。以周为时间单位，对客户进行分批测试是建立对照基准的合理方法。你可以将本周的情况与上周进行对比。这种方法属于连续性的对比测试。只要你还没有大量用户，或者没有同时进行彼此重叠的实验，这种方法是可以采用的。

也就是说，创建对照组的黄金标准是进行平行对比测试。在平行对比测试中，你只需就用户群体中一个选定的子群体（A 组）开展实验，然后将 A 组与其他群体（对照组）进行比较，以确定是否获得进展。这也被称为"A/B 测试"。

如果你的客户工厂有足够的流量需要测试，且有多个可能冲突的解决方案需要测试，那么你就可以进行 A/B/C（或更多的）测试。在这种测试中会有多个想法相互竞争。

史蒂夫建立对外部负责机制

史蒂夫成功地让乔希和莉萨承诺每周为他的创业公司工作 20 个小时。他把这个消息告诉了玛丽。

"干得好，史蒂夫。我真的很期待再次见到乔希和莉萨。"玛丽说。

"那么，可以邀请他们参加我们的会议吗？"史蒂夫问道。

"当然可以。我本来就想告诉你，这是我继续为你提供咨询服务的前提条件。"

玛丽稍作停顿，又说："创始团队必须保持 100% 的统一性，特别是在思维模式方面。在过去的几周，你已经取得了很大的进展。你的思维模式已经从优先构建产品转变为优先获取增长力。你最不希望看到的是你的团队成员把你拽回'旧世界'。"

"没错。我一直在思考，我要如何让他们理解你教给我的这些内容。"史蒂夫回答道。

"这些模型的优点在于它们易于理解。难点在于将它们持续地付诸实践。让你的团队迅速跟上进度的最好方法是在案例中进行实践。我建议可以正式启动一个 90 天周期，在日历上标出每次仪式的具体时间，遵循结构化流程。乔希和莉萨都非常敏锐，他们很快就能学会这种工作方式。"

"你说得没错，这些模型很简单。在我给他们讲我的商业模式故事时，他们都没有打断我。他们马上就明白了，甚至今天早上乔希让我给他发一份我的精益画布和增长力路线图。"

"你已经掌握要领了。但是请记住，现在先别急着规划光明的未来。太多的创业者只会与创业伙伴讨论乐观的一面，但是存在问题的地方才是你将取得最大突破的地方。加油，史蒂夫，事情会越来越有趣的……"

和玛丽的会面结束后，史蒂夫与其他两个人做了沟通，并在日历上为所有仪式设定了日期。

第 7 章　启动你的第一个 90 天周期

正如我们在第 6 章学到的，在 90 天周期的前两周，我们需要建立模型，确定各项工作的优先次序。首先，我们确定了模型，然后召开了 90 天周期启动会议，让团队就关键目标、各项假设和瓶颈达成了共识（图 7-1）。

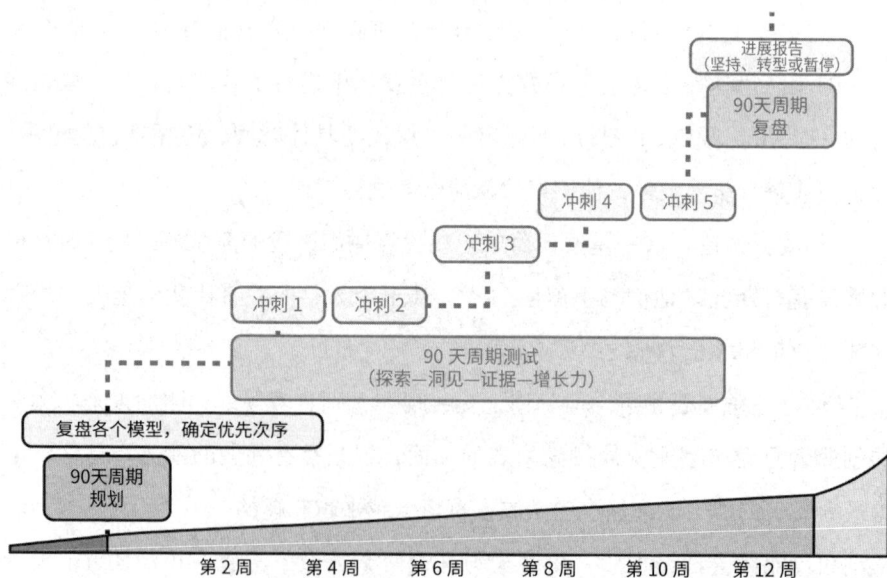

图 7-1　启动 90 天周期

史蒂夫召开 90 天周期启动会议

史蒂夫此前一直在研究他的各种模型，所以没有花太多时间来更新他的模型。他召开了一个 90 天周期启动会议，并用了几分钟时间让乔希、莉萨和玛丽快速了解了他更新后的精益画布和为最重要的两个客户群体（软件开发人员和建筑师）设计的增长力路线图。

"我们之前主要讨论了针对软件开发人员的商业模式，这部分没什么变化。但是我看到，你现在似乎对针对建筑师的商业模式更感兴趣。你能否详细说明一下？"玛丽问道。

"嗯，"史蒂夫说，"我保留了针对软件开发人员的商业模式，主要是因为我最了解这个领域，而且我脑海中已经有了一些我们可以接洽的公司。但是当我运用'创新者的礼物'为针对建筑师的商业模式设定合理价格的时候，我突然意识到，我们的定价可以与当前 3D 渲染解决方案的成本挂钩，这样有可能收取更多的费用。"

莉萨问道："你是根据建筑师每小时收取的费用来确定价格的吗？"

"是的，"史蒂夫回答道，"我想，我们的早期采用者会是定制房屋的设计师，他们收取的服务费用通常是 250 美元 / 小时。他们的客户希望看到 3D 效果图。制作一张效果图至少需要 12 个小时，也就是收取的费用是 3000 美元。假设建筑师每月绘制的效果图超过 1 张，我觉得肯定比这个多，我们可以让他们用较短的时间达到更好的效果（使用 AR 或者 VR 技术），所以我们收取的费用可以达到 3000 ～ 5000 美元 / 月。"

乔希插话道："我不确定建筑师在设计阶段之后是否会使用这些模型，设计阶段通常为 3 个月。而且我们也不知道他们通常为每个客户制作多少张效果图。这可能会影响生命周期总价值上的假设。"

"嗯……你说得没错。"史蒂夫说，"如果我们假设他们每人每年有 6 个客户，并为所有客户制作一张效果图，那么我们可以按照每张效果图 1000 美元收取费用，总费用就是 6000 美元 / 年或者 500 美元 / 月。有趣的是，这个收入与从软件开发公司获取的收入相同。"

玛丽说："我建议目前对这两个细分市场都坚持 500 美元 / 月的定价目标。这是使你的增长力路线图奏效的最低定价。如果你发现可以提升价格，那你可以随时调整路线图。"

史蒂夫继续会议的下一项议程。"听起来不错。所以，有了这些精益画布，我就清楚了我们初始阶段做出的假设。对于我们的 90 天周期目标和关键成果来说，关键目标是完成第一阶段，即实现问题与解决方案相匹配。因为我们对商业模式的两个变体的目标定价相同，所以我们需要在第一阶段结束时确保有两个试用客户（四舍五入），他们每月付费 500 美元。"

"很好，非常清晰。"玛丽说，"那么瓶颈是什么呢？你们怎么看？"

其他三人用眼神交流了几秒，然后看向玛丽。

"你们说吧。"玛丽笑着回应。

史蒂夫开口道："在我们之前的会面中，你提到过，通过观察各种指标，很容易发现瓶颈。我想我们需要先收集相关指标的数据，然后才能做出判断。这是否应该是我们推出最小化可行产品之后的事情呢？"

"收集各项指标的数据并不需要先发布产品。"玛丽说，"还记得'演示－销售－构建'流程中的第一步是什么吗？"

"明白了。因为我们的客户工厂还没有运行，第一步应该是将销售线索引入客户工厂。那么，获客会是我们的主要瓶颈吗？"

"没错，史蒂夫。"玛丽说，"获客或者说创造需求是你目前的主要瓶颈。而在你获得销售线索之前，或者更好的情况是，在获取销售业绩之前，优化其他任何步骤都没有意义。切记，你首先需要的不是开发产品，而是获得足够的客户。"

"没有产品，如何获得客户呢？"乔希一脸困惑地问道。

史蒂夫和玛丽互相看了一眼，玛丽示意史蒂夫来解释一下。随后，史蒂夫花了 15 分钟来说明他们应该使用"演示－销售－构建"流程而不是"构建－演示－销售"流程，以及背后的逻辑。他甚至带领团队成员学习了他之前与玛丽聊过的餐车案例和特斯拉的案例。

"演示－销售－构建，简洁易懂，我很喜欢。如果连演示都卖不出去，那么还开发产品干什么呢？"莉萨笑着补充道。

乔希插话道："我想，下一步的工作就是制作演示，然后给客户打电话进行销售。"

史蒂夫补充说："也许我们还可以开发一个着陆页，通过广告吸引流量……"

玛丽再次插话说："记住，伙计们，此次会议的目的只是统一认识，不是进行头脑风暴，也不是设计解决方案。如果你们在瓶颈方面达成了一致，我们最好就此结束会议。你们就此分开几天，独立准备帮助我们达成 90 天周期目标和关键成果的提案。下次会议就定在本周末，到时我们一起评估你们的提案，选出最有希望的一个，然后全力以赴付诸实施。我会给你们转发一些资料，还是关于如何实现问题与解决方案相匹配的，希望能够帮助你们起步。"

玛丽的话为本次会议画上了句号。

问题与解决方案相匹配行动手册

产品生命周期的第一阶段（第 4 章提到的现在－后续－未来产品推出计划中的"现在计划"）的目标是实现问题与解决方案相匹配。在这个阶段，你需要在创造产品之前证明你的产品有足够的需求。

如何在没有创建产品的情况下获得付费客户？这是推动我们提升认知的关键问题。这个问题的答案可以使发布产品的时间周期缩短几个月。更加重要的是，在这个阶段结束时，你将非常清楚你的产品就是客户所需要的产品，而不仅仅是你希望他们需要的产品。

客户购买的不是产品，而是带来更好产品的承诺

我们不妨回想一下大型的新品发布，例如 iPhone 手机的发布。购买第一部 iPhone 需要的就是对苹果这个品牌的无条件信任，因为没有任何东西能与之相比。你可能像我一样，是 iPhone 手机的早期采用者，在排队去购买第一部 iPhone 时，你肯定知道，当时谁都没有试用过 iPhone。你可能只是因为看到乔布斯在台上演示了这款手机而爱上了这款产品所做出的承诺，并决定购买它。

因此，客户真正购买的并不是产品，而是对更好产品的承诺。但做出承诺，并不需要一个可以使用的产品，而是需要一个提案。

这个提案由 3 个方面构成。

- 独特的价值主张
- 演示
- 呼吁行动（call-to-action，CTA）

正如我们之前所讨论的，吸引客户的注意力是第一场战斗。你的独特价值主张需要发挥作用，需要肯定地向客户表示，你的产品比现有的其他选择都要好。

一旦你吸引了客户的注意力，下一步就是说服你的客户，告诉他们你确实可以实现你所承诺的独特价值主张。这一点似乎与我们的直觉相左。说服客户的并不是可以使用的产品，而是演示。演示的艺术在于用最低的成本，说服你的客户相信你能实现你的独特价值主张，并得到客户的购买保证。

一旦客户认可了你的演示，最后一步就是呼吁行动，即表明你希望客户采取的具体行动。这里的目标是尽可能地找到付费客户。

客户购买的并不是可以使用的产品，而是提案。这种深刻的认识是在没有产品的情况下获得客户的关键，它打开了使用"演示 – 销售 – 构建"战略的大门。

你到现在还不相信这个观点？

- 如果你曾出资支持过众筹活动，你购买的是一个提案而非一个产品。
- 与成品相比，销售提案不只针对较小的产品，例如手机。特斯拉在销售最初的车型时销售的就是提案，提案要求客户首付 5000 美元，然后在 10 天内电汇 4.5 万美元以预订产品。
- 销售提案并不只是针对 B2C（企业针对个人开展的电子商务）产品。尽管你很想立即完成一笔 B2B（企业对企业的电子商务）的交易大单，但销售本身越复杂，销售过程就越复杂。你必须首先销售独特的价值主张，然后向多方做出演示，最后与合适的买家讨论定价。这可能需要几周或几个月的时间。如果你没有卖出提案，你的产品就永远无法进入产品试用阶段。

想要完成与早期采用者的交易，其实你并不需要有成品，这与流行的看法相反。根据产品的技术风险水平（可行性），你有时可能需要一个产品原型用于演示。但除非你的客户特别要求你这样做，否则你并不需要这么做。

如何承诺更好的产品

你可以通过多种方法来构建和测试提案。下面是一些最常用的活动。

- **冒烟测试**（smoke test）

  使用预告页 [①] 来收集用户的电子邮件地址。
- **着陆页**

  用一个页面（例如，注册页）来呼吁具体行动并推动客户付诸行动。

---

① 英文为 teaser page，通常是指一个网站在开发完成之前向用户传递开发进度、测试邀请等信息的页面。——译者注

- **网络研讨会**

  利用网络研讨会开展宣传，提高知名度。

- **预购**

  通过预购活动来推动预售。

- **众筹**

  使用众筹平台，如摩点网，为项目筹集资金。

- **直推**

  使用"寻找潜在客户－演示－成交"的销售流程来推动销售。

- **"黑手党提案"**

  使用精心准备的客户访谈来探索问题，设计解决方案，并提出一个客户无法拒绝的提案。

根据经验，我绘制了图 7-2，以说明每种活动的效果，并标明了每种活动的可扩张性与转化率。

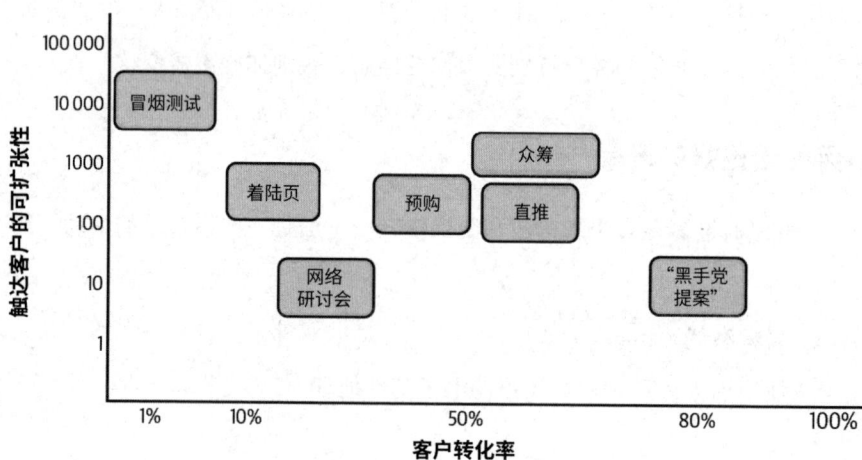

图 7-2 每种提案活动有不同的效果

根据你的 90 天周期目标和关键成果，你可以选择其中一个活动，也可以尝试多个活动。

如何判断是否实现了问题与解决方案相匹配

在第 1 阶段结束时，你可以获得足够的依据来判断是否继续推进你的商业模式进入第 2 阶段（产品与市场相契合）。

具体来说，你应该建立一个客户工厂并且：

- 反复吸引、激活你的早期采用者，并促成转化（需求性）；
- 根据增长力路线图，从早期采用者那里获得足够的实质性承诺，如预付款、意向书（发展性）；
- 明确定义需要构建的最小化内容（最小化可行产品），以向早期采用者提供价值。

实现问题与解决方案相匹配通常需要 1 ～ 2 个 90 天周期（3 ～ 6 个月）。

史蒂夫召开 90 天周期规划会议

周末，史蒂夫的团队再次聚在一起，讨论他们所做的推介提案。乔希和莉萨都想采取直推的方式，而史蒂夫则建议使用着陆页来吸引试用客户。

玛丽考虑了一下，然后说："虽然迅速推出推介提案肯定比先构建最小化可行产品更快、更好，但考虑到你们的实际情况，这还不是最为理想的下一步。"

听到这里，大家都露出了困惑的神情。

"你在上次会议上不是要求我们从提案做起吗？"史蒂夫问道。

"没错，我是说过要从提案开始。但是，最为有效的下一步并非推介提案，而是首先学习如何构建正确的提案。"玛丽解释说。

看到每个人脸上仍然是茫然的表情，她进一步阐述了自己的想法。

"先让我们看看着陆页。当然，你可以通过广告将流量引向着陆页，但如果没有人注册怎么办？你怎么知道该调整什么地方呢？着陆页可能在标题、视觉效果、文案、价格、设计等方面存在问题。如果没有客户的反馈，需要优化的对象是多个变量，那么最终会让你们在原地打转儿。"

史蒂夫沉思后说道："就像我们之前讨论的，急于建立最小化可行产品会落入'创建产品陷阱'。"

"没错。"玛丽说，"切记，构建提案虽然比构建最小化可行产品更快速，但仍然是解决方案的替代品。如果你只是简单地依靠猜测构建提案，很有可能会失败。更糟糕的是，如果没有客户的反馈，'优化陷阱'就会随之而来。"

莉萨问道："那么直推呢？如果采用直推方式，我们不是可以当场就得到客户的反馈吗？"

玛丽回答道："确实是。成功地进行面对面的销售肯定是好事，但是如果面对面的销售缺乏亮点，双方很快就会陷入尴尬，然后以失败收场。现在，你只是掌握了如何打动对方、完成销售的理论知识，而这种理论知识在很大程度上仍然建立在一个未经测试的假设之上，充其量也只是个大胆猜测。例如，目前我们并不知道软件公司会承接多少 AR 或 VR 项目，也不知道 3D 效果图或 AR/VR 技术会对住宅建筑领域产生什么影响。如果你对客户所面临的问题、现有解决方案等各个方面的基本假设是错误的，那么推介就会失败。在客户心中，你的产品只是'可有可无'，而非'非有不可'。"

莉萨点头表示认可，并问道："是的，但即使我们在推介时有些地方犯了错误，我们不是还能从潜在客户那里学到一些内容，然后不断改进吗？"

"也许吧，"玛丽回答说，"这在很大程度上取决于你与潜在客户之前的关系以及你们的谈话内容。除非潜在客户了解你、喜欢你、信任你，否则他们通常会对自己的问题守口如瓶。大多数时候，你学到的东西只是这个提案没有达到预期目标，而你很难深入了解并学到足够的知识来帮助我们转型，提出更好的提案。通常，你会发现推介无法更进一步，你只能感谢潜在客户抽出时间参与，然后礼貌地结束对话。如果是这样，你其实是丧失了一次学习机会。"

"我明白你的意思了。因为我们在这个领域还没有认识的人，我们的推介对象完全是陌生人。"乔希说，"那么，我们最好的行动方案是什么呢？"

"先学习，再推介。"玛丽回答说，"想要以令客户信服的方式进行推销，首先需要花一定的时间去深入了解客户的问题。这可能听起来很奇怪，但你有可能比客户更了解他们的问题。有了这样的理解，你才能够设计出正确的解决方案，并形成打动客户的推介方案。这样做，你的推介方案成功的可行性更大，因为它解决了客户想要解决的问题。"

"也就是说，在开展提案活动之前，我们应该先了解我们的客户？"莉萨问道。

玛丽回答道："不需要。我提到的提案活动中，有一个活动本身就已经包含了我刚才说的所有步骤，那就是'黑手党提案'。"

史蒂夫插话说："我在一开始就被'黑手党提案'活动吸引了，因为你之前提到过它。但是后来我看到在所有提案类型中，它的可扩张性最差，所以考虑到我们需要获得的客户数量，我选择了其他更适合的提案。"

玛丽说道："是的，'黑手党提案'活动的可扩张性最差，但是它在单位时间内带来的知识量最大，它也是所有提案类型中转化率最高的，因为这种推介是与潜在客户一对一、面对面地进行的。没错，它确实比其他提案类型花费的时间更长，但是根据我的经验，它是让你实现可重复销售的最快方式。一旦你能重复销售你的产品，哪怕是销售给 10 个人，扩大规模也指日可待。"

"'黑手党提案'与直推有什么不同呢？"莉萨问道。

"一旦开始推介，'黑手党提案'与直推就非常相似，"玛丽回答道，"但在开始推介产品前，利用探索性的对话进行学习更具策略性。在发现早期采用者对产品的要求，确定真正的竞争对手并深入了解客户的问题之前，你不应该推介任何东西。还记得'创新者的礼物'吗？在商业模式设计阶段，你使用'创新者的礼物'并通过思想实验对商业模式进行了压力测试。现在，你将进行实际的探索实验，去发现和测试此前的想法。"

"这听起来非常合乎逻辑，"史蒂夫评论道，"但我还是有疑虑。如果不允许我们推介，我们如何让人们向我们敞开心扉，给我们所有你提到的这些信息。"

"这确实是个问题，"玛丽承认道，"早期寻找潜在客户的策略确实绊倒了许多创始人。我有很多相关资料，我会发给你们，帮助你们学习如何同客户开展对话、进行访谈、获取重要的见解。花几天时间来消化下这些内容，然后咱们再碰头，启动你们的第一个冲刺。"

"黑手党提案"活动

"黑手党提案"是客户无法拒绝的提案。绝不是因为你提出了强硬的要求，客户无法拒绝你，而是因为你构建的提案确实令人无法回绝。

- 你解决了客户的首要问题。
- 你展示了客户问题的解决方案。
- 你给出了明确的方法，方便客户开始使用你的解决方案。

创建"黑手党提案"

急于制作一个广告或开发一个着陆页并不是构建"黑手党提案"的最优选择。这样的提案往往基于一系列未经验证的假设（猜测），这通常会导致转化率较低。此外，如果客户没有购买，想解决提案中的难题会是巨大的挑战，因为你要考虑多个变量。客户没有购买，是因为独特价值主张、演示、定价、设计、文案存在问题吗，还是因为其他因素？

鉴于这些问题，我主张使用更加系统的三步法，如图 7-3 所示。

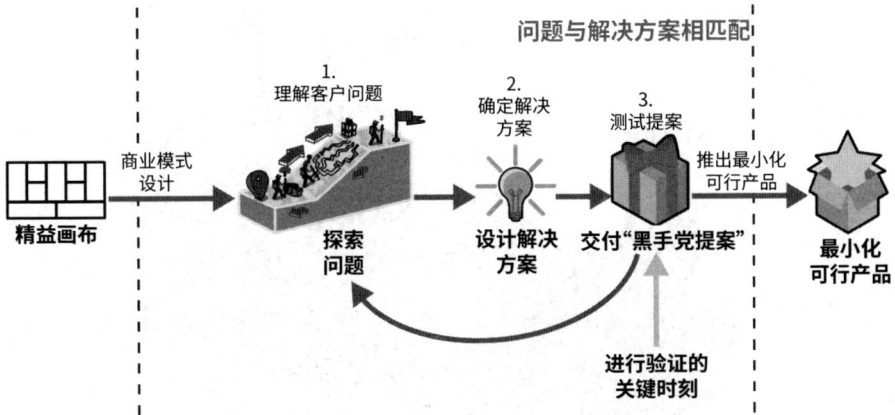

图 7-3　创建"黑手党提案"的三步法

下面我们深入了解下每个步骤。

1. 探索问题

由于精益画布上针对大多数的初始客户或者客户问题的假设只是尽力而为的猜测，而且往往只停留在问题的表面，因此，创建"黑手党提案"，首先要深入了解客户的问题。

深入了解客户最为快速的方法是与他们面对面地交谈，而不是开发着陆页、发布代码，或收集分析数据。

探索客户问题的目标是发现现状（现有解决方案）存在的值得解决的问题。探索问题的方法并不是推介你的解决方案，而是研究客户目前是如何使用现有的解决方案完成任务的（图 7-4）。

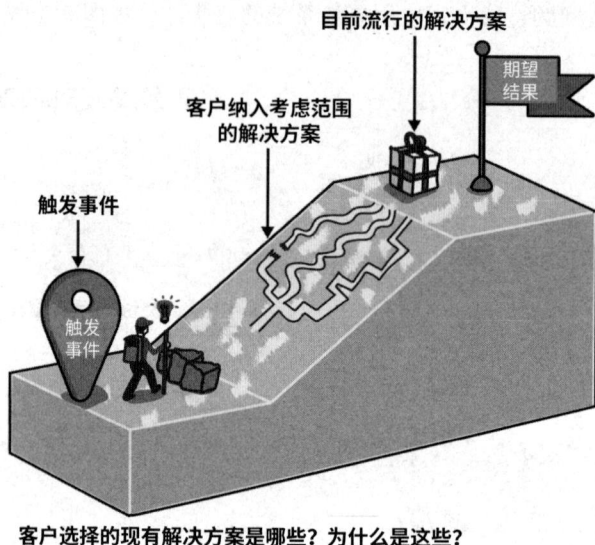

图 7-4　第 1 步：探索问题

2. 设计解决方案

> 能够准确定义问题，那么问题就已解决了一半。
>
> ——美国发明家查尔斯·凯特林

如果你能在客户目前的工作流程（现状）中找到他们所遇到的足够大的困难，那么你就能找到引起转换的机会（值得解决的问题）。下一步是设计或者改进你的产品以适应和引发转换（图 7-5）。

3. 交付"黑手党提案"

最后一步是将你的解决方案整理为"黑手党提案"，然后以推介的方式交付给客户，并进行迭代式的测试。这是验证你的想法最为关键的一步。

如果有足够的客户接受你的提案，你就实现了问题与解决方案相匹配。然后你就可以开始构建最小化可行产品。那么多少客户才算足够呢？这是由你的增长力路线图决定的。

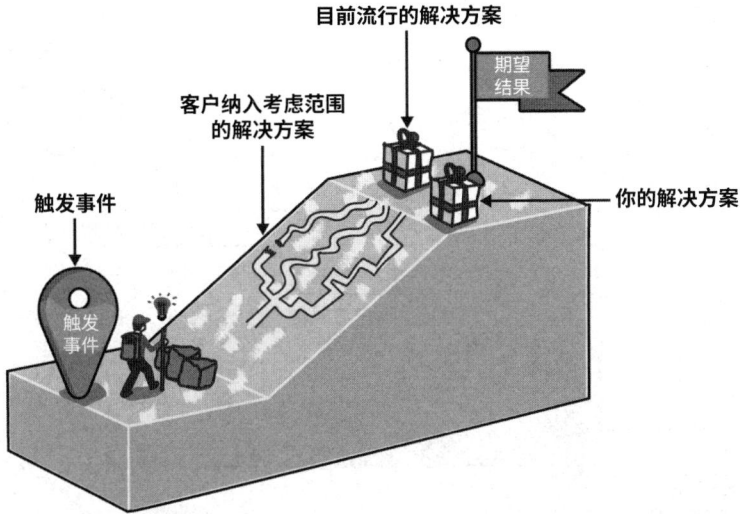

图 7-5　第 2 步：设计解决方案

开展"黑手党提案"活动

　　"黑手党提案"活动应被设计为在 90 天周期内进行。之所以能做到这一点，是因为在这个阶段，你不需要创建供用户使用的产品（最小化可行产品），而只是给出提案。所以，这是一种能够更快地验证产品需求的方法。

　　图 7-6 向我们展示了典型的 90 天周期内"黑手党提案"活动的样子。你最多用 2 个冲刺来探索问题，用 1 个冲刺来设计解决方案，最多用 2 个冲刺来交付提案。请注意，这些只是参考。你的时间安排可能会因为具体的产品和客户群体不同而有所不同。

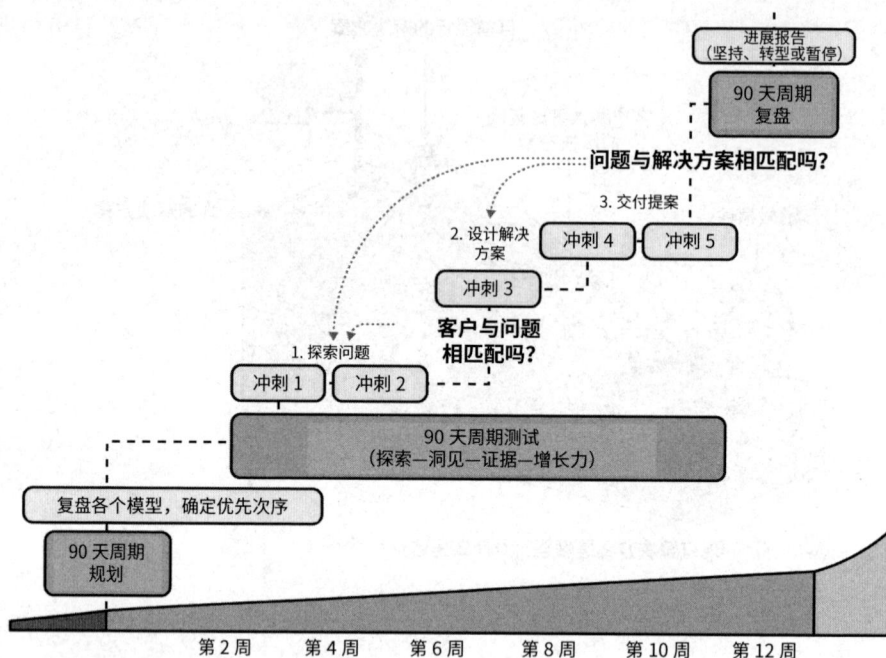

图 7-6 典型的"黑手党提案"活动：在 90 天周期内实现问题与解决方案相匹配

何时进行"黑手党提案"活动

由于实施"黑手党提案"活动需要大量的面对面互动，因此很多创业者转而选择其他看似更易扩张的活动，比如众筹或将流量引入着陆页。

但是，基于我在前面概述的原因，这种选择往往会导致次优的结果。现实情况总与人们的直觉相反。如果你开始时放慢一些，花时间专注于做正确的事情，那么你以后往往发展得更快。

"黑手党提案"活动虽然不是最具可扩张性的活动，但它确实是学习效果最好的活动，而最好的学习效果也意味着转化率最高。

───── **敲黑板** ──────────────────────────────

如果使用"黑手党提案"，从合格的销售线索到付费客户的转化率通常可以达到 60% ~ 80%。

──

出于前述原因，我明确建议你无论产品属于何种类型，都从"黑手党提案"活动入手。无论是组织众筹、开发着陆页还是招聘销售队伍，你从中获得的洞见，都可以促使你以后提出更具可扩张性的提案。

例如，我在 2010 年用"黑手党提案"活动推出了本书的第 1 版（自助出版）。我最初的最低成功标准是在 3 年内卖出 10 000 本。通过使用 10 倍的增长率，我将目标转化为卖出 100 本或者获得 1000 个有兴趣购买本书的人的电子邮件地址（合格的销售线索），并以此作为实现问题与解决方案相匹配的判断标准。

我像下面这样分阶段利用多个提案推出本书。

- 利用"黑手党提案"活动，确保 25 本的销量（4 周）。
- 利用从"黑手党提案"活动中学习到的知识，创建预告页，开展冒烟测试，以收集电子邮件地址，并获得 1000 个合格的销售线索（8 周）。

在达到问题与解决方案相匹配的标准后，我开始撰写本书，前后花了 9 个月的时间完成。在这一过程中，我继续开展多项活动，以增加本书的吸引力。

- **研讨会活动**
  讲授书中的概念，虽然书尚未出版，但是我将书与研讨会的入场券捆绑销售。
- **演讲活动**
  做主题演讲，并承诺将来为所有参加者提供本书。

- **预购活动**

允许早期采用者购买本书，并在编写时向他们逐章交付。

这些活动让我在早期采用者的帮助下反复编写、修改并推出内容。最终，本书的第 1 版成了一本读者想看的书，这也使得第 1 版的销量超过了我的增长力路线图中规划的目标。在项目开始后的 18 个月内，第 1 版卖出了 1 万册。于是，我将我的最低成功标准提高到了 10 万册。

史蒂夫尝试走捷径

史蒂夫回顾了玛丽发给他的关于"黑手党提案"活动的材料——"深入了解客户的最快方法是面对面的访谈"。

"面对面的访谈？这需要的时间太长了！"史蒂夫心想。他决定用问卷调查来替代面对面访谈。

史蒂夫找了一个可以针对自己的客户提供付费调查服务的网站，并花了一天的时间设计调查问卷。第二天，他就在线发布了问卷。

问卷结果很快如潮水般涌来。在问卷发放的第二天，史蒂夫就收到了 100 多份整齐的表格答卷，并做了漂亮的图表分析。史蒂夫发现超过 85% 的受访者都认为他列出的首要问题是"必须解决的问题"，这令他喜出望外。

他立即给玛丽写了一封电子邮件。

我知道你说过探索问题这个阶段可能需要长达 4 周的时间。我使用调查问卷来加快进度，且获得的结果发出了强有力的信号，它们证实了我已经准确地找到了客户的问题（100 位客户中有 85 位都这么认为）。此处我是否遗漏了什么，或者我们是否可以进入解决方案的设计阶段了？

在邮件发出去两分钟后，史蒂夫就收到了玛丽的短信："我们应该尽快见个面。一起喝杯咖啡吧。我 30 分钟后有空，老地方见。"

玛丽（再次）戳破了史蒂夫的泡沫

"我知道作为工程师你渴望高效率，"玛丽先开口说道，"我以前也是这样。但是调查问卷并不是探索问题的正确工具。"

"为什么不是？"史蒂夫问道。

"有很多原因。首先，调查问卷的假设是，你知道需要问受访者什么样的问题。而且，因为调查问卷提供的是多选题，你还需要知道应该列出哪些可能的答案。而在项目的最初阶段，某些事情你并不知道。"

玛丽稍作停顿，然后继续说："当然，一旦你知道了应该问的正确问题和对应的答案，问卷调查是可以用来验证问题的，但是问卷调查确实不是探索问题的有效工具。"

史蒂夫插话说："这个阶段的目标不是要验证精益画布上客户问题这个假设吗？"

"没错，但是创业者最初在画布上列出的大多数问题都不是正确的问题。"

"这是为什么？"史蒂夫问道。

"因为大多数创业者心中已经有了一个解决方案，他们绝不会轻易放弃自己的解决方案。许多创业者不会思考'我的客户的首要问题是什么'，他们思考的是：'我的解决方案能够解决的问题中，哪些是首要问题呢？'"

史蒂夫脸上露出了疑惑的表情。

玛丽继续说："记住，当你已经决定建造一把锤子时，一切便开始看起来都像钉子，你会在画布上创造一些根本不存在的问题来证明你的解决方案确实有用。如果你把这些问题放在调查表上，要求受访对象按照重要程度排序，他们当然会从中选出相较之下最重要的问题。但是，如果客户的首要问题并不在这些问题之中，他们没有办法让你知道，而你也永远不会发现客户的首要问题。"

玛丽稍作停顿，希望史蒂夫能够理解她的意思，然后又说："即使你设置的问题是，让受访者说出他们的问题，你还是没法通过调查问卷了解到真正的'原因'。真正的'原因'通常有好几个层次，而找到真正原因的唯一办法是对话。你不知道他们到目前为止尝试了什么，为什么没有见效等细节信息。了解这些细节信息是以后创建'黑手党提案'的关键所在。"

"我明白你的意思……那么，从精益画布开始有什么意义呢？"史蒂夫问道。

"从精益画布开始的意义在于快速勾勒出你的商业模式，用事实验证想法。无论你的商业模式故事多么令人信服，除非你有证据支持你的假设，否则它们还只是空想。任何商业模式的首要风险都来自你在客户和客户问题方面的假设。如果在这些方面犯错了，画布的其他部分就会轻易支离破碎。这就是为什么问题与解决方案相匹配过程中的第一步是探索问题。"

"所以，精益画布的意义在于让人们看到自己的解决方案中存在的偏见吗？"史蒂夫问道。

玛丽笑着说："从某种程度上来说，是的。像'创新者的偏见'和'创新者的礼物'这样的概念很容易理解，它们看似普通，但在实践中，需要有敏锐的自我意识才能发现它们。你必须长期磨练这种自我意识，因为认知偏见总是在悄无声息间、无意识的情况下产生影响。我保证，在创业的路上，你会多次遇到'创新者的偏见'。"

史蒂夫笑了。

"在这个阶段，"玛丽继续说，"寻找可以变现的客户痛点，并用证据支撑自己的观点是你的首要任务，而进行一对一的问题访谈是你最好的行动方案。一对一访谈可能看起来效率不高，但你必须体验一下，才能明白我的意思。一对一访谈在单位时间内的学习量比你采取的任何其他方法都大。而且发现客户的共同点和可操作的模式，并不像你想象的那样，需要许多次访谈和大量的数据。"

"通常需要进行多少次访谈呢？"

"一般 5 ～ 10 次访谈就能看出规律，但是最好增加访谈的次数，确保自己不会过早地得出结论。当你能在访谈对象开口之前就准确地预测出他们要说的内容，那就说明你的访谈次数已经足够多了。我发现要做到这一点，大约需要 20 次访谈。"

史蒂夫点头说："好吧，我保证，再也不走捷径了。我会读完你发给我们的关于'黑手党提案'活动的所有资料，然后召集团队启动第一次冲刺。"

不要使用调查问卷或焦点小组

当被要求以最小的代价向客户学习的时候，许多创始人的第一直觉是进行大量的问卷调查或者使用焦点小组。虽然开展问卷调查和使用焦点小组似乎比客户访谈更有效，但是以问卷调查和焦点小组开始通常不是好主意。原因如下。

- **问卷调查的前提是你知道该问什么问题**

  虽然并非完全不可能，但是很难编写一份包含所有正确问题的调查问卷，因为你根本不知道该问怎样的问题。在客户访谈中，你可以请求客户为你详细解释，可以探索你认知之外的领域。

  —— **敲黑板** ——————————————————————
  客户访谈是为了发现那些你不知道自己不知道的东西。
  ——————————————————————————————

- **更糟的是，问卷调查假设你知道正确的答案**

  在问卷调查中，你不仅要提出正确的问题，还要为客户提供正确的答案选项。你是否也有过很多这样的经历：对于某个问题，你的最佳答案是"其他"？

  —— **小贴士** ——————————————————————
  初始阶段，最佳的学习方式是提出开放式的问题。
  ——————————————————————————————

- **在问卷调查过程中，你无法看到客户**
  肢体语言所提供的线索与答案本身一样，也是问题与解决方案是否相匹配的指标。

- **使用焦点小组是完全错误的做法**
  焦点小组的问题在于，参与者的思维很快就会转变为群体思维，你只会获得少数人的意见，它们并不能代表整个群体的意见。

问卷调查到底有用吗

虽然在初始阶段，问卷调查并不利于我们的学习，但是在验证我们从客户访谈中学习到的内容时，问卷调查非常有效。客户访谈是一种定性验证形式，有助于使用"合理的"小样本量了解假设是否成立，且从中得到的结论清晰明了。一旦你对假设进行了初步验证，你就可以用你所学到的内容来设计调查问卷，并以定量的形式验证你的发现。这时，你的目标不再是学习，而是证明结果的扩展性（或具有统计意义）。

先发制人，驳斥那些反对客户访谈的观点

"去和客户聊聊"这种理念和"创建客户想要的东西"一样有益。如果在进行客户访谈时，你不能向他们推介你的产品，那么与客户交谈会变得尤为困难。

- 客户访谈的目标人群是谁？
- 你会对他们说什么？
- 你具体想了解什么？

以上这些问题我将在下一章讨论，但是首先，让我回击一下反对客户访谈的常见观点，帮助大家消除这些疑虑。

- **"客户不知道他们想要什么。"**

  很多宣称与客户交谈毫无意义的人经常引用亨利·福特的话："如果我问人们想要什么，他们会说跑得更快的马。"但是这句话中其实隐藏着一个客户问题：客户说"更快的马"，实际上他们是在要求比现有解决方案更快的东西，而现有解决方案恰好是一匹马罢了。

  只要环境适当，客户就可以清楚地表达他们的问题，但是你的任务是想出解决方案。或者，正如乔布斯所说，"知道自己想要什么并不是客户的任务"。

- **"与 20 人交谈并不具有统计学意义。"**

  创业公司就是要把一些大胆而新颖的东西带到这个世界上。一开始，你最大的挑战是让大家注意到你。

  > 如果你访谈的 10 个人都说他们不想要你的产品，显然这个结果在统计学上极具意义。
  >
  > ——埃里克·莱斯

  如果你能让 10 个不同的人不停地肯定你的产品，那么这个结果可能在统计学上不具有显著性，但是所谓具有统计学意义的结果不就是寻找人们对你的产品表达肯定意见或者否定意见所呈现的普遍规律（深刻的认识）吗？而在随后的冲刺阶段你可以用更多的数据来验证这一结果。

- **"我只依赖量化指标。"**

  另外一种常见的策略是不采取其他任何行动，只依靠量化指标。这种方法存在的第一个问题是，你最初无法拥有足够的流量，或者无法促使流量达到一定水平。但更重要的是，指标只能告诉你访客正在（或没有）采取什么行动；它们不能告诉你为什么访客正在（或没有）采取这些行动。访客离开是由于糟糕的文案、图形、定价，还是其他原因？在修改的时候，你可以尝试无穷无尽的组合，或者可以像我推荐的那样，直接去问客户。

- **"我是我自己的客户，所以我不需要和其他人谈话。"**

  自挠痒痒确实是找到点子的好方法——我自己的许多产品（比如精益画布）就是这样开始的。但是，这不是不与客户交谈的借口。首先，当你同时扮演创业者和客户的角色时，你真的能对客户的问题和定价保持客观吗？

- **"我的朋友们认为这是一个好点子。"**

  我主张你一开始可以与任何人交流你的创业点子，但是要注意，你的亲朋好友可能会为你描绘出一幅美好的画面（当然也可能不会），这取决于他们对创业作为一种职业的看法。你可以访谈你的朋友作为客户访谈的脚本练习，然后再多找一些不熟或者不认识的人来做访谈。

- **"我只需要一个周末就能做出来的产品，为什么还要花几周的时间来做客户访谈呢？"**

  "尽早发布，经常更新"是多年之前就流行开来的软件开发理念，旨在尽快获取客户的反馈意见。不过，就算花时间进行这样的"小更新"也可能是一种浪费。

  首先，这些"小更新"其实并不小。更重要的是，正如我们此前讨论过的，你完全没必要在构建完整的解决方案之后再进行验证。

- **"问题太明显了，根本不需要验证。"**

  有时候有诸多合理的理由让你的问题看起来很明显。

  ○ 你对问题涉及的领域非常了解。

  ○ 你解决的是大家公认的问题，比如提升着陆页的销售额或者转化率。

  ○ 你解决的是众所周知的难题，比如治疗癌症或者消除贫困。

在这类情况下，最大的风险可能不是验证问题，而是理解问题。也就是说，哪些客户（早期采用者）受问题的影响最大，他们现在是怎么解决这类问题的（现有解决方案），你的解决方案有何过人之处（独特价值主张）。即便你找到了问题所在，我仍然推荐你针对具体问题做一些客户访谈，以便验证你对问题的理解，然后再设计或者验证你的解决方案。

- **"我看不出客户有什么问题，所以也就没有测试问题这一说了。"**

  你可能觉得你的产品并不是用来解决问题的。例如，你的产品可能是一款电子游戏、一部短片或者一部科幻小说。但是我认为，就算是这类产品，究其本质依然是解决客户的问题，只不过要解决的问题并非由痛苦引起，而是欲望。对于此类产品，我们不需要询问客户存在的问题，而应该关注客户想要完成的更重大的任务，然后了解他们在这个过程中存在的障碍或者困难。这一点我们会在第 8 章中说明。

- **"别人会抄袭我的想法。"**

  最初的访谈完全是围绕着问题进行的，你试图和那些已经遇到问题的客户谈一谈，发现他们面临的问题。所以，你没有什么东西可以让别人抄袭。即便你开始推介你的产品，你也只是与合格的早期采用者分享你的独特价值主张（不是什么秘密），并为他们演示。合格的早期采用者宁愿付费购买你的产品，也不想自己构建一个同类产品。

第8章　比客户更了解他们自己

如果你能比客户更准确地描述他们的问题，他们自然会认为你是这方面的专家——他们会开始相信你一定能提供适合他们的解决方案。营销大师杰伊·亚伯拉罕称这种现象为"卓越策略"。

你可能有过这样的经历：生病之后来到医院，你觉得医生能够迅速发现你的病因并迅速对症下药简直是一种奇迹。实际上医生只是按照系统流程排除各种可能，用有理有据的"猜测"来分析你的症状。

—— **敲黑板** —————————————————————

能够理解客户的问题会赋予你超能力。

——————————————————————————————————

本章将告诉你如何使用问题探索冲刺来深入地了解你的客户（图8-1）。

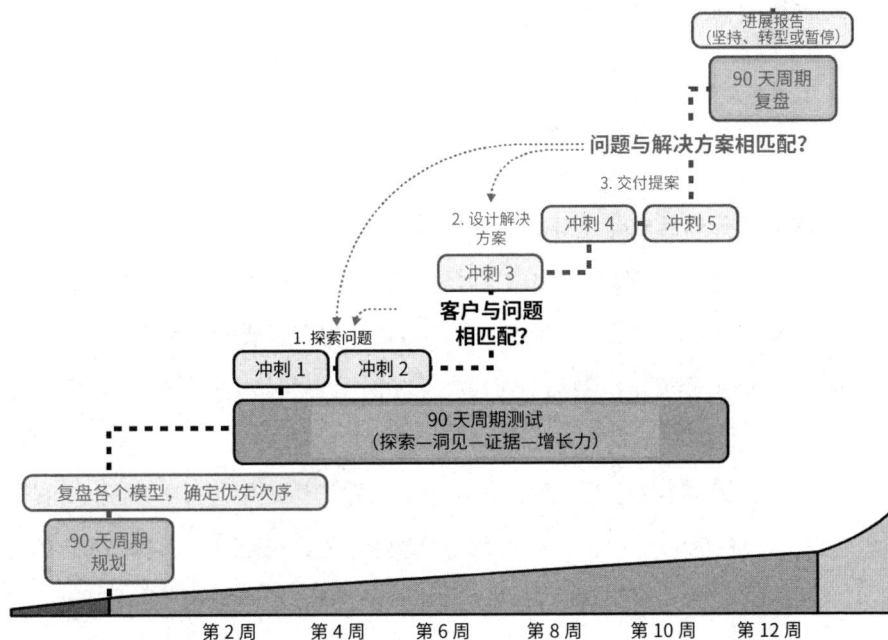

图 8-1　问题探索冲刺

问题的问题

通过与客户进行对话来发现客户的问题，这种方法说来简单，但是有效地做到这一点可能相当具有挑战性。你不能简单地要求客户列出他们的首要问题，原因有以下几点。

- **客户可能不知道问题是什么**
  人们求助于治疗师是有原因的。人们往往需要他人的帮助，才能看透表面问题，找到根本原因。

- **客户可能不愿意告诉你**
  如果承认存在的问题，你的客户会感到自己暴露了脆弱的一面或者感到不适。除非他们认识你、喜欢你、信任你，否则他们会否认问题的存在。

- **你会误解客户的反应**

  当你使用问题引导谈话时，可能会把重点放在特定的问题上，这往往会夸大客户在这个问题上的反应。人们很容易因为一棵树木而错过整片森林。

- **客户告诉你的可能是解决方案而不是问题**

  要警惕的是，即使是客户也很容易出现"创新者的偏见"。当你向客户询问他们存在的问题时，他们往往会告诉你他们想要如何解决问题而不会与你充分探讨问题本身。这时的一个错误诊断可能会让你跌入无底洞。

正是基于以上这些原因，我建议在探索问题的访谈中甚至不要提"问题"这个词。与客户的对话中，你的目标不是要验证客户存在的问题，而是要发现客户存在的问题。而探索问题的方法并不是直接询问客户，而是询问他们目前是如何使用现有解决方案来解决问题的。在他们的叙述中找到摩擦力（他们的困难与挣扎、不得已的变通方法以及时常抱怨的问题）以及 / 或者他们期望结果和实际结果之间的差距，这样你就能发现值得解决的问题。

问题探索冲刺有其对应的机制。在研究这一机制之前，让我们通过一个案例研究了解一下探索问题的实际过程。

案例研究：使用探索问题访谈来推动新房销售

想象一下，你是一个房屋建筑商，希望提高销售额，并考虑做个广告宣传一下。那么一年中什么时候是为房屋做广告的最差时间？

大多数人都会说是假期（10 月 ~ 12 月）[①]，因为在这段时间，人们希望好好度假，不想找房和看房。所以，人们普遍认为如果只有少数人在假期找房子，为什么要做广告？把广告预算留到下一年，当流量回升时，不是更好吗？但是如果我告诉你，假期是投放广告的良机，只是广告类别不同罢了，

---

① 在美国，10 月 ~ 12 月的节假日较多。——译者注

你会怎么想？

一位房屋建筑商有效地利用了探索问题的客户访谈，获得了关键的洞见，这些洞见帮助他建立了一个稳定的潜在客户渠道。他是这么做的：首先，他确定一年之中房屋销售最多的时间（3 月～5 月），然后锁定了在这一时期购买了房子的买家进行访谈。我们需要注意的是，他并不是想向这些人推销他的房子（别忘了，这些人刚刚购置了新房），而是要向他们学习。具体来讲，他想了解导致他们买房的一系列事件，追溯最早让他们买房的转换触发因素。结果他发现，这些触发因素恰恰发生在假期。

虽然购房者的叙述各不相同，但是他发现了一个显著的共同点。一些受访者表示，他们第一次产生购买新房的念头是在假期中某个节日聚会之后的早上（比如，感恩节晚餐后的第二天）。聚会结束后的第二天早上，他们的房子一片狼藉，夫妇二人通常会在早餐时讨论是否要买更大的房子。在聚会之前，他们的房子似乎非常完美，但是现在，他们觉得太小了（与预期不同）。夫妇俩分享了大家庭里的成员是如何成长的，谈到了他们希望未来组织更多的家庭聚会，而这显然需要更大的娱乐空间和生活空间。

节日聚会成了转换触发因素，使得他们放弃了现有解决方案（现在的房子），开始被动地寻找新的住所。通过将转换触发因素作为与客户对话的基础，建筑商请这些购房者讲述他们研究、寻找、购买新房以及搬家的一系列详细步骤。建筑商做了大量的笔记，之后将其转化成一套可以指导自己实践的洞见。

接下来的假期里，建筑商准备好了内容营销活动。他写了几篇对购房者有帮助的文章，回答了受访者在购房过程中最常遇到的问题（摩擦力）。他给出了一些建议，例如在哪里申请抵押贷款利率最低，哪里的社区教育资源最好，雇用搬家公司的时候应该如何闭"坑"，现在房屋设计有哪些潮流，等等。

他在这些文章后面附上了他在假日期间投放的针对本地市场的广告，它们取得了非常好的效果。1 月初，当他的竞争对手刚刚加大广告投入以吸引新的潜在客户时，他已经有了稳定的潜在客户渠道。

关注更广阔的大背景：待办任务

正如我们在第 2 章中所讨论的，你的产品的竞争对手存在于更广阔的大背景之中，不同类别的产品为完成同样的任务而竞争。在进行客户访谈时，了解更广阔的大背景是发现值得解决的问题的关键。让我们看看另一个案例，了解如何能做到这一点。

案例研究：使用探索问题的客户访谈来生产更好的钻头

人们不需要四分之一英寸的钻头，他们需要的是四分之一英寸的孔。

——西奥多·莱维特

哈佛大学教授西奥多·莱维特认为，我们应该专注于为客户提供最终收益，而非提供完成任务的功能。换句话说，客户需要的不是你的解决方案，而是你的解决方案能够为他们做的事情，例如实现某个结果或者完成某项工作。

假设你是一个钻头制造商，想要制造一个更好的钻头。你决定研究客户如何使用钻头，而不是研究钻头应该具备何种特殊的功能。在客户列出的问题中，最为突出的一个是钻头经常断裂。因此，你推出了一种新型的钛涂层钻头，其独特价值主张是"坚固度提升了 40%"。

在一段时间内，钻头的销量表现不错，直到有一天，在五金产品的货架上，一个新产品出现在你的钻头产品旁边。尽管这个产品看起来像放错了地方，但顾客还是蜂拥而至，购买它，而你的钻头销量则一路下滑。这个产品就是 3M 公司生产的高曼魔力扣，它可以让人们不用钻孔就能完成此前的工作。

这是怎么回事？

虽然莱维特的洞见有着深远的影响，让我们的视角从功能转向了结果，但是他说的这个钻头的例子还是不够深刻。四分之一英寸的孔代表了一种功能性的结果，它不是客户想要的，而是他们完成工作所需要的。区分两者的一个简单方法是，要注意到"四分之一英寸的孔"本身并非客户希望看到的结果。客户想要的不是四分之一英寸的孔，而是钻出四分之一英寸的孔之后的其他东西。所以，想要发现客户期望的结果，就必须关注更广阔的大背景。

—— 敲黑板 ——

理解产品背景，只能发现产品应该具备何种功能，而只有理解更广阔的大背景，才能发现客户期望的结果和真正需要完成的任务。

想要理解更广阔的大背景，需要首先缩小关注的范围。莱维特所说的"人们"指的是所有人，范围太广。普通房主使用钻头的原因显然与建筑工人使用钻头的原因大不相同。

因此，首先你要将目标受众划分为两个更具体的客户群体，例如普通房主和建筑工人。然后，像以前一样，你着手研究这些客户群体如何使用钻头。但是，这次你不会将钻出四分之一英寸的孔作为期望的结果，而是在四分之一英寸的孔之外寻找更广阔的大背景，以寻找更理想的结果。

—— 小贴士 ——

追求理想的结果需要你走出产品背景的局限，迈入更广阔的大背景。

就普通房主而言，他们期望的理想结果可能是悬挂一幅画。他们钻孔来固定钩子，以便悬挂画作。墙上的画显然比墙上的一个孔或钩子更为理想。所以，这就是一个客户期望的理想结果。

那么就创新而言，提出的问题会变得更加有趣：如何在不需要不必要的步骤（比如钻孔或使用挂钩）的前提下，帮助客户完成工作（挂画）？3M 公司生产的高曼魔力扣便应运而生。这种解决方案不需要钻孔，所以墙面上不会有孔，也不会有钻孔后的脏乱环境，而且挂画比其他方法更简单、更便宜。

专注于四分之一英寸的孔可能能够帮助钻头制造商在竞争中击败其他对手，制造出更好的钻头。但是他们仍然可能在这场竞争中中落败，因为这场竞争是在更广阔的大背景中进行的。

着眼更广阔的大背景

想要快速看到更广阔的大背景的一个有效方法是进行凯西·西拉提出的这项练习：

- 不要创建更好的（X），而是让使用（X）后的用户变得更好。

下面是一些例子。

○ 不要创建更好的（相机），而是让（摄影师）变得更好。
○ 不要创建更好的（商业模式画布），而是让（企业家）变得更好。
○ 不要创建更好的（钻头），而是让（DIY 房主）变得更好。

专注于让你的客户变得更好，而不是让你的解决方案更好，这是突破产品背景的一种方式。你要超越产品直接发挥作用的功能和产生的益处，而要转向关注客户期望的结果或者想要完成的任务。当然，挑战在于，视角的拓宽会让你发现客户面临的各种任务，而这些任务远超你的能力范围。那么你应该关注的重点是哪里？现实情况是，大多数企业家都停留在自己的产品背景中，从来没有超越任务或者功能进行思考，这是个错误。

—— **小贴士** —————————————————
与其困在杂草中，不如不断扩大自己的视野范围，最终取得突破。
————————————————————————

如果工作中关注的范围，或者说工作范围太窄，你可能会被工作范围更大的竞争对手取代。如果工作范围太广，你的力量又会过于分散。那么该如何确定工作范围呢？

界定更广阔的大背景

正确的工作范围应该介于解决方案的直接功能效益和让客户变得更好之间。

1. 客户在使用了你的解决方案后可以直接获得与产品功能相关的益处或者结果，这是你的工作范围的起点。

2. 如果这个结果依然处于你的解决方案范围之内并且／或者还是不太理想，那么必须突破这一结果继续探索，不断"升级"，扩大视野。

3. 当答案超出工作范围上限时立刻停止。

将上述步骤应用于钻头的案例，我们可以得到如下内容（图 8-2）。

1. 为什么 DIY 房主要买四分之一英寸的钻头？

   为了得到一个四分之一英寸的孔（这与产品功能密切相关，还不理想）。

2. 他们为什么想要一个四分之一英寸的孔？

   为了固定一个钩子（这与产品功能密切相关，还不理想）。

3. 他们为什么要固定一个钩子？

   为了悬挂一幅画（待办任务，理想）。

4. 他们为什么要挂一幅画？

   为了装饰他们的房子（待办任务，理想）。

5. 他们为什么要装饰自己的房子？

   为了表达自己（待办任务，理想）。

6. 他们为什么要表达自己？

   这个问题开始超出我们定义的上限了。

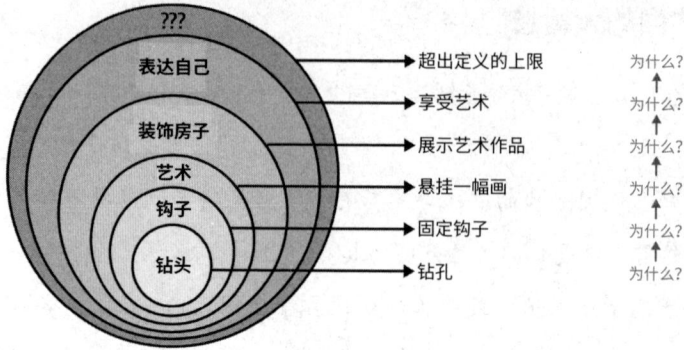

图 8-2 更广阔的大背景

───── 敲黑板 ─────────────────────────

更广阔的大背景正是你发现创新机会的地方。

─────────────────────────────────────

深入更广阔、更具体的大背景中去

一旦你确定了彼此重叠的更广阔的大背景，就可以选择一个来做进一步的探索。理想情况下，在做选择时最好要考虑发展性和可行性方面的瓶颈。

要想商业模式得以运行，你应该根据找到的问题大小来定义发展性的限制因素。切记，你需要以你的增长力路线图为依据。在我们讨论的"挂画"例子中，"挂画"是一个 10 ~ 20 美元的问题，但是如果你将背景扩展到艺术或者室内装饰，那么你发现的问题可能价值数百甚至数千美元。

你要根据你的核心竞争力这一瓶颈来定义你的可行性瓶颈。换句话说，是否有你不想参与竞争的领域？例如，如果你是一个钻头制造商，你想涉足胶水行业吗？

一旦确定了适合你的更广阔的大背景，就深入探究客户是如何完成任务的，并寻找他们遇到的困难（值得解决的问题）。

开展问题探索冲刺

一个问题探索冲刺为期 2 周，它使用一对一的访谈来了解客户为什么选择了现有解决方案，又是如何使用这个解决方案来完成任务的。

在访谈过程中，想象自己是一名记者或者侦探，保持纯粹的好奇心。访谈的核心任务是找到客户经历的一系列事件，这一系列事件的起点是促使受访者寻找现有解决方案的转换触发因素，终点是他们最近一次对现有解决方案的使用。

在每次访谈之后，你都要在客户受力分析画布上记录自己的洞见。稍后我们将介绍如何完成这一步。

与普遍的看法相反，我们并不需要大量的访谈才能发现其中的模式。我们只需要专注地进行 10 到 15 次访谈，通常就会获得 80% 的重要洞见。正如玛丽在第 7 章中向史蒂夫解释的那样，当你不再从访谈中学到任何新内容时，你就知道你可以结束访谈这个环节了。换句话说，你只需问几个关键问题，就能准确地预测受访者会说什么的时候，你就可以结束访谈环节了。

广泛匹配的问题探索冲刺 vs 精准匹配的问题探索冲刺

可能你已经忍不住要立即针对早期采用者展开访谈了，但是这么做的缺点是过快地缩小关注范围，并落入局部最优陷阱（我们在第 1 章讨论过）。更有效的方法是进行两批访谈（安排两个冲刺）：一个是广泛匹配的问题探索冲刺，另一个是精准匹配的问题探索冲刺。

在广泛匹配的问题探索冲刺阶段，你的目标是最近购买现有解决方案或使用过现有解决方案的人。正如我们在建筑商的案例中所看到的，那位建筑商的最初目标并不是他的早期采用者，而是最近买了房子的人。

在广泛匹配的问题探索冲刺产生了初步结果之后，你需要进行分析，然后确定理想的早期采用者。随后你可以进行精准匹配的问题探索冲刺，来验证自己此前获得的洞见。

根据经验，准备好在 4 周内进行 2 次（广泛匹配和精准匹配）问题探索冲刺，采访 20 ~ 30 人。这大致相当于每周访谈 5 ~ 8 人，并留出一些时间来消化你的学习成果。

在问题探索冲刺结束时，你应该能够（有实证依据地）展示自己已经实现了客户与问题相匹配（customer/problem fit）。当你找到足够大的值得解决的客户问题时，你就实现了客户与问题相匹配。我将在本章末尾介绍更加详细的标准，来帮助你确定是否实现了客户与问题相匹配。

无论是广泛匹配还是精准匹配，开展一个问题探索冲刺都包括 3 个步骤：

- 寻找潜在客户；
- 进行客户访谈；
- 准确获取洞见。

我们一起看看每一步是如何开展的。

寻找潜在客户

由于探索问题的目标是了解人们目前是如何使用现有解决方案完成任务的，因此选择目标人选时，应该选择那些最近尝试使用一个或者多个你的精益画布上列出的常见现有解决方案的人。如果你不确定你的客户使用了哪些现有解决方案，那就把注意力放在触发事件上。

- 当客户遇到 [触发事件] 时，他们 [可能会使用现有解决方案]。
- 例如，创业者有创业点子的时候，他们会去参加有关创业主题的恳谈会。

通过这样的练习，你可能最终可以得到间接的解决方案，甚至互补的解决方案，这很正常。你可以用这种方法寻找潜在的访谈对象，并通过访谈发现实际存在的解决方案，这些解决方案与你酝酿的产品是直接竞争关系。

以下是你在寻找访谈对象时应该牢记于心的指南。

- **锁定潜在客户时，寻找那些刚刚转而使用（或者刚刚使用）现有解决方案的人**

  因为大家的记忆并不那么牢靠，所以最好选择那些在过去 90 天内购买或者使用过现有解决方案的人。这个时间足够短，可以让人回忆起重要的细节，但它又足够长，足以让人们有时间体验现有解决方案，以评估它是否完成了自己的任务。

- **围绕学习而不是推介建立访谈框架**

  推介的时候，因为主要发言人是你，所以客户很容易假装赞同你的观点甚至干脆对你撒谎。访谈以推介开始的问题在于，有效推介的前提是你知道什么才是客户想要的"正确的"产品。在你推介"正确的"解决方案之前，你必须先了解"正确的"客户问题。

  在一个学习框架中，角色会发生调换。应该由你来设定谈话背景，但要让客户来完成大部分的谈话。你不必知道所有答案，你要让每一次与客户的对话都变成一次学习的机会。用学习框架来引导访谈，你是在寻求建议，而不是推介产品，这也是一种有效地解除访谈对象戒心的技巧，它会让你的潜在客户放下戒备，更畅快地与你交谈。

- **从你认识的人开始**

  一开始，寻找访谈对象可能是一个挑战。可以从你认识的、符合你的目标条件的人开始。有些人担心从关系亲密的人那里得到的反馈可能会有偏见。我认为，找到访谈对象总比找不到人强。你应该利用他们找到其他的访谈对象。这不仅可以帮助你练习访谈脚本，让访谈更加自如流畅，而且还可以让亲朋好友向其他潜在客户热情地推荐你。

- **让他人引荐新的受访者**

下一步是要求你的"一级联系人"为你介绍他们认识的符合你目标条件的人。你需要为他们提供一个信息模板，方便你的亲朋好友剪切、粘贴和转发，以节省他们的时间。下面是我过去使用的一个模板。

[亲朋好友的名字]：

最近还好吧？……我想请你帮个忙。

我有一个产品创意，想找婚礼摄影师帮忙验证。我的目标是访谈本地的摄影师，了解一下他们的圈子，然后评估我的创意适合不适合做成产品。

如果你能将下面的信息转发给你认识的符合条件的人，我将不胜感激！

（你可以根据具体情况修改内容。）

——

您好：

我们是一家位于奥斯汀市的软件公司，目前正在开发一项新的软件服务，可以帮助摄影师更加便捷地在网上展示和销售照片。我们正在研发专门的工具，可以帮助摄影师更好、更快速地在线打样、存放和销售照片。

希望您能抽出 30 分钟的时间，让我们了解您目前的工作流程。我们不会推销任何产品，只是想寻求您的建议。

谢谢！

阿什

- **打好老乡这张人情牌**

一般来说，如果你和对方是同乡，那么对方会更愿意与你见面。我在前面的电子邮件正文中强调了"奥斯汀市"，这更容易打动奥斯汀本地的摄影师。

- **让受访者看到访谈的成效**

  把你的访谈做的像"正式采访"那样，把访谈的结果写成文章，制作成播客，记录在博客上或者录制视频发送给访谈的对象。这样做可以激励你的访谈对象，更深入地与你交流思想，同时你也可以更好地与对方或公众分享自己的洞见。

- **可以向参与访谈的潜在客户提供一定的报酬**

  探索问题的客户访谈旨在收集事实依据，不是推介你的解决方案，所以提供报酬来调动参与者的积极性是可取的。如果访谈耗时 30 ~ 45 分钟，你可以为访谈对象提供 25 ~ 75 美元的礼品卡，这是合理的报酬。报酬的多少取决于你针对的客户群体。

史蒂夫启动了第一次问题探索冲刺

史蒂夫和玛丽、莉萨、乔希一起召开了冲刺启动会议。他们都赞成先开展"黑手党提案"活动。他们计划在下一个冲刺阶段就商业模式的两个变体（软件开发人员和建筑师）分别进行 10 次探索问题访谈。

"那么，我们如何找到访谈对象呢？"乔希问道。

"找'软件开发人员'比较容易，"史蒂夫回答道，"我认识很多从事 AR/VR 开发工作的人员和机构，可以很容易地安排 10 场氛围友好的访谈。我不认识建筑师。你们中有谁认识可让我们访谈的建筑师吗？"

"没有直接认识的，但是我可以问一问。如果没有，我此前也经历过在陌生人中寻找潜在客户的情况。"莉萨回答道。

"对于建筑师来说，可能采取双管齐下的方法去找比较好。"玛丽插话道，"我们当然想要与建筑师会面，但是如果可能的话，我会优先考虑有中间人介绍的会面，而不是在完全不认识对方的情况下发掘潜在客户。具体的原因我们已经在上一次会议中讨论过了。此外，我认为访谈目标也应该锁定那些刚刚完成房屋建造的房主，这样访谈会更加容易，我们也会受益更多。"

"这个想法很好。这也是为了获得最终用户的看法吧？"乔希问道。

"没错，"玛丽回答说，"你需要从多个角度来审视一个创业点子，我总想尽可能地接近最终用户，然后倒推建造中的问题。我敢说，建筑师在建造定制房屋时所看到的问题与房主的想法会大不不同。"

"确实。我猜建筑师更看重效率和过程，而房主则更看重情感因素，这就是更广阔的大背景。"乔希补充道。

"我也喜欢这种方法。玛丽，你为什么说与房主交谈会容易得多？"史蒂夫问道。

玛丽微笑着说："因为每个人都喜欢谈论自己的事情，特别是当他们刚刚建造好他们引以为豪的房屋时。同样，如果你有朋友或者朋友的朋友刚刚完成了房屋建造项目，也可以尝试先跟他们聊一聊。然后访问一些建筑师的网页，寻找最近完工的房屋，并直接联系房主。你要做的只是敲开门，赞美他们的房子，让他们知道你正在做新房建设的市场调查。你希望他们抽出30 ～ 45 分钟的时间，并向他们提供 50 ～ 75 美元的礼品卡。我想这应该就可以了。"

"听你一说，真的很简单。"史蒂夫笑着说。

"访谈别人很简单，但是我们想得太多，把访谈看成了很辛苦的事情。"玛丽说，"切记，这不是推介。你只需要稍微走出舒适区，并抱着纯粹的好奇心，让访谈对象来完成大部分谈话。你会惊奇地发现，一旦他们开口，让他们停下来就会很难。"

"好吧，我相信你的话。"史蒂夫略带怀疑地笑着说，"那么，我们要访谈的对象应该有 3 组：软件开发人员、建筑师和房主。我们原计划两人一组，每组进行 5 次访谈。大家没有问题吧？"

乔希和莉萨点头表示同意。

进行访谈

和任何其他值得掌握的技能一样，刚开始进行客户访谈时可能会感到不适。但是，只要稍加练习（并遵循一些参考意见），你很快就能掌握这项宝贵的技能，并让其在整个产品生命周期中发挥重要作用。切记，持续创新需要建立持续的学习循环，不断向客户学习，而知道如何与客户交谈是最为有效的学习方式。

以下是帮助你开始访谈的入门指南。

- **尽量面对面地进行访谈**

  除了捕捉肢体语言的线索外，面对面的访谈能够催生一种亲近感，而这种亲近感是我们无法通过电话访谈实现的，这也是建立客户关系的关键所在。即使无法进行面对面的访谈，也要尽可能地进行视频通话。

- **找个氛围轻松的地方**

  我比较喜欢在咖啡厅里做访谈，因为这种地方的氛围比较随意轻松。你也可以前往受访者的办公室进行访谈，不过那样"商业气"就比较浓了，且你的访谈会让人感觉更像是宣传推介。话虽如此，你要尽量让受访者选择他们觉得舒服的地方进行访谈。

- **时间要充足**

  为了避免时间紧张、仓促，探索问题访谈通常需要 45 分钟。我建议预先告知访谈对象访谈时间为 1 个小时。如果访谈比预期进行得快，可以提早结束。

- **让别人帮你安排访谈日程**

  在客户访谈阶段，最大的浪费是等待——等待客户回应访谈请求、根据他们的日程协调时间，考虑跨时区的问题，等等。如果你能事先把准备工作做好，那么安排访谈的事情就可以交给数字助理软件或者在线日程安排工具了。

我是这样做准备工作的：

- 先写好所有的请求访谈的电子邮件；
- 把每个下午的时间空出来，这样就比较好安排访谈时间；
- 与访谈对象的往来电子邮件都会抄送给我，如果安排得不合适或有其他需要，我可以做出调整。

- **两人一组进行访谈**

  如果你的团队不止一人，那么以两人一组的方式进行客户访谈效果更好。你们可以轮流提问；一个人提问，另一个人做笔记并思考其他问题。两人一组不仅可以在访谈之后对比笔记内容，也可以保证不会出现确认偏差。

- **提出问题，不下结论**

  进行客户访谈的目的是学习，不是推介。如何判断一个创业者是在推销？那就是他们在滔滔不绝地说话。避开这个陷阱的方法是在访谈过程中少说多听。我认为比较好的技巧是，一旦访谈开始，每句话都以一个问题开始或结束。

  - 你能再详细说明一下吗？
  - 你预计会发生什么？
  - 那是哪一天？

- **专注事实，而非假设**

  探索问题访谈有一个黄金法则，那就是专注于客户实际做过的事情，而不是询问他们未来可能（或者不可能）做的事情。

你需要避免问下面这样的问题。

○ 如果存在情况 Y，你会不会做 X？

○ 今后你会买 X 吗？

○ 将来，你会做 Y 吗？

把自己想象成一个记者，你的工作是发掘原始故事，捕捉事实，而非虚构的东西。

- **不要问客户他们遇到的问题**

我们此前已经说过，避免向客户询问问题。如果询问他们遇到的问题，他们通常只会肤浅地描述问题或者列出错误的问题。相反，你应该让客户专注于谈论他们是如何使用现有解决方案的，以寻找摩擦力。例如，如果你在 15 年前询问人们有关出租车服务中存在的问题，他们可能会说"司机没有礼貌""车内卫生太差"。而他们说的这两种情况都不会催生共享汽车业务。

如果你转而专注于研究他们是如何使用出租车的，你可能就会发现，当人们要赶飞机的时候，他们：

○ 在飞行前一天晚上预订了出租车；

○ 预订的出发时间（以及起床的时间）比本来的出发时间早两个小时，以防出租车晚点；

○ 反复给出租车公司打电话，确认司机不会爽约。

客户经常抱怨的事情或者被迫采取的变通方法会让你找到值得解决的问题。

- **深入了解，保持好奇心**

  在进行客户访谈时，你会经常发现，在你打破僵局之前，客户只会给你简短的答案或者只讨论一些皮毛问题。要想深入了解情况，你需要保持纯粹的好奇心，不要做出任何假设，而是提出开放式问题推进访谈，比如提出以下问题。

  ○ 你是怎么做到的？

  ○ 你说的 Y 是什么意思？

  ○ 我有点糊涂了……我们能不能慢一点，你能不能告诉我关于 Z 的情况？

- **关注更广阔的大背景**

  正如我们在本章前面所提到的，你需要寻找客户期望的结果，需要跳出你的产品所处的背景，进入待办任务所处的更广阔的大背景之中。

- **录制访谈（如果可能）**

  如果潜在客户同意录制，录下访谈内容是非常好的选择，可以反复听访谈内容，还能与团队成员分享，甚至可以通过软件转录为文本，方便后期总结。

- **重构事件的时间线**

  你要研究的是客户选择或者购买现有解决方案的相关事件，所以需要围绕这些事件展开访谈。你需要向前追溯，找到一系列导致客户选择现有解决方案的触发事件。之后，随着时间线的推进，你可以了解到现有解决方案直到最近的使用情况。

  图 8-3 是一个时间线样本，访谈对象是最近办理了健身房会员卡的客户。

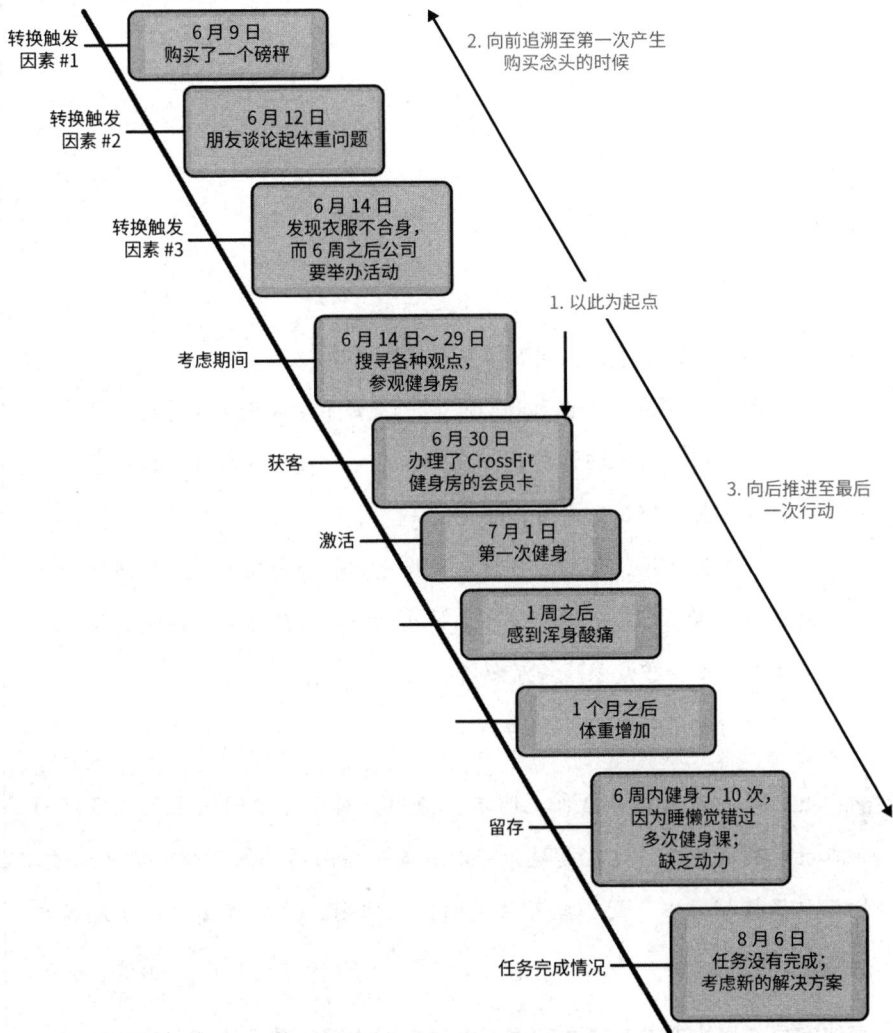

6 月 9 日
购买了一个磅秤

转换触发
因素 #1

6 月 12 日
朋友谈论起体重问题

转换触发
因素 #2

6 月 14 日
发现衣服不合身，
而 6 周之后公司
要举办活动

转换触发
因素 #3

6 月 14 日～ 29 日
搜寻各种观点，
参观健身房

考虑期间

6 月 30 日
办理了 CrossFit
健身房的会员卡

获客

7 月 1 日
第一次健身

激活

1 周之后
感到浑身酸痛

1 个月之后
体重增加

6 周内健身了 10 次，
因为睡懒觉错过
多次健身课；
缺乏动力

留存

8 月 6 日
任务没有完成；
考虑新的解决方案

任务完成情况

2. 向前追溯至第一次产生
购买念头的时候

1. 以此为起点

3. 向后推进至最后
一次行动

图 8-3　客户时间线

- **使用元脚本**

因为访谈的时间有限，你需要始终关注你的关键目标，最大限度地提升学习效果，而编写访谈的元脚本可以给你很大的帮助。

探索问题访谈元脚本

（30 ～ 45 分钟）

欢迎（开场白）

（2 分钟）

简要介绍访谈过程。

> 非常感谢您今天抽出时间参与这次访谈。
>
> 我们正在围绕人们如何以及何时完成 [待办任务] 进行一些早期的研究。我想强调的是，这并非推介。我们的目标是向您学习，而不是向您销售或者推介什么。
>
> 在访谈之中，您的答案没有正误之分。我们只是想听您讲述真实的故事。您也可以想象我们是在拍摄一部纪录片，我们是制片人和导演，想从您这里了解所有细节，填补故事的空白。
>
> 这样说不知您是否清楚了？

把脚本的其余部分当作元脚本来使用。对于探索问题来说，最好的脚本就是没有脚本。这就是说，可以准备一些问题，但是数量不宜太多。切记要保持好奇心，问一些开放式的简短问题，然后将答案组合成客户的故事。

围绕客户选择的现有解决方案或者上次完成 / 尝试完成的任务进行提问（设置重点）

（5 分钟）

问一些具体的问题，把受访者的思绪带回到购买（或租用）事件。

> 您是什么时候注册的 [现有解决方案]？
>
> 您上一次使用 [现有解决方案] 是什么时候？

　　记忆不会持续太久，所以可以通过询问一些细节来帮助受访者唤起此前的记忆，这会进一步帮助他们卸下防备，让他们对你的问题敞开心扉。

　　　　您还记得那是周几吗？

　　　　您是一个人还是和别人一起？

　　　　您说是通过网上搜索找到的，您还记得搜索的关键词吗？

寻找触发事件（首次产生购买想法的转换触发因素）

（5 分钟）

　　回到时间线上较早的时间节点，尝试找出促使访谈对象选择现有解决方案的一系列触发事件。

　　　　好的，所以您在 [周几] 买了这个产品。您还记得是什么促使您购买的吗？

　　　　您接下来做了什么？

　　　　您第一次意识到需要一个新的 [产品] 是什么时候？

　　　　如果您什么都不做，会发生什么？

　　　　您说您想要一些更好的产品。您能描述一下您当时认为什么是更好的产品吗？

探寻选择过程（获客）

（5 分钟）

　　深入了解客户是如何选择现有解决方案的。

　　　　接下来发生了什么？您能向我们介绍一下选择解决方案的过程吗？

　　　　您还考虑了什么因素？

您是从哪里听说 [现有解决方案] 的？

您为什么最终选择 [现有解决方案]？

您是否介意告诉我们您为 [最终选择的解决方案] 支付了多少钱？

请访谈对象澄清模糊的话语含义。

您是如何定义"简单"的？

您说这个现有解决方案是健康的选择。您能告诉我您是如何判断某个解决方案是否健康的吗？

探寻早期使用情况（激活）

（5 分钟）

放慢节奏，请访谈对象分享第一次使用现有解决方案的印象。如果你听到他们表示在使用过程中存在困难或者潜在的摩擦力，要深入发掘。

我想回到您刚刚注册 / 接受 [现有解决方案] 之时。还请带我们感受一下当时开箱的过程。

您花了多长时间来设置产品？

然后您做了什么？

您如何判断该产品是否解决了问题？

如果适用，继续了解日常使用情况（留存）

（5 分钟）

继续了解客户持续使用的情况，寻找困难或摩擦力。

那么，您多长时间使用一次 [最终选择的解决方案]？

您最近一次使用 [最终选择的解决方案] 是什么时候？

下一步计划（客户的下一步行动）

（5 分钟）

了解访谈对象的任务是否成功完成，以及访谈对象下一步的计划。

所以在一开始，您想要一个能达到 [预期结果] 的产品。您 [最终选择的解决方案] 表现如何？

那么您接下来准备做什么？

总结（后续安排）

（3 分钟）

感谢访谈对象抽出时间接受访谈。在结束访谈之前，你可能还有一件事情要做，还有两个问题要问。

即便你还没有准备好谈论你的解决方案，但是如果访谈对象符合早期采用者的标准，你需要给他们点儿盼头，激起他们对你的产品的兴趣和关注。简单明了地向访谈对象介绍一下你的解决方案或者你的独特价值主张是此时的最佳选择。

然后，你要征得访谈对象同意以便后续可以跟进、保持联络。最后，你要请求访谈对象帮你推荐其他人来接受访谈。

正如我们在开始的时候提到的，我们只是在做前期研究，但是根据您的回答，我们认为我们正在构建的产品可能很适合解决您的问题。我们的产品旨在 [独特价值主张]。

几周之后是否可以再与您联系，为您进行演示？

另外，由于我们处于早期阶段，我们希望与尽可能多的人交流，向他们学习。您是否愿意把我们介绍给更多 [像您这样的人]？

史蒂夫为客户访谈编写了一个元脚本

史蒂夫以前从未进行过类似的访谈，所以他决定编写一个元脚本，用于与房主的访谈。他的目标不是列出详尽的问题清单，而是组织访谈的流程，并写下一些可以在访谈中参考的促进学习的问题。

欢迎（开场白）

（2分钟）

非常感谢您今天抽出时间参与我们的访谈。

我们正在为本地的一家大型建筑公司进行一些早期的市场调查，同时也在研究定制房屋的设计过程。我们在 [建筑师网站] 上看到了您的房子。顺便说一句，您的房子真漂亮。我们想知道您是否愿意与我们分享您的设计经验。

访谈大约需要 45 分钟。我们知道您的时间很宝贵，所以我们会为您提供价值 75 美元的礼品卡，聊表心意。

如果对方同意，可以继续介绍。

我想强调的是，这不是推介。我们的目标是向您学习，而不是向您销售或推介什么。

在访谈之中，您的答案没有正误之分。我们只是想听您讲述真实的故事。您也可以想象我们是在拍摄一部纪录片，我们是制片人和导演，想从您这里了解所有细节，填补故事的空白。

这样说不知您是否清楚了？

围绕客户选择的现有解决方案或者上次完成 / 尝试完成的任务进行提问（设置重点）

（5分钟）

您的房子是什么时候完工的？

您是什么时候搬进来的？

这是您的第一个定制房屋吗？

房子的建造花了多长时间？

寻找触发事件（首次产生购买想法的转换触发因素）

（5 分钟）

建造花了 [房屋建造花费的时间]。我想回溯到更早的时候，也就是您第一次产生要建造定制房屋想法的时候。是什么让您有了这一想法？

为什么您选择了建造房屋而不是购买房屋？

您想寻求什么或实现什么样的目的？

探寻选择过程（获客）

（5 分钟）

接下来发生了什么？您能向我们介绍一下您选择解决方案的过程吗？

您是如何挑选建筑师的？

您还考虑了什么因素？

探寻早期使用情况（激活）

（5 分钟）

那么，您已经选择好了建筑师，然后您又做了什么？

设计阶段花了多长时间？

选择设计方案时您用了什么工具？

如果适用，继续了解日常使用情况（留存）

（5 分钟）

您是如何选择材料的？

选择材料花了多长时间？

建造房屋的价格是多少？您是什么时候付费的？

设计和预算是否进行了反复修改，如果是，做了哪些修改呢？

下一步计划（客户的下一步行动）

（5分钟）

一开始，您想要建造梦想中的房屋，您觉得是否实现了呢？

您是否想对房屋做进一步的改进或装饰？

总结（后续安排）

（3分钟）

非常感谢您能参与我们的访谈。这是赠送给您的礼品卡，礼物虽小，但是也请您收下。真诚地感谢您邀请我们参观您漂亮的新房。

最后还有一个问题，您是否有朋友也有建造定制房屋的经历？我们正努力与尽可能多的房主交流，如果您能为我们推荐，我们将感激不尽。

准确捕捉真知灼见

每次访谈结束后，你都会得到大量的原始信息，这些信息可能会让你不知所措，难以应对。随着访谈次数的增加，这个问题就会变得更加严重。

进行这些访谈的最终目的不是编写一份20页的客户研究报告，而是将你的学习成果总结为可以付诸实践的洞见，这些洞见体现了最常见的客户旅程故事。对于任何市场，客户旅程故事并非不计其数。你很快就能看出普遍存在的规律。大多数市场会存在3 ~ 5个重复出现的客户旅程故事。

如何发现这些普遍存在的规律呢？一方面，你的大脑天生就在寻找模式，会自动地在客户访谈中寻找相似之处。不过，另一方面，你的大脑也很容易被愚弄。

首要原则是，你不能欺骗自己，而你自己是最容易被欺骗的人。

——理查德·费曼，美国理论物理学家

这种情况的出现是因为认知偏差的存在。这里，我们需要特别注意两个最常见的认知偏差：一个是确认偏误，另一个是近因效应。

确认偏误是指，我们倾向于关注与我们自己的世界观一致的事情（例如，能够证明我们的解决方案是正确的客户问题），而较少关注那些不符合我们的世界观的事情。

近因效应是指，我们会更加看重近期发生的事情（例如，连续 3 次听到某个特定问题），但是从整体上来看，这些近期发生的事情可能只是小概率事件，并非普遍存在的规律。

想要避开这些认知偏差，我们必须遵循实证方法，获取洞见，并在客户受力分析画布上按顺序列出获得的洞见（图 8-4）。

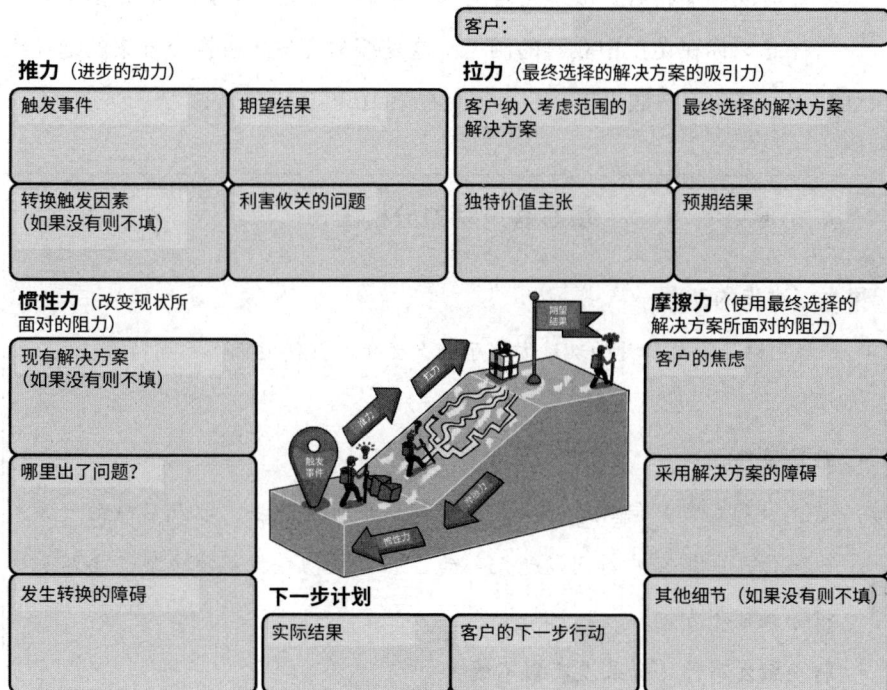

图 8-4　客户受力分析画布

下面的指导原则可以帮助你从客户访谈中高效地获得洞见。

- **每次访谈之后立即总结洞见**

  每次访谈结束后，留出 5 ~ 10 分钟时间处理原始笔记。然后根据笔记内容，填写客户受力分析画布。我一般会在日程安排中为客户访谈工作留出 1 个小时的时间，并争取 45 分钟内结束访谈；然后，留出 15 分钟进行后期分析。

- **避免群体思维**

  如果你是两人一组进行访谈，最好分头总结客户故事，然后对比笔记内容，以避免群体思维。

- **按时间顺序填写客户受力分析画布**

  虽然在探索问题访谈中提出的问题并不会遵循时间顺序，但是你要按照时间顺序将客户故事重构为一系列因果事件。按照下面方框中的顺序总结你在访谈中获得的洞见。这是编写客户故事推介方案的绝佳练习，有关客户故事推介的内容将在第 10 章介绍。

填写客户受力分析画布

推力（进步的动力）

　　找出访谈对象所处的环境发生了什么变化，促使他们去完成待办任务。

- **触发事件**

  首先，确定客户何时第一次产生了改变现状的想法，以及后续的一系列事件，包括客户对问题毫无作为，客户被动寻找解决方案，之后积极寻找解决方案。

- **转换触发事件（如果没有则不填）**

  如果访谈对象放弃了原有方式，转而使用新方式完成任务，那么你要关注导致转换的因果事件。发生转换可能出于以下原因。

    ○ 现有解决方案的客户体验糟糕；

    ○ 客户所处的环境发生了变化；

    ○ 出现了认知提升事件，比如在年度体检中，客户被诊断出有高血压。

- **期望结果**

  在客户故事旅程开始时，客户的期望结果是什么？他们会用什么具体指标来衡量是否实现了期望结果？

- **利害攸关的问题**

  忽视触发事件且无所作为的后果是什么？（如果没有则不填）

拉力（最终选择的解决方案的吸引力）

    找到到底是什么吸引客户选择了最终的解决方案。

- **客户纳入考虑范围的解决方案**

  为了完成任务，客户还考虑了哪些解决方案？

- **最终选择的解决方案**

  填入为完成任务而最终选择的解决方案。记下客户在哪里发现了最终选择的解决方案（渠道）以及他们为此支付的费用（如果适用）。

- **独特价值主张（承诺的结果）**

  具体来说，最终选择的解决方案有何种吸引力？换句话说，客户为什么选择这个解决方案而不是其他解决方案？

- **预期结果**

  通过所选的解决方案，客户想实现什么预期目标？他们会用什么具体指标来衡量解决方案是否成功？

惯性力（改变现状所面对的阻力）

列出来自客户使用的旧有方式的阻力。阻力可能来自他们已经用来完成任务的现有解决方案，或者如果这是客户第一次进行这项任务，阻力可能来自客户现有的习惯。

- **现有解决方案（如果没有则不填）**

  如果客户目前正在使用一种解决方案（原有方式）来完成任务，请在此列出。如果没有，请将此框留空。

- **哪里出了问题？**

  触发事件的出现导致客户的现有解决方案出现了哪些具体问题？

- **发生转换的障碍**

  寻找妨碍他们转换解决方案的现有习惯或者转换成本。

摩擦力（使用最终选择的解决方案所面对的阻力）

列出客户在使用最终选择的解决方案时所遇到的阻力。这些阻力通常是由变化所带来的焦虑和采用产品时所遇到的挑战引发的，比如，产品可用性问题。

- **客户的焦虑**

  列出客户在开始使用最终选择的解决方案时所表现出的恐惧或担忧。

- **采用解决方案的障碍**

  列出客户在使用最终选择的解决方案时遇到的所有挑战。

- **其他细节（如果没有则不填）**

  这部分填写关于现有解决方案的其他洞见。

下一步计划

总结客户的当前状态。

- **实际结果**

在使用所选的解决方案后，客户获得的实际结果是什么？

- **客户的下一步行动**

客户接下来有什么行动？任务完成得足够好吗？他们会继续使用选择的解决方案还是会考虑使用新的解决方案？

- **练习总结客户旅程故事**

在完成客户受力分析画布后，用下面的故事模板口述你从每个访谈中获取的关键洞见。

当客户遇到转换触发因素时，他们会发现无法得到期望的结果（利害攸关的问题）。

所以，客户开始考虑一些新的解决方案（客户纳入考虑范围的解决方案）。

而他们选择新的解决方案是因为（独特价值主张）。

阻止他们转换的是什么（惯性力）。

促使他们转换的是什么（拉力）。

他们有什么焦虑（摩擦力）。

他们现在的情况（客户的下一步行动）。

- **将客户受力分析画布分类，根据不同任务细分客户群体**

在完成每幅客户受力分析画布时，你要围绕触发事件、期望结果和现有解决方案等方面，寻找普遍存在的规律，并根据不同的任务，细分客户群体（图 8-5）。

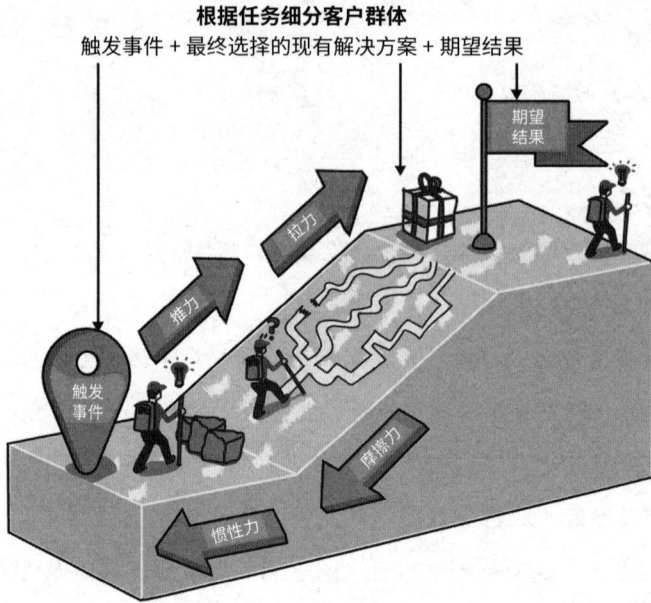

图 8-5　根据任务细分客户群体

在触发事件、期望结果和最终选择的现有解决方案等方面有共同点的客户，其行为往往更加相似，可以将他们归为一个客户群体（图 8-6）。

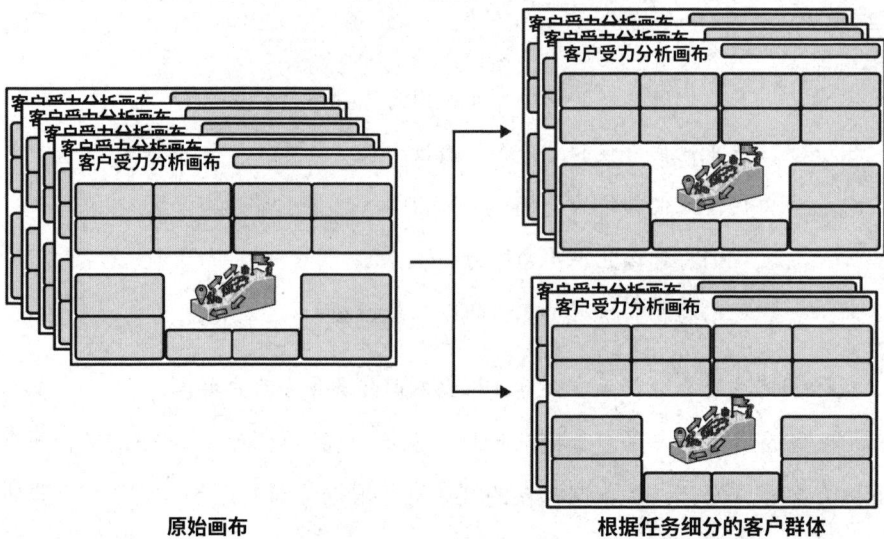

图 8-6　根据任务细分客户群体

例如，在房屋建筑商的案例中，通过访谈房主，建筑商总结出了房主的客户故事，如表 8-1 所示。

表 8-1　房屋建筑商案例中主要的客户故事

转换触发因素	期望结果	所选的解决方案
节日聚会	想要更换更大的房屋作为娱乐空间（家庭成员增多）	选择了面积 3000 平方英尺的房屋
节日聚会	想要更换更小的房屋，因为不会再在家里组织娱乐活动（空巢老人）	选择了面积 1200 平方英尺的公寓
孩子即将出生	需要增加两间房间和一个后院	搬到郊区
因为工作搬家	想要住在靠近工作单位的地方	选择了距离工作单位 5 英里的住所

现在轮到你了

请在 LEANSTACK 网站上下载客户受力分析画布模板[①]。

- 下载客户受力分析画布模板。
- 上传访谈记录，在线创建客户受力分析画布。

史蒂夫复盘广泛匹配的问题探索冲刺结果

史蒂夫召集了一次会议。"谁能想到客户访谈可以如此有趣呢？从客户受力的角度来思考产品彻底改变了这场游戏！我甚至对自己平时是如何选购产品的都有了更加清晰的认识。"

"我发现你很快就克服了怯场的问题。"玛丽评论道。

"是的。有了元脚本，就仿佛有了一张安全网，而且我发现一旦对话开始，要让对方不断说话其实很容易。即使在我停下来思考时，比如遇到不太理解的问题时，访谈对象还是会继续说话，不会沉默。"

---

① 请扫描本书封底上的二维码下载客户受力分析画布模板。——编者注

玛丽笑着说："我甚至还发现你在不经意间使用了很多高级的访谈技巧。其实你可以从谈判策略中学到很多关于访谈的知识。克里斯·沃斯有一本很棒的书，叫《掌控谈话》，强烈推荐你去读一读。那你们从访谈中学到了什么呢？"

乔希向史蒂夫示意，让他介绍最新情况。

"我觉得针对软件开发人员的商业模式是一条死胡同。对 AR/VR 应用的需求还是属于小众的需求。在我们访谈的 5 家软件开发公司中，只有一家公司最近为媒体公司完成了一个大型的 VR 项目。他们告诉我们，虽然这个领域前景广阔，但是他们的许多客户目前只是尝试一下，还没有足够的信心冒着损害自己品牌的风险在主流的应用上使用这些技术。我认为对于软件开发公司来说，他们需要首先看到应用确实有突破性的技术，他们才会使用。"

"像这种与此前技术截然不同的新技术往往就会出现这种情况。"玛丽说，"在住房建造方面呢？访谈进行得如何？"

"住房建造方面的访谈相当有趣，"史蒂夫回答说，"但是我觉得我们还没有掌握全部情况。你说得对，这个领域存在两种截然不同的观点。我们只和 3 家建筑公司谈过，他们都是商业公司。对于高端住宅的设计，他们会在方案中为客户提供 3D 效果图，以可视化的方式将房屋空间呈现在客户面前。对于其他客户，客户可以要求建筑商提供效果图，但是需要付费。费用与我们估计的 3000 ~ 5000 美元相当接近。但是有趣的一点是，他们会在事务所用计算机为客户做演示，但是客户能够带走的只是几张彩色图片而已，无法拿到真正的模型。"

"这些建筑公司中有使用 AR/VR 技术吗？"玛丽问道。

"没有。只有一家公司的人提到在一次会议上看到过演示，也认为这项技术潜力巨大，但是他认为这项技术过于昂贵和复杂。我当时很想做下演示，但是乔希在桌子下踢了我一下。"

乔希笑了，拍了拍史蒂夫的背，说道："我们本来就不应该讨论解决方案的。我当时好想问他们，如果提供效果图的过程更加简单，他们会不会更多地为客户提供效果图，不过我克制住了自己。"

玛丽微笑着说："两次就此打住都是对的。那么跟房主有关的客户故事又是怎样的呢？"

"他们的故事令我们感到欣喜。"史蒂夫回答道，"我们与 5 位房主进行了访谈，其中 3 位看到了效果图，因为那是标准套餐中的一部分，其中一位为拿到效果图付了费。他们都认为在第一次看到效果图的时候，他们看到自己的家'从平面图变为了现实'。这是他们的原话。"

"没错。他们相当兴奋，有些人还保留了效果图的打印件作为纪念。"乔希插话道，"我发现了一件有趣的事情。在客户看到自己房屋的效果图后，会要求做出各种改变，这让设计进度至少推迟了两周。在一个案例中，整个设计方案花了 3 个月的时间。"

"他们每修改一次，都得到了最新的效果图吗？"

"不是在所有的情况下，这肯定是房主经常抱怨的一个问题。"乔希回答道，"一位房主告诉我们，他甚至要求设计师提供模型文件，然后他自己制作效果图。"

"有意思。这位房主是建筑师或者设计师吗？"

"不是，但是他对制作效果图很在行。他自学了如何使用建模软件，我想他应该购买了软件，这样他就能自己制作效果图，然后进行修改。"

"这是个不错的信号。然后呢？"玛丽问道。

乔希和史蒂夫互相看了看。然后史蒂夫说："我们的访谈就结束了。我认为，如果我们能够创建一个应用软件，帮助客户仅用手机就能构建他们房屋的效果图，这肯定能大大加快设计的过程。"

"当然，这样的产品可能能够获得成功，但是我希望你们能弄清楚，在房屋设计之外，房主创建这些模型所产生的影响。"玛丽说，"房屋模型在成本计算、材料选择、家具选择等方面能够发挥作用吗？如果有作用，是怎样的作用呢？"

莉萨终于发言了："有位房主在访谈的最后简单地说了一下根据平面图在宜家购买家具的经历。很明显，宜家提供的服务非常全面，他们利用平面图为客户提供购买家具的建议。"

"这正是接下来你们在精准匹配的客户访谈中需要做的探索，你们需要找到这些建筑模型所处的更广阔的大背景。"玛丽说，"我觉得这些模型可以被用来完成多种任务。"

如何判断问题探索冲刺已经结束

在每个问题探索冲刺结束时，你要复盘基于任务的客户受力分析画布，并首先确定是否已经总结了所有主要的客户旅程故事。

正如我们此前讨论过的，任何客户群体通常都会有 3 ～ 5 个主要的客户故事。如果你在每次访谈中都能发现新的信息，那就需要再进行一批访谈，再进行一次问题探索冲刺。

相反，如果你最近的访谈听起来与你以前的访谈相似，而且你已经发现了一些清晰的模式，那么你可能已经发现了所有主要的客户故事。着手测试主要的客户故事分类是否实现了客户与问题相匹配，也就是说，这些故事是否能够让你找到一个值得解决的大问题。

你可以通过两个问题来测试是否实现了客户与问题相匹配。

- **你是否发现现有解决方案存在足够大的问题，从而可以引起转换？**

  寻找足够的证据来证明摩擦力确实存在，或者客户对现有解决方案不满。足够大的问题可能包括客户经常抱怨的问题、不得已采取的变通方法、可用性问题、未满足的需求或愿望，未实现的期望结果、或者承诺的结果和实际结果之间存在差距等。

- **目前，客户是否在现有解决方案上花费了足够的时间、金钱和精力？**

  回答这个问题是为了测试你找到的问题是否值得解决。根据你的增长力路线图中的费米估算假设（定价和客户生命周期）来做查验。

如果你能在这两个问题中获得肯定的答案，你就可以进入解决方案设计冲刺阶段。在这个阶段，你将开始设计可以引发转换的解决方案。

Altverse 团队发现了其他待办任务

精准匹配的问题探索冲刺结束后，团队再次集合，复盘他们的学习结果。史蒂夫先开口说道："咱们再来说说技术专家型的房主吧。有趣的是，就在上周，他已经用模型来布置他的办公家具了。他甚至为我们展示了他建立的模型。他还提到他和自己的庭院设计师一起用它来设计家中庭院的景观。他承认模型非常初级，但是在这个过程中，他和家人已经利用模型做出了许多决定。"

莉萨插话说："我们又和其他 10 位最近完成了自家房屋建造的房主进行了访谈，逐渐发现了其中的规律。设计周期是客户的巨大痛点。他们讲述了自己建造房屋的故事，表示希望在 3 个月内建造完毕。虽然构建设计初稿非常迅速，但是在预算之内拿出最后的设计终稿常常需要花费两倍的时间。"

乔希补充道："这一点也是触动建筑师神经的地方。他们收取的设计费是固定的，所以如果设计阶段的时间是预期的两倍，这会直接影响他们的收入。"

"所以你觉得将设计可视化带来的好处是双向的，它可以帮助设计师更快地做出最终设计方案？"玛丽问道。

史蒂夫插话道："我知道我们不应该考虑解决方案，但是除了提供更好的可视化服务之外，如果我们能在我们的建模软件中包含所有的材料供客户选择，那么我们也许能够实时生成粗略的成本估算。"

　　“这个想法非常有趣，史蒂夫。”玛丽回应说，“思考待办任务的新的解决方案没有错。我只是希望你们不要现在就急着构建解决方案。也就是说，在我看来，你至少发现了3项待办任务：将设计可视化、为设计定价和进行空间布局。我觉得其中存在着足够大的值得解决的问题，这是检验是否实现了客户与问题相匹配的试金石。”

　　“太棒了。接下来我们要做什么呢？”史蒂夫问道。

　　“下一步是进行解决方案设计冲刺，你们需要设计一个可以引发转换的最小化可行产品。”

第 9 章 设计能引发转换的解决方案

要想别人使用你的产品，首先要让他们放弃他们正在使用的产品。

——克莱顿·克里斯坦森

问题探索冲刺结束之后，你应该已经确定了一个或者多个典型的客户故事，可以代表一个或者多个值得解决的大问题。只要有足够的时间、金钱和精力，在今天这个时代你几乎可以创建任何东西。当然，真正的挑战在于你永远无法拥有足够的时间、金钱和精力。不过，无论如何，你都需要非常迅速地创建出非凡的产品。切记，快速学习已经成为一种新的不公平优势。你的最小化可行产品可以帮助你快速学习。

—— 小贴士 ——

最小化可行产品的妙处在于要迅速交付最小规模的解决方案，以此引发转换。

大部分人都想要解决自己在问题探索阶段发现的所有问题，这很正常，但是这很容易导致关注的范围过大。不要想当然地认为最小化可行产品需要涵盖所有的问题。相反，从头开始，利用接下来为期两周的冲刺阶段设计一个能够引发转换的解决方案（图 9-1）。

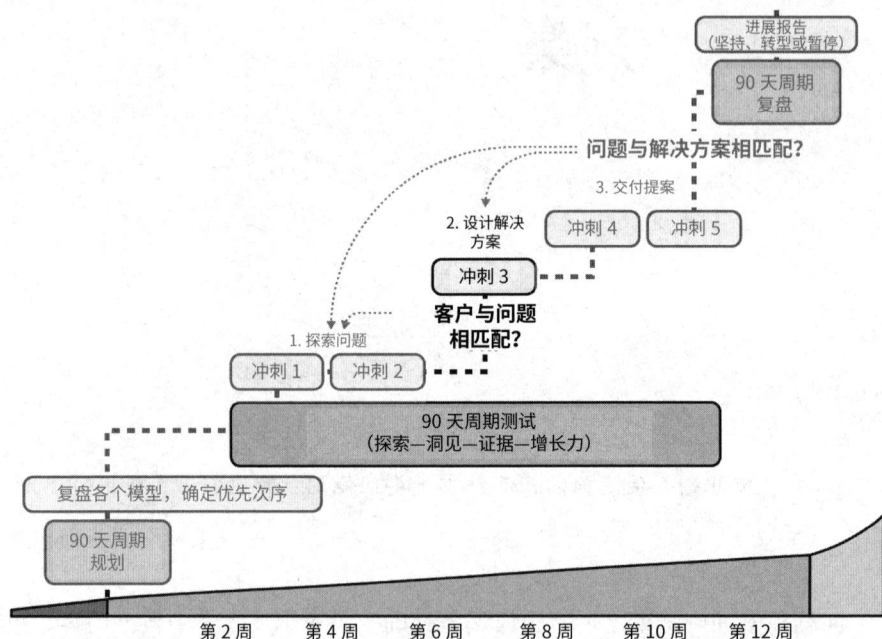

图 9-1 解决方案设计冲刺

史蒂夫了解了什么是贵宾式最小化可行产品

"我已经列出了在家庭住房建造的用例中，产品需要具备的最小功能集。我们的软件需要在接收二维平面图后 5 分钟的时间内构建出沉浸式的 3D 模型。然后，建筑师可以从软件自带的目录中指定各部分的材料，随后对模型进行渲染。目录会以常见的材料为基础，用户可以使用他们的手机添加新材料，他们只需拍几张真实材料的照片即可。生成的模型可以在手机或者平板上查看。当然，我们可能还要增加更多的功能，但是这是我们最低的起点。"

"你们的构想棒极了！"玛丽说道，"构建这样的应用需要多长时间？"

史蒂夫轻叹一声，说道："我们可以在 2 ~ 3 周内创建一个用于演示的版本，但是准备好一个可以使用的最小化可行产品，最快也要 4 ~ 6 个月。"

"6 个月！"莉萨惊呼道，"如果我们让一些离岸开发者加入进来，是否能加快进度？"

史蒂夫回答道："我觉得不会。我们的应用涉及的内容很新，单单是让别人跟上我们的进度就需要 3 个月的时间。而且我不想与公司以外的人分享核心代码。"

"你俩说的观点我都赞同。"玛丽说，"像这样的产品，外包出去很少能取得较好的效果，但是 6 个月的时间太长了。我们需要找到一种方法，让应用在不到 2 个月的时间里运行起来。"

"这不可能！"史蒂夫插话说。

玛丽举起一只手，说道："等一下……我想再讨论一下你刚才说的那句话。你说你可以在两三周内创建一个用于演示的版本。为什么这个版本不能是你的最小化可行产品？"

"核心的渲染引擎已经准备好了，"史蒂夫说，"但是没有用户界面。演示时，我可以渲染模型是因为我必须使用脚本并通过命令行来驱动整个过程。我一直在寻找方法，让所有的步骤自动化运行，看看我们是否可以建立最小化可行产品，但是还是有很多步骤需要手动进行。创建让客户拥有良好体验的用户界面正是乔希大显身手的领域。我们需要创建的东西有很多，例如用户角色和用户权限，这样才能真正实现引擎的产品化……"

玛丽再次打断了史蒂夫的话。"所以渲染模型的步骤是手动的。那如果是在手机上观看呢？"

史蒂夫回应说："这个已经完成了。就是我们第一次见面时我给你看的那个应用。"

"我不明白为什么你现在不能推出你的最小化可行产品。你就是产品啊，史蒂夫。"

史蒂夫的脸上露出困惑的表情。

"这种情况极为适合应用贵宾式最小化可行产品，它也是由精益创业运动推广的验证方法。曼纽尔·罗索针对自己的创业公司'桌上美食'应用了这一方法，然后给它起了这样一个名字。"

"具体是怎样的一种方法呢？"乔希问道。

玛丽解释说："归根到底，客户想要的是一个结果，而不是一个产品。贵宾式最小化可行产品的基本理念是使用服务或者咨询的模式来向客户交付价值。除非我犯了低级的理解错误，否则我认为你已经有了渲染和观看 AR/VR 模型的所有组件，只是没有最终的产品包装。而产品包装并不是最具风险的部分，所以现在可以跳过包装，把模型作为一种服务提供给客户。"

"这完全说得通。"乔希说，"现在建筑师们创建 3D 模型都需要花几天的时间，所以你说的方法应该非常有效，因为他们期待的并不是完全自动化的产品。"

史蒂夫插话道："你说的方法当然可行，但是这种产品无法规模化。我可能只需半天的时间把每个模型都看一下。更复杂的模型可能需要一天。"

"你的增长力路线图要求每个月只需要两名新增客户，"玛丽评论道，"我觉得你们很快就能实现。"

史蒂夫点点头，说："当然，这很容易。"

"记住，"玛丽继续说，"贵宾式最小化可行产品并不是你的最终产品，它只是一种策略，用来快速交付价值，测试你最具风险的假设。在这个过程中，和传统的提供咨询服务不同，你的目标是用更加自动化和可规模化的产品取代现在的产品。做到这一点的最佳方法是通过增量投资来提升效率。你的目标是将模型渲染的时间从 1 天降低到 5 分钟。"

史蒂夫顿时明白了。"现在我完全明白了。这就是曲棍球杆曲线的另外一种形式罢了，可以分阶段提升增长力。"

"没错。"

"还有其他类型的最小化可行产品吗？"史蒂夫问道。

"有的。"玛丽回答说，"还有其他几种类型可供我们使用。但是我觉得贵宾式最小化可行产品可以帮助你缩短交付时间。"

"我们如何为贵宾式最小化可行产品定价？"莉萨问道，"相比软件产品，人们更习惯于为服务支付更高的费用。我们是否可以现在收取较高的费用，然后再降价？"

"问得好，莉萨。"玛丽回答道，"首先要做的是，根据你可以交付的价值，为你的产品确定一个合理的价格。有了贵宾式最小化可行产品，你当然可以选择现在就收取咨询费，然后在你将服务产品化之后再降价，或者一开始就按照产品的价格收费。具体的做法取决于你的客户是谁。比如，B2B 客户习惯于为服务支付更多的费用。"

"有道理。"莉萨说，"关于如何制定合理的价格，你是否能提供一些指导意见？"

玛丽回答说："可以。你们会在后面的解决方案设计冲刺中制定合理的价格。除了我们刚才讨论过的可行性方面的瓶颈之外，你们还需要检查需求性和发展性。我接下来会给你们发一些这方面的资料。"

进行解决方案设计冲刺

解决方案设计冲刺为期两周，在这期间，你要利用在问题探索冲刺中获得的洞见来设计第一代解决方案（最小化可行产品），并以此引发转换。

最小化可行产品强调发展性可能是因为这往往是设计产品时最容易被忽视的方面，但是好的解决方案需要同时兼顾需求性、发展性和可行性，才能引起转换，并在商业模式中发挥作用。

接下来，我们将从需求性、发展性和可行性 3 个方面逐步复盘你在问题探索冲刺中获得的洞见。请记住，不同的视角可能会让你得出相反的结论。技巧在于找到正确的平衡点，即 3 个方面的交汇处。这可能需要多次重复已经介绍的步骤。

检查需求性

在引发转换的背景下，需求性被归结为两点：一是问题，二是承诺。承诺是你的独特价值主张的代名词，而提出打动客户的独特价值主张的最佳方法就是解决客户已经非常熟悉的问题。

—— **小贴士** ————————————————————————

能够引发转换的产品必须承诺为客户提供更好的方法来完成他们的任务；同时，又不会出现他们目前面对的问题。

此外，正如我们之前所述，为了引发转换，你的承诺需要远远优于现有解决方案。渐进式的改善（20% ～ 30%）是不够的，你需要 3 ～ 10 倍的进步。

既然你的最小化可行产品的目标是提供价值，那么好的最小化可行产品需要解决最小的问题子集。为了解决这些问题，你所做的承诺要足够重要，以保证客户转而使用你的产品。

接下来的内容将指导你进行思考，逐步完成这个过程。

第 1 步：找到客户的主要困难

客户面对的问题可以在客户旅程故事中的任何地方出现。回顾一下你的客户受力分析画布，确定主要困难出现在哪里。

主要的困难通常来自以下方面。

- 客户不满意（比如，任务完成得不够好）。
- 在使用最终选择的解决方案时产生的摩擦力。
- 在选择解决方案时产生的摩擦力。

你要确定你的产品要解决的主要困难出现在哪里。

- **找到并应对不满**

  请记住，所有待办任务的开端都是一个触发事件，这个事件引发的是未被满足的需求或者渴望，比如，当前结果和期望结果之间产生了差距。你需要评估客户的期望结果和实际结果之间差距的大小。换句话说，你要检查此前任务完成得是否足够好。

  如果答案是否定的，且期望结果和实际结果之间的差距足够大，那么这就可以作为你的独特价值主张的基础。如果你能承诺并提供更好的结果，那么未被满足的期望结果就会成为最有效的触发事件。

  如果你发现任务做得足够好，那么也不要绝望。很多产品不是因为提供了更好的结果而引发转换的，而是通过让任务更容易完成来引发转换的，这是你下一个需要关注的重点。

- **找到并处理使用中的摩擦力**

  使用过程中的摩擦力在你的客户访谈中表现为客户时常抱怨的问题、不得已的变通办法或产品可用性问题。不要低估此类问题，它们同样可以有效地引发转换。

  下面举例说明。

  ○ 优步（Uber）的服务不一定能让你更快地到达机场。最初，它只是让汽车或出租车的叫车过程变得更加简单，而后转为改善乘客的其他体验，比如更好的支付体验。

  ○ 对大多数人来说，CD 提供的音质不一定明显优于磁带，但是 CD 使立即播放你想听的歌曲成为可能。

- **找到并处理选择过程中的摩擦力**

  如果你注意到客户在选择解决方案时犹豫不决，那么这表明可能存在未消费市场。客户没有找到合适的解决方案可能是由于产品的成本太高、过于复杂或定位不准。

下面举例说明。

○ 2020 年，视频会议软件的使用呈爆炸式增长，我们现在对此已经习以为常。但你知道视频会议技术可以追溯到 1870 年吗？直到一百年后，美国电话电报公司才推出了第一款商业用途的视频会议电话，每月需要支付 160 美元（相当于今天的 950 美元），可以进行 30 分钟的视频通话。如果超出 30 分钟，每分钟需要支付 0.25 美元。在随后的几十年里，技术不断发展，公共互联网应运而生，成本不断下降，直至视频通话成为主流事物。在视频通话发展的整个时间线上，我们发现此前可能有许多客户群体对视频会议功能感兴趣，但由于成本问题被拒之门外。

○ 2001 年，一家澳大利亚的葡萄酒公司推出了第一款低成本的调制葡萄酒——黄尾袋鼠。黄尾袋鼠品牌很快成为行业内最赚钱的品牌之一。这个品牌的崛起是一个经典的蓝海战略案例。金伟灿和勒妮·莫博涅著有的《蓝海战略》一书中收录了这个案例。案例涉及了选择过程中的摩擦力。案例中的葡萄酒公司发现有很大一部分客户有消费葡萄酒的愿望，但选择葡萄酒的过程令他们感到沮丧，因为选购葡萄酒需要了解与葡萄、年份、价格等相关的诸多知识，过于复杂。因此，黄尾袋鼠推出了一款易于选择的葡萄酒（只有红葡萄酒和白葡萄酒），它饮用方便（不需要开瓶器，开瓶后无须醒酒），且性价比高（价格低于 10 美元，其定位独特，它将 6 听一捆的啤酒作为竞品，而不是高级葡萄酒）。

第 2 步：做出令人信服的承诺

在确定了客户面对的主要困难后，你应该把注意力转移到客户承诺上，向客户做出一个与此前不同、更好的承诺。下面是一些可以遵循的指南。

- **切记不要只纠结于为客户提供功能更好的产品**

  情感在定义和判断"更好的产品"时起着重要的作用。这就是为什么我们要关注期望结果、追寻更广阔的大背景——我们需要与客户的渴望保持一致，而不仅仅是客户的需要。

- **确定你的产品需要在哪些维度做得更好**

  在前面你已经找到了客户面对的问题或者困难，据此来确定你将要改进的关键属性。如果要你画一个二乘二的矩阵，将你的产品与其他产品进行对比，那么 x 轴和 y 轴将是什么（例如，速度与质量）？

  下面的清单并非穷举了所有维度，但是可以启发你思考你的 x 轴和 y 轴应该是哪些维度。

  - 速度
  - 性能
  - 健康
  - 可持续性
  - 简洁性
  - 可规模化
  - 绿色有机
  - 实用性
  - 安全性
  - 时尚
  - 保密
  - 专业性
  - 独占性

这里举几个示例。

a. LEANSTACK：简单、实用（实践出真知）

b. 特斯拉：可持续性、性能

c. iPhone：智能（无物理键盘）、易于使用

- **不走寻常路**

  在确定你的产品需要在哪些维度做得更好时，我们倾向于挑选那些常见的领域。但是，这些领域通常已有大量产品，你应该"剑走偏锋"，不走寻常路。

- **与你的目的保持一致**

  确定产品应该在哪些维度做更好绝不仅仅是产品定位练习，不能只做一次后便将之抛诸脑后。选中的维度应该与你的价值观和目的保持一致。它们应该指导你的一切工作，这样你才能保证产品始终具有差异性。

- **不要依靠猜测**

  最后，不要随意猜测产品应该在哪些维度做得更好，这些维度应该来自你的客户访谈。它们应该是客户非常关心的内容。了解客户的期望结果以及客户是如何权衡使用哪个方案的，可以帮助你发现更多可以关注的维度。

检查发展性

发现能够确保引发转换的问题还不够，这个问题还需要体现与之相关的商业模式具有实施的价值。这就涉及价格和人两个因素。我们此前介绍过，这两者是相关的：价格决定了客户，反之亦然。

我们此前也讨论过，你的商业模式的发展性受到你的最低成功标准和费

米估算假设的制约，所以你也应该用这些瓶颈来审视客户问题和你的独特价值主张。

具体来说，要记住，对于你的最低成功标准，在实践中最有力的杠杆是每年的每用户平均收入。现在，是时候重新审视每用户平均收入这个指标了，看看哪些客户故事可以让你实现这个指标。

第 1 步：设定合理的价格

如前所述，你的目标不是设置最优的价格，而是要根据现有解决方案和你的独特价值主张设定合理的价格。下面是一些可以遵循的指南。

- **正确地对标现有解决方案**

  在定价过程中，通常需要参考现有解决方案的价格，要尽可能地取代价格更高的现有解决方案。在第 10 章中，你将学习如何有效地利用锚定效应进行合理定价，从而提升推销的效率。将多个现有解决方案归入一个大类是完全可行的。

- **为产品的优势定价**

  判断客户的问题是否可以变现的最直接的证据就是，客户是否会为该问题花钱。当然，如果客户为这个问题花费了时间和精力，也能说明该问题值得解决。你可以根据客户花费的时间和精力为你的独特价值主张估值。以此为依据，并结合你要提供更好的解决方案的承诺来设定产品价格。

- **不要忽略留存率**

  每用户平均收入是价格和使用频率组成的函数。你要了解触发事件发生的频率。对于每月至少发生一次且重复发生的触发事件，适合提供订阅服务。订阅服务是很好的策略，它可以使产品始终紧跟时代。

- **对照费米估算得出的假设进行检查**

  使用你的定价和使用频率数据来计算你的预期每用户平均收入。如果这与你进行费米估算时得出的每用户平均收入不一致，你需要复盘你的客户问题，并向他们做出更大的承诺。

第 2 步：确定理想的早期采用者

现有解决方案的价格和费米估算的瓶颈可能已经缩小了客户故事的范围。现在你要进一步细化早期采用者的选择标准。

请记住，问题探索阶段的目标不是找到早期采用者，而是找到活跃的客户（现有解决方案的用户）。你理想的早期采用者可能是这个活跃客户群的一个子集，或者这些活跃客户在过去曾经符合你的早期采用者的特征，或者未来将会是你的早期采用者。

—— **小贴士** ————————————————

一个关键洞见是，你要认识到在确定理想的早期采用者时，时间比对象更重要。

————————————————————————

在客户故事的时间线上，客户什么时候最有可能考虑改用你的产品？这是你理想的切入点。

—— **敲黑板** ————————————————

提供止痛药的最佳时间是客户感到疼痛的时候。

————————————————————————

你可能会理所当然地认为，显而易见的切入点是客户所遇到的困难最为突出的时候，也就是客户的主要困难发生的时候。有时确实如此，但是更多时候，客户遇到的主要困难的时间点很难从外部发现，因此很难将其作为目标。例如，你如何找到一名正在遭遇糟糕的打车经历的客户？或许你可以及早引导你的客户，完全避免使用现有解决方案，比如，让客户在节假日期间看到建筑商的广告。

因此，你经常需要考虑时间线上的不同切入点。切入点可以是在客户遭遇主要困难之前，也可以是之后。

我们可以按照下述思路思考切入点。

- **早期采用者是对转换持开放态度的人**

  时间线上的第一个重要事件是转换触发因素。这时，客户在推力的作用下克服了现状的惯性力，进入了考虑其他解决方案的阶段（被动地寻找新的解决方案）。请记住，如果客户面对的是全新的待办任务，那么客户可能不会采取任何行动；如果客户面对的是重复性任务，那么客户可能会重复使用同一种产品。

  如果客户正在考虑的是一项全新的任务，除非客户所处情况中的推力大于惯性力，否则他们不会采取任何行动。这时客户脑中的是理想化的目标。许多人想要变得更健康、更富有、更聪明，他们时不时地会做出决定，想要改变，但是随后他们不会采取任何行动。而这些人不会是你的早期采用者。

  在寻找早期采用者时，首先要考虑的是寻找那些经历过触发事件并采取了一些行动的人。

- **要清楚理想的早期采用者是放弃了哪个（些）解决方案**

  在前面，你应该已经确定了你想取代的现有解决方案。接下来要考虑的问题是，让人们放弃使用现有解决方案转而使用你的解决方案更容易做到，还是让人们从之前的状态（他们还没有使用任何解决方案）转而使用你的解决方案更容易做到。这个问题的答案取决于你在何处找到了客户的主要困难。

- **定义转换触发因素**

  我们在第 2 章提到过，有 3 种类型的转换触发因素。

○ 体验糟糕（使用现有解决方案的体验非常糟糕）。

○ 环境改变。

○ 认知改变（对问题或更好的方法产生了新的认识）。

如果你的独特价值主张是基于人们在使用现有解决方案时遇到了问题（使用过程中出现不满意或者摩擦力），那么这种触发因素属于"体验糟糕"类。你的早期采用者可能需要是现有解决方案的活跃客户。你要追踪在使用现有解决方案多久之后客户才意识到他们需要其他解决方案。你的理想切入点可以表述为：

○ [客户群体] 在 [X 周之前] 开始使用 [现有解决方案]。

下面的例子来自我在 2010 年推出的数据分析产品 USERcycle。USERcycle 的独特价值主张是，我们提供的不是更多的数字，而是可以指导行动的指标。我们让创业公司的创始人不再被淹没在无法为行动提供指导的数据汪洋之中，而是向他们提供少而精的可以指导行动的指标，帮助他们有效地提升转化率。

我们的问题探索访谈表明了以下信息。

○ 大多数创始人在一开始没有任何指标，因为他们认为发布产品优先于进行分析。

○ 第一个触发事件通常发生在发布产品后的 30 天左右，这时创始人发现产品的转化率低于预期。

○ 创始人接触到的第一个现有解决方案是谷歌分析或其他一些免费的数据分析产品。但他们仍然没有经历"被淹没在各种指标之中"的问题，所以这些人还不是我们的早期采用者。

○ 在产品推出后的第 2 个和第 3 个月之间，创始人被淹没在各种数
字中，无法在提升转化率方面取得进展。这时就是我们理想的切
入点。

如果你的独特价值主张针对的对象是首次面对某项新任务的客户，或
者是经历了某个事件之后要改进目前的工作方式的客户，那么你的早
期采用者可能是刚刚经历过触发事件的客户。你的理想切入点可以表
述为：

○ 在 [x 天] 之前经历了 [触发事件] 的 [客户群体]。

下面举两个这样的客户群体。

○ 刚刚承担照顾新生儿任务的新手爸爸。
○ 被诊断出有高胆固醇并被建议要考虑健康解决方案的人。

检查可行性

在解决了需求性问题，并将各种瓶颈纳入考虑范围后，你至少应该可以
初步定义能够引发转换、满足你的商业模式要求的最小化可行产品。接下来
的任务就是确保你能足够快地将它交付给你的早期采用者。那么多快才算快
呢？ 2 个月算快么？

为什么是 2 个月？从客户为你的提案付费的那一刻起（我们将在第 10 章
中讨论产品的交付），大多数客户愿意为解决方案等待的时间至多为 2 个月。
如果无法按时交付，那么他们会转而选择其他解决方案。如果你的产品需要
更长的时间来开发和发布，那么你很有可能不得不再进行一次问题探索冲刺，
因为在这段时间中很多情况会发生变化。

───── 小贴士 ──────────────────────────────────────

注意，这 2 个月是指在实现问题与解决方案相匹配后，你构建最小
化可行产品所用的时间，而不是从现在算起。你仍然需要使用提案
交付冲刺来定义和验证最小化可行产品所做的承诺。之所以需要将
眼光放得长远一点并解决产品开发的时间限制问题，是因为你肯定
不希望向客户承诺你无法快速交付的产品。

──

因此我们需要考虑的下一个重要问题就是，你设计的解决方案是否能够
在 2 个月甚至更短的时间内完成产品开发和发布吗？

只要有些许的创造力和发散性思维，在 2 个月内推出任何类型的最小化可
行产品并非难事。这主要取决于你的包装方法，即你如何包装你的最小化可
行产品，使其能够向早期采用者提供价值。

下面是一些指导性原则。

- **从"小"做起，分阶段扩张**

  请记住，分阶段推出这种思维模式背后的策略是将最初的推出限定在
  一小批理想的早期采用者身上。如果你没法让 10 个理想的早期采用者
  到达终点线，你凭什么认为你可以让成百上千的客户做到这一点？

  如果你能从"小"做起，然后分阶段扩张，你的产品就会发展得更加
  迅速。你不需要可扩张的渠道或者基础设施，你只需要专注于为你的
  客户提供价值。

- **重新审视早期采用者**

  如果你的早期采用者中有一部分人可以接受更简单的最小化可行产品，
  那么你应该从这里开始做起。然后，根据实际情况实时调整，逐步发
  展你的最小化可行产品。随着时间的推移，可以将其他早期采用者纳
  入进来。

在其他情况下，你可以让完全不同的早期采用者的细分群体使用你的最小化可行产品，以降低你的解决方案（最小化可行产品）的风险。待时机成熟后，再让原来设定的早期采用者使用最小化可行产品。例如，我曾经指导过一个团队，他们当时正在开发一种针对女性的高效补钙保健品。尽管产品已经准备好了，但离获得上市所需的监管许可还有 6 ～ 9 个月。为了保持发展势头，他们转向了另一个早期采用者群体——宠物和马。对于这个群体，监管要求没有那么严格。

- **考虑非传统的最小化可行产品**

  构建最小化可行产品最常见的方法是缩小范围以构建最小的功能集来实现你的独特价值主张。这就是 1.0 版最小化可行产品的验证方法。不过，还有 3 种验证方法，可以让进度快于传统方法。

  1. **贵宾式最小化可行产品**

     你就是产品，除非你准备"开除"你自己。这种方法使用的是服务模式来为客户提供价值。与此同时，你需要逐步将价值交付中最为低效的环节自动化，直到你最终用一个可以规模化的产品取代你自己。我自己的很多产品，包括本书和精益画布，开始时都是从贵宾式最小化可行产品开始的。我先利用研讨会来向参与者教授精益画布（同时，也向参与者学习），然后再对产品进行更多的规模化包装。

  2. **奥兹最小化可行产品**

     在你真的准备好之前，假装你已经准备妥当了。你可以通过组合现有的解决方案来缩小最初构建最小化可行产品的工作范围，而不需要从头开始构建一切。此前我们从特斯拉的例子中了解了这一点。你的独特价值主张可能来自组合现有解决方案的新方法，它产生的整体效果大于各部分之和；也可能来自你提供的组合解决方案中的一个新组件。

3. "步步为营"式最小化可行产品

在提出独特价值主张时，尽量压低承诺，只需确保其能打动客户即可。很多企业家采用瑞士军刀式的方法打造最小化可行产品，他们试图一次性改变客户环境中的大部分因素。但是你必须意识到，在瑞士军刀流行之前，它所包含的每一个工具都很流行。如果你的产品不属于这种情况，那么专注于一次只打造一个产品才能引发一个转换。

最小化可行产品的 5P 要素 [①]

定义最小化可行产品需要 5 个关键因素，即问题（problem）、承诺（promise）、价格（price）、人（people）和包装（packaging）。在设计好解决方案后，你可以使用下面的问题来检查是否覆盖了所有基本要素。

- **问题**

  你是否解决了可能导致转化（需求性）并使你的商业模式运转起来（发展性）的最小问题子集（可行性）？

- **承诺**

  你的独特价值主张是否与众不同，是否成功吸引了人们的注意（需求性），是否传达了价值（发展性），产品是否可以在短期内发布且是可以衡量的具体产品（可行性）？

- **价格**

  你是否基于现有解决方案的价格（可行性）和你的独特价值主张（需求性）为产品设定了一个合理的价格，并同时让你的商业模式运转起来（发展性）？

---

① 英文中，5 个要素的首字母都为 p，所以称之为最小化可行产品的 "5P 要素"。——译者注

- **人**

  你是否已经确定了一个理想的早期采用者群体？该群体具有高于平均水平的转换动机（需求性），你可以有效地与他们接触（可行性），且他们目前正在花足够的时间、金钱和精力来解决这个问题（发展性）。

- **包装**

  你能够以一种可以引发转换（需求性）并让商业模式运转起来（发展性）的方式迅速构建和发布你的最小化可行产品（可行性）吗？

史蒂夫检查自己的最小化可行产品

史蒂夫针对与最小化可行产品的 5P 要素有关的 5 个问题写下了自己的答案。

- **问题**

  第一次定制房屋的房主很难将整个建筑规划可视化。

  - 二维平面图缺乏深度。
  - 目前的 3D 解决方案不仅昂贵、复杂且渲染不够逼真（渲染效果相当于低成本的视频游戏）。

- **承诺**

  帮助客户更快地设计、建造以及爱上自己的理想家园。

  - 在几分钟内将二维平面图变成 VR 模型，使客户有身临其境的感觉。
  - 利用技术优势为客户定制逼真的模型，使其带有好莱坞品质的渲染效果。
  - 将设计周期缩短一半：从 6 个月缩短到 3 个月。

- **价格**

  现有解决方案创建一个模型的价格大约为 3000 ～ 5000 美元。

  ○ 软件：2000 美元

  ○ 建模工作：10 ～ 20 小时

  我们可以提供建模即服务（modeling-as-a-service）的套餐，价格为每个模型 1000 美元或 500 美元 / 月。

  我们必须测试客户会选择哪种定价模式……我认为他们会选择第一种。

- **人**

  早期采用者：从事定制房屋建造的建筑师。

- **包装**

  贵宾式最小化可行产品。

  ○ 让我们能够在不到 4 周的时间里发布产品（速度）。

  ○ 无须对客户进行培训或者入门指导（简单）。

  ○ 让我们能够为客户提供他们真正想要的东西（预期结果）。

当天晚些时候，史蒂夫带着团队的其他成员回顾了整个设计阶段。"除了将设计可视化，我们还可以承担一些其他任务，例如为设计或者室内装潢定价，将其与零售家具的商业模式联系起来。但是我认为最小的共同点是从设计阶段开始就为房主服务，而建筑师是理想的进入渠道。"

"我同意你的观点。"乔希说，"如果抛开建筑师，让房主自己创建模型，那么事情会变得混乱不堪。但是我们的客户该是谁呢？是建筑师还是房主？"

"随着时间的推移，你会看到针对房主的商业模式拥有更加广阔的前景，因为他们会将他们的模型用于其他任务。"史蒂夫回答道，"我一直在考虑，如何让房主成为最终客户并让建筑师成为媒介，让房主通过建筑师接触到 Altverse。我认为简单的解决方案是由云端托管 Altverse，建筑师和房主都有各自的账号可以访问，并让房主拥有模型，这样他们就可以更好地利用模型。"

莉萨点点头，说："这已经足够简单了，但我们要看看建筑师对这种做法的看法。不过，他们可能已经在使用各种云解决方案了，所以我觉得这不成问题。"

乔希提出了自己的想法："嘿，或许随着时间的推移，我们可以利用这些效果图，帮助建筑师建立一个虚拟目录或者市场，让他们非常方便地展示自己做过的项目。"

"乔希，这是个好主意。"玛丽说，"我认为一旦创造的模型数量达到临界点，就会有许多有趣的路径随之产生。而且我也同意，将房主定位为模型的所有者是正确的选择。"

"好的，那我们就照此进行。以这种方式设置应用不会花那么长的时间。我可以在两周内准备好。"史蒂夫说。

莉萨问道："那么在此之前我们该做什么？进行更多的客户访谈吗？"

"不是访谈，"玛丽回答说，"是推介。你们已经做好销售的准备了。是时候创建你们的'黑手党提案'了。"

第10章 提出客户无法拒绝的 "黑手党提案"

提一个让他们无法拒绝的提议……

——改编自电影《教父》中的台词

在完成问题探索冲刺和解决方案设计冲刺后，现在你已经有了所有的组件，可以提供让客户无法拒绝的"黑手党提案"了。

在接下来的两个冲刺（图10-1）中，你将测试你费尽心思收集到的所有洞见。这是最关键的时刻。你的目标是要从早期采用者那里获得足够的有形承诺，使你可以创建最小化可行产品。

在了解"黑手党提案"的交付冲刺之前，让我们看看"黑手党提案"在实际中是什么样子的。

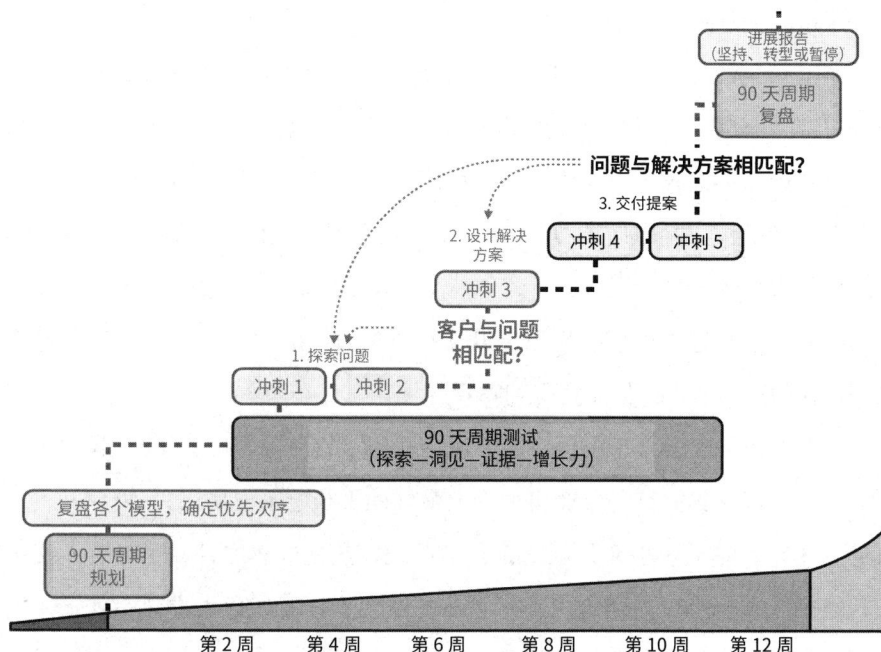

图 10-1　提案构建和交付冲刺

案例研究：iPad 的"黑手党提案"

　　我仍然记得乔布斯在 2007 年揭开第一款 iPhone 手机的面纱时的场景。在开始主题演讲的时候，他首先宣布苹果即将以一种革命性的新设备进军智能手机市场，该设备集 3 种功能于一身：音乐播放器、掌上电脑和手机。随后，他迅速指出了现有智能手机存在的问题：手机 40% 的面积被一个（不智能的）塑料键盘占据，且手机使用起来并不方便。在展示 iPhone 之前，他暗示了产品的独特价值主张，调动了所有的观众：如果你的手机机身的正面全部是屏幕呢？如果你无须用手写笔来控制手机，只需用你的手指来控制呢？这么一说，引起了所有观众的注意力，他们立刻意识到这是一款与众不同的产品。在我眼里，乔布斯展示产品的整个过程就像是在表演魔术，我此前从未见过这样的用户界面。乔布斯的推介成功了。我甚至在第一代 iPhone 正式上市时加入了排成长龙的购买队伍中。

3年后，有传言说苹果将推出一款全新的平板设备——iPad。然而这一次，我却持观望态度。在 iPad 问世之前，我曾是几款平板电脑的早期采用者，但所有这些产品都让我感到失望。尽管我持怀疑态度，但我还是收看了发布会，而我又一次购买了乔布斯推荐的产品。快进到现在，我家里的 iPad 数量比家庭成员的人数还要多。照这么看，你甚至可以说 iPad 是一款比 iPhone 更加成功的产品。这是怎么回事？你还记得乔布斯是如何推介 iPad 的吗？即使你没有观看他的现场演讲，你能猜得到吗？

乔布斯本可以径直走上台，说："我们是苹果公司，制造了伟大且使用方便的产品。现在我们已经生产出世界上最好的平板电脑，所以买一台吧。"当时的问题是，除了一小部分创新者和早期的狂热爱好者之外，很少有人使用平板电脑。在一个产品类别根本不存在的时候，你要如何去推介一款定义了全新的产品品类的产品呢？答案是，你要超越品类这个概念，进入待办任务所处的更广阔的的大背景之中。

在 iPad 推介演讲的开头，乔布斯谈到笔记本电脑和智能手机已经走入了我们的日常生活，很多人都在想是否有介乎两者之间的产品。如果这种产品想要成功，就必须在某些关键方面比笔记本电脑和智能手机做得更好。他随后列举了一些例子：浏览网页、收发电子邮件、浏览照片、观看视频、收听音乐和阅读电子书。然后，就像发布 iPhone 时一样，他马上说出了他希望 iPad 取代现有产品——上网本。你可能已经忘记了上网本或者根本不知道什么是上网本。它是一个营销术语，是指小型且不昂贵的笔记本电脑。接下来，乔布斯描述了上网本的问题："它们只是廉价的笔记本电脑，没有真正擅长的技能。它们运行速度缓慢，图像显示质量低，还安装着臃肿的台式机软件。"这一席话为 iPad 的登场做好了准备。

你是否意识到了乔布斯在此埋下的伏笔？他定义了许多待办任务，而现有的产品在完成这些任务时表现得都很糟糕。随后，他承诺 iPad 能够更好地完成这些任务——他关注的不是新的任务，而是人们一直用现有产品解决的旧任务。而这就是"创新者的礼物"。

当他开始演示 iPad 时，他做了一个比较。"相比笔记本电脑，iPad 使用起来更有温度，而比起智能手机，iPad 又更加能干。"演示的作用不是培训客户如何使用产品，而是强调你的产品有什么不同之处和优势。乔布斯在演示中展示了 iPad 擅长的任务，以及 iPad 是如何更好地完成这些任务的。这么做会引发感情型购买行为。客户开始想象自己以一种新的更好的方式实现他们期望的结果。不过，让 iPad 的推介成为"黑手党提案"的原因是接下来的内容。

当说到定价时，乔布斯在屏幕上展示出硕大的数字：999 美元。然后，他提醒观众，专家们认为 iPad 最接近的竞争对手是上网本，因此他们认为 iPad 的定价也应该和它相似，"略低于 1000 美元"。但之后，他向观众保证，苹果公司没有听从专家的意见，而是竭尽全力地将 iPad 的起售价格压低到 499 美元而不是 999 美元。此时，全场爆发出热烈的掌声。观众庆祝的是自己可以只花 500 美元就能买到出色的电子设备。

你可能已经意识到，这种策略应用的就是定价中的锚定效应，即说明提供的优质服务本来价格较高，随后说出远低于这一价格的数字。而乔布斯对于锚定效应的应用更进一步。他没有随便地找一些较高的价格来刺激他的观众，而是精心挑选了现有的其他产品（上网本）的价格。此前，他刚刚花了30 分钟说服观众，iPad 在完成很多任务上强于其他产品。而现在，他将 iPad 的起售价格设定为上网本价格的一半，这就使得购买 iPad 成了不需要考虑的理性购买行为。

以上就是乔布斯是如何给出了一个"黑手党提案"的——一份客户无法拒绝的提案。

进行提案交付冲刺

提案交付冲刺为期 2 周。首先，你需要组建自己的提案，然后向合格的早期采用者，也就是早期的潜在客户进行一对一地推介。

　　在产品推介过程中，大多数企业家从不提及他们的竞争对手，要么是因为他们认为自己没有竞争对手，要么是因为他们不想让客户倾向于选择他们的竞争对手。这是一种错误的做法，因为你的客户见多识广，他们肯定会货比三家。你希望他们在你不在场的情况下将你的产品与竞争对手进行比较吗？别忘了，在那场比较中你毫无发言权。

　　—— **敲黑板** ——————————————————————

竞争对手就像房间里的大象。很多创业者明明意识到他们的存在，却选择避而不谈。你要做的是，"揭露"他们并说明你的优势。

　　在好的产品推介中，推介者会承认确实存在流行的现有解决方案（真正的竞争对手），然后继续展示自己的解决方案在哪些方面比它们更好。你可以看到乔布斯在推介 iPhone 和 iPad 的时候就是这样做的。指出你的竞争对手是哪些，并说明他们存在的问题，这为你的解决方案大放异彩奠定了基础。

　　乔布斯非常擅长讲故事，你可能想知道如何才能像他那样非常自然地进行推介。而这需要做出充分的准备，进行充足的练习。

　　准备一次好的推介的首要关键是，使用好的客户故事推介模板。很多人在推介中不愿意使用模板，害怕自己的推介听起来不够自然。不用担心这个问题。人们天生就喜欢听故事，如果听到好的故事开头，人们会情不自禁地被它吸引。我将在下面介绍一个效果良好的故事推介模板，它是根据最流行的故事框架编排而成的。

　　构建好自己的推介故事后，如果想要演讲成功，第二个关键就是练习。即便是乔布斯这样在讲故事方面极具天赋的企业家，也要在上台之前就推介演讲进行数百个小时的练习。好消息是，如果你一直跟随我们的脚步，完成了前几章的阅读，那么实际上你已经在练习客户故事推介模板的部分内容了。

　　由于推介的本质是以目标为导向，我们很快就能发现成功的推介模式。

推介是否成功，你可以立即知道。然而，保持学习的心态至关重要。进行推介的目标不仅仅是获得几个客户，而是要建立一个可重复销售的流程。

可重复销售来自积极的倾听和不断的测试。在测试中，你可以仔细分析出客户为什么购买你的产品，这是极为关键的洞见。如果推介效果良好，你需要强化巩固；如果推介效果不佳，你需要深入了解原因，并做出调整。

一般来说，要准备好在 4 周内进行 2 次提案交付冲刺，向 20 ~ 30 人推介你的产品。这大致相当于每周向 5 ~ 8 个人推介产品，并留出一些时间来总结一周以来的学习所得。

在提案交付冲刺结束时，你应该能够优化你的"黑手党提案"，使从潜在的销售线索到具体的客户行动的转化率至少达到 60% ~ 80%。要实现这个目标，需要反复测试，并最好进行一到两次的提案交付冲刺。现在，要刻意放慢节奏，严格测试你的关键洞见，这样才能使得此后的进展更加快速。

根据你的 90 天增长力路线图中的目标，你可能需要超越"黑手党提案"活动的规模来实现问题与解决方案相匹配。我将在本章的后面部分分享如何做到这一点。

开展提案交付冲刺包括以下 3 个步骤：

- 构建提案；
- 交付提案；
- 优化提案。

让我们深入了解其中的每一步。

构建提案

在这一部分中，我将展示如何使用最为流行的故事框架——英雄之旅——来准备推介。约瑟夫·坎贝尔在其《千面英雄》一书中提出了这一框架并使其迅速得以推广。

这一故事框架在历史上的各种史诗级故事中都出现过，今天仍被诸多好莱坞大片沿用，其中包括《星球大战》《哈利·波特》和《灰姑娘》，等等。同样的故事框架也可以用来创作引人入胜的产品推介。

创作任何故事的第一步是定义人物。

定义客户故事推介中的人物

故事有了人物才能存在。你认为英雄之旅故事的基本人物应该有哪些？没错，至少应该有一位英雄和一个反派。那么问问你自己下面几个问题。

- **你的故事中谁是英雄？**

  可能令你吃惊的是，你并不是推介故事中的英雄，你的产品也不是。英雄是你的早期采用者。

  其实你也不想成为这个故事中的英雄。回想一下《哈利·波特》或《星球大战》。英雄之旅的故事主题是转变。一开始，主人公会面对各种困难，不情愿地接受成为英雄的召唤。

- **谁是故事中的反派？**

  这个问题比较容易回答。没错，反派就是你真正的竞争对手，就是你寻求用你的解决方案取代的现有解决方案。

  ○ 在 iPad 的案例中，反派是笔记本电脑（上网本）。

  ○ 在 iPhone 的案例中，反派是其他智能手机。

  ○ 在 iPod 的案例中，反派是其他 MP3 播放器和便携式音乐播放设备。

  请记住，竞争的内容不仅仅是产品的功能，还有产品的定价，所以请慎重挑选你的竞争对手。

- **你该扮演什么角色？**

  你的作用是引导主人公完成从普通人到英雄的蜕变，所以你的角色是引导者。你是《星球大战》中的欧比－旺，是《哈利·波特》中的邓布利多，是《灰姑娘》中的神仙教母。

- **你的产品扮演什么样的角色？**

  你的产品是你送给英雄的礼物，使其完成蜕变。

让我们以《星球大战》的首部电影为例，看一看遵循英雄之旅的故事框架是如何讲好故事的。

《星球大战》的故事框架

　　电影的主人公叫卢克，他是一个普通的年轻人，在银河系的一个偏远星球上无所事事（现状）。

　　随后发生的一些事情改变了一切（转换触发因素）。

　　帝国突击队突然出现，寻找莱娅公主藏在机器人（R2-D2）中的机密设计图，此前 R2-D2 曾经在卢克的星球上出现过。当帝国突击队到达他的村庄时，卢克正在外办事，躲过了一劫。但不幸的是，他的叔叔和婶婶未能幸免。

　　藏在机器人里的设计图是阻止建造大型武器（死星）的关键。一旦该武器建成，整个银河系都可能处于邪恶帝国的统治之下（利害攸关的问题）。

　　虽然卢克想帮忙摧毁这种武器（期望结果），但是他没有特殊的能力，无法战胜指挥邪恶帝国的强大黑暗领主——反派达思·韦德（问题 / 障碍）。

　　然后，我们的英雄得到了一份礼物——一把光剑（产品）。它来自我们的导师人物欧比－旺（就是你）。

　　我们的英雄不情愿地接受了行动的召唤。一路上他遇到了一些挫折，但最终将自己变成了一个强大的绝地武士。这个礼物和绝地训练（独特价值主张）帮助我们的英雄摧毁了死星，拯救了世界。

　　你发现这个故事框架似曾相识吗？没错，客户受力分析画布模型也遵循着英雄之旅的故事框架。如图 10-2 所示，我们可以把推介故事填入客户受力分析画布模型，进行直观的观察。

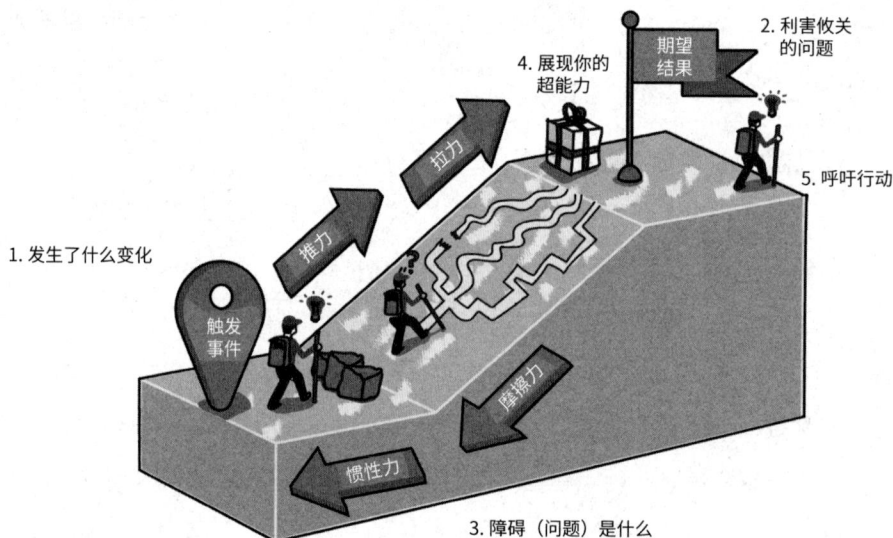

图 10-2　客户故事推介模板

概述客户故事推介的结构

　　编剧们都喜欢使用三幕式的故事结构，这种故事结构可以追溯到亚里士多德总结的戏剧理论。该结构将故事分为 3 个部分——开头、中间和结尾。它们通常也被称为设定、冲突、解决。

　　我会以同样的方式组织我的客户故事推介。此外，我们希望在最后引起转换，所以我增加了第四幕，即呼吁行动。

- 第一幕：设定（描述更广阔的大背景）。
- 第二幕：冲突（打破原有方式）。
- 第三幕：解决（演示更好的新方式）。
- 第四幕：呼吁行动（请客户做出转换）。

接下来，我将通过 3 个不同的产品推介，向你介绍如何构建客户故事推介的各个部分。

- 持续创新框架
- 特斯拉 Powerwall 电池
- iPad

第一幕：设定（描述更广阔的大背景）

第一幕为你的推介背景设定了更广阔的大背景。它将你的客户确立为故事的主人公，提出一个重大且与客户密切相关的变化（转换触发因素），并说明其利益攸关，促使听众对获得期望结果产生紧迫感。在这一幕中，你需要考虑以下问题。

- **为什么不直接从问题切入？**

    在问题探索访谈中，我们没有直接询问客户存在的问题。同样，我们在推介中也不会直接询问客户。客户对于他们面对的问题往往理解不够深刻，并且 / 或者在他们了解你、喜欢你、信任你之前，不愿意承认他们面临这些问题。想象一下，你必须向一家大公司的创新主管推介持续创新框架。如果你立即开始批评他们目前构建产品的方式，你会让他们处于戒备状态，很难取得推介工作上的突破。

从更广阔的大背景（而不是问题）切入并开始推介的另一个原因是，它可以激励客户认同一个更广阔、更美好的愿景。在后面的内容中，我们将看到马斯克是如何重新规划 Powerwall 电池的推介的。他分享了清洁能源可以带来的更广阔、更美好的愿景，而非仅仅谈论"更好的电池"这一主题。

请记住，更广阔的大背景是待办任务所处的真实环境，它超越了产品品类。特别是当你推介的是全新类别的产品时，比如 iPad，要从更广阔的大背景开始推介，就像乔布斯所做的那样。

- **挑选一个外在转换触发因素**

  最好的转换触发因素是在外部世界中势必会发生的改变，而不是你个人试图引发的转变。在别人眼中，你个人引发的转变只是为了服务于自己的产品。

  - 持续创新框架的外在转换触发因素是全球创业的复兴。今天，制造产品比以往任何时候都更便宜、更容易，这意味着全世界有更多的人在创业。创业者无处不在。
  - 马斯克将气候变化作为相关且重大的变化，这为推介他的 Powerwall 电池设定了更广阔的大背景。
  - 乔布斯不需要在他的 iPad 推介中明确说出转换触发因素，因为几年前他在 iPhone 发布后就说过了——他说 iPhone 的出现是后 PC 时代的开始。也正是在发布 iPhone 之时，苹果公司去掉了公司名称中的"计算机"一词，而改叫"苹果公司"。

- **突出利害关系**

  行为经济学家阿莫斯·特韦斯基和丹尼尔·卡内曼提出了名为"损失厌恶"的现象，即人们倾向于避免损失而不是获得同等的收益。换句话说，仅仅承诺用一种新的方式可以取得更好的结果是不够的。为了让转换触发因素引发转换，还需要说明坚持原有方式（现状）的负面影响（危机）。

○ 全球创业复兴带来的机会在于，今天任何人在任何地方都可以创办公司。但是，更多的产品也为客户创造了更多的选择，这引起了更多的竞争。面对新的竞争对手，如果无所作为，你的商业模式很快就会失效。这就是全球创业复兴带来的危机。

○ 马斯克在描述气候变化带来的危机时使用了一张冒着浓烟的工厂烟囱照片。此外，他还用图表展现了直至公元 3000 年，二氧化碳排放量呈指数增长的情况。

- **展示成败结果**

  你也可以举出一些例子，支撑自己在利害关系方面的观点，比如有的客户因为改用新方法而大获成功，而有的客户因为坚持现状一败涂地。在持续创新框架的推介演讲中，我列举了许多因为接受了持续创新文化而大获成功的客户，包括爱彼迎、Dropbox、谷歌、Facebook、奈飞和亚马逊，等等。我也列举了许多由于沉迷于现状，最终失败的公司，例如百视达、柯达、诺基亚、RadioShack 和 Tower Records，等等。所有这些公司一败涂地，是因为它们坚持现状，遭遇了颠覆性的打击。

- **用承诺激发观众兴趣**

  在推介的第一幕结束时，向你的客户预告，他们将获得的"超能力"能够克服转换触发因素所带来的障碍。

  ○ 持续创新框架带来的超能力：学习速度是新的不公平优势；如果你能在学习速度方面超越你的竞争对手，你就会赢得竞争。

○ 马斯克认为未来人类将进入零排放的文明，全部的动力将来自天空中那个巨大的核聚变反应堆——太阳，而这完全可以实现。

○ 乔布斯调侃说，iPhone 是一款集 3 种设备于一身的革命性设备，而 iPad 则是智能手机和笔记本电脑之外的第 3 类产品，它定义了全新的品类，比智能手机和笔记本电脑更加出色。

第二幕：冲突（打破原有方式）

在第二幕中，你需要说出你要取代的现有解决方案（真正的竞争对手），描述现有解决方案的不足之处（问题），并证明其对于客户来说不再可行。下面列出一些指导原则。

- **指明真正的竞争对手**

  你真正的竞争对手是你要用你的解决方案取代的现有解决方案，是你的客户故事中的反派人物。

  ○ 在持续创新框架的案例中，竞争对手是执行思维（分析－计划－执行的产品构建模式）。

  ○ 在 Powerwall 电池的案例中，竞争对手是现有的电池。

  ○ 在 iPad 的案例中，竞争对手是笔记本电脑（上网本）。

- **列出竞争对手的问题**

  在这部分中，你需要描述现有解决方案的问题。这些问题由于转换触发因素的出现而变得更加严重，阻碍你的客户实现期望的结果。

  在列举竞争对手存在的问题时，你需要列举客户已经熟悉的内容，比如他们经常抱怨的问题和他们不得已采取的变通方法。你还可以指出你所发现的一些更深层次的问题，这样能使你看起来像个专家。

○ 构建产品的原有方法（执行思维）存在的问题：进入市场太慢；所谓的计划不过是虚构的幻想；只能做出保守的预测，不敢大胆预测；构建的东西无人问津。

○ 马斯克列出了现有电池的 7 个问题：昂贵、不可靠、集成度差、寿命短、效率低、无法规模化、缺乏吸引力。

○ 乔布斯列出了上网本的缺点：速度慢、显示质量低、安装的计算机软件臃肿笨重。

- **打破原有方式**

  在第二幕结束时，你应该已经彻底打破了现有解决方案，使其在客户看来已经不再可行。在这一幕快要结束时，你要总结一下原因。

○ 这种工作方式（执行思维）的目的从来就不是快速构建产品和持续创新。

○ 马斯克在结束推介的这一幕时说，现有电池的问题就是"它们太烂了"。

○ 乔布斯在结束推介的这一幕时说，上网本"只是廉价的笔记本电脑罢了，在任何方面都比不上笔记本电脑"。

第三幕：解决（演示更好的新方式）

在第三幕中，你要揭晓你的"礼物"（新方式），并展示它是如何帮助客户克服你所提到的障碍并实现他们期望的结果的。这才是你演示的目的。记住，此时客户会在情绪的驱使下产生购买行为。

你的演示并不只是一组漂亮的屏幕截图或者一个可以使用的产品原型，它应该是一个精心编排的故事，帮助你的潜在客户直观地看到你的独特价值主张，并相信你能成功。

演示应该能够把观众从目前的现实（他们在使用现有解决方案时产生了各种问题）带到你为他们设想的未来之中（在未来，目前的各种问题都能通过使用你的解决方案得以解决）。

下面是一些指导原则，可以帮助你构建令人印象深刻的演示。

- **演示应该是可实现的**

  我的一些朋友是在设计室工作，他们有专门的团队制作吸引早期用户的演示。这些演示是销售过程中备受重视的一部分，但是很多演示的精彩之处往往依赖于最终产品并不包含的技术。虽然这样的演示在销售过程中能够取得良好的效果，但是它使得最终负责实施的团队工作起来异常困难，因为演示中很多华而不实的元素在最终产品中很难创建或不可能创建。这就导致了向客户承诺的（和卖给客户的）东西与最终交付的产品之间存在差异。

- **演示应该是看起来真实的**

  我也不喜欢另外一个极端，即演示仅有一些线框或者草图。虽然用简单的线框或者草图拼凑出要演示的东西更加迅速，但是这样的演示需要客户对成品抱有足够的信心，所以我会尽量避免这种方式。

  你的演示越贴近真实产品，你就越能准确地测试你的解决方案。

- **演示应该是能够快速迭代的**

  在进行提案交付访谈的时候，你可能会获得有关产品可用性的有价值的反馈。你需要对此迅速做出改进，并在随后的访谈中进行测试。在将演示的相关工作外包时，你需要慎重，因为如果你的迭代能力受制于外围团队的日程安排，那么你的利益会受到损害。

- **演示应该尽量减少浪费**

  在构建演示的时候，如果会用到产品最终使用的技术以外的技术，就会造成某种程度的浪费。我自己在制作演示的时候，虽然在初始阶段我会在纸上或者使用 Photoshop 和 Illustrator 快速设计原型，但是到了一定阶段后，我会将它们转换为 HTML/CSS，因为从长远来看这么做可以减少浪费。

- **演示应该使用真实的数据**

  不要使用假数据，提供具有真实感的数据，这不仅有助于你布局界面，还能为你的解决方案提供支撑。正如 A List Apart 网站创始人杰弗里·泽尔德曼所说："内容永远大于设计。没有内容的设计不是设计，只是装饰。"

- **演示应该完美地展示客户使用产品前后的不同**

  试问，如果让你委托他人制作一个 30 秒的简短广告，来展示客户使用产品前后的故事，你需要考虑哪些问题？

  下面是我推荐考虑的问题。

  - 故事中的人物有哪些？
  - 故事将如何开始？
  - 这些人物会遇到什么问题？
  - 他们将如何解决这些问题？

- **演示应该简短，但也不要太短**

  好的演示需要在设定必要背景的同时，迅速给出关键信息（你的独特价值主张）。你应该争取在 5 ～ 10 分钟内完成演示。

- **为演示挑选最佳形式**

  演示的目的是用尽可能小的东西来展示你的独特价值主张，以便最大限度地提高学习速度。不要立即制作可以使用的原型产品，而要考虑用什么形式展示产品。按照产品类别，可采用的形式如下所列。

- 数字产品
  - 口头演示；
  - 屏幕截图或模拟图片；
  - 可点击的产品原型；
  - 可以使用的产品原型。
- 实物产品
  - 口头演示；
  - 草图或 CAD 图；
  - 实物形式的产品原型；
  - 可以使用的产品原型。
- 服务产品
  - 口头演示；
  - 用流程图展示产品如何运作；
  - 可交付的样品（例如，报告）。

下面举例说明。

- 持续创新框架可以只通过幻灯片来演示。
- 马斯克进行了现场演示。他向观众展示了他们所处的礼堂正是由电池供电的。
- 乔布斯使用幻灯片和现场演示相结合的方式来展示 iPad 是如何比笔记本电脑更好地完成某些任务的。

第四幕：呼吁行动（请客户做出转换）

在第四幕中，你要清楚地阐述你希望客户下一步采取什么具体行动。太多的创业者在这一幕中出现了问题，他们仅仅满足于客户做出的口头承诺，因为口头承诺最易获得。此时，我们容易陷入"减少注册摩擦"的思维模式中。我们希望客户能够尽可能容易地同意在我们的产品上试一试，因为我们希望我们提供的价值能够随着时间的推移获得客户的青睐。

　　而口头承诺存在的问题是，做出承诺非常简单，但是不信守承诺也很容易。客户只做出口头承诺不仅拖延了验证产品的时间，而且缺乏强有力的客户承诺也不利于优化学习。下面我列出了一些建议，帮助你更好地发出行动呼吁。

- **不要"减少注册摩擦"，而要"增加注册摩擦"**

  在这一部分，你的任务是找到那些至少和你一样对要解决的问题抱有热情的早期采用者。要找到这样的早期采用者，正确的方法不是"减少注册摩擦"而是"增加注册摩擦"。

- **将最小化可行产品定位为奖品**

  太多的创业者在介绍自己的最小化可行产品时会感到尴尬。他们用 α 版和 β 版这样的标签来描述产品，这么做所传达的意思是产品并不完美。甚至在客户使用产品之前，创业者就请求客户谅解。

  如果你已经按照前几章所述的内容，认真细致地研究并定义了你的最小化可行产品，你就不应该为之感到尴尬，而应该为之感到自豪。在进行客户故事推介时，你的最小化可行产品是你送给客户的礼物，能够帮助他们克服困难，实现他们期望的结果。这才是最小化可行产品的正确定位。

  与其使用 α 版和 β 版这样的标签，我更喜欢使用"抢先体验版"（early access product）来描述产品。它表达的意思是，你的最小化可行产品是一个奖品，只向少数人发布。当你将自己的最小化可行产品称为"抢先体验版"时，这也预示着稀缺性，有助于激发人们的欲望，特别是对早期采用者而言。

- **从第一天就开始收费**

  如果你的商业模式是直接模式（买家在场），那么在你的呼吁行动中，始终要包括定价模式，其原因我们之前讨论过。

  ○ 价格是你的产品的一部分。
  ○ 价格决定了你的客户。
  ○ 价格是风险较大的假设之一。

  ───── **小贴士** ─────

  即使你选择让客户免费试用或者规定了免费试用期，你也应该预先告知产品的定价。

  对于更加复杂的销售，如果你的买家并不在推介现场，那么你可以要求潜在客户介绍买家给你。如果他们能够为你介绍买家，那么他们也在向你付费，只不过不是用他们的金融资本支付，而是用社会资本。

- **永远不要问客户他们愿意支付多少钱**

  你能想象乔布斯在 iPad 上市前去询问客户，愿意为 iPad 支付多少钱吗？听起来很可笑，对吗？然而现实中，你可能在某个时候问过客户他们愿意为你的产品支付的大概价格。

  其实你只要稍作思考就会发现，从经济角度来看，在询问客户愿意支付的价格时，他们能提供的只会是一个极低的价格。他们可能真的不知道该如何回答你，这个问题只会让他们感到不适。

  如果客户并没有遇到问题，你无法（也不应该）让客户认为他们自己遇到了问题。但是，如果客户真的遇到了问题，你往往可以（也应该）说服客户为你的产品支付合理的价格，而这个价格通常比你和客户想象的要高。

- **构建你的定价故事**

  很多人在告诉客户他们的定价模式时都会感到尴尬甚至羞愧。但是，如果你已经做了研究，且到目前为止都在遵循客户故事推介的方法展开工作，那么你的潜在客户应该已经对你的新方式产生了购买冲动。向客户说明你的定价模式，就是用合乎逻辑的案例说明你是如何以现有产品（现有解决方案）的价格和你所承诺提供的价值为基础，为你的产品制定一个合理的价格的。谈钱并不伤感情。记住，客户此时进行的是理性消费。

- **清楚地说明接下来你想要客户做什么**

  在介绍了定价模式后，你需要明确接下来的步骤，并请客户购买你的产品。

史蒂夫与团队分享他的客户故事推介大纲

史蒂夫在团队的聊天窗口中发送了以下信息。

以下是我目前准备好的内容。

第一幕：设定（描述更广阔的大背景）

相关的重大变化：由于流行病的传播，人们会花更多的时间呆在家中。住房既是生活空间，也是工作空间，所以升级住房有了更多的需求。这会导致更多的人选择建造或者改造自己的房屋。

突出利害关系：这些新买家中有很多是首次购房。相比之前的首次购房者，他们岁数小，Instagram 和 Pinterest[①]是伴随着他们长大的。这些人对个性化定制和设计的要求更高，但缺乏相关经验。

预告你的承诺：他们希望设计出完美的生活空间，彰显他们独特的身份，而又不至于耗尽钱财。

---

① 美国热门图片分享和社交平台，用户可以按主题分类添加和管理自己的图片，并与好友分享。——译者注

第二幕：冲突（打破原有方式）

目前的产品（2D/3D 效果图）有缺陷。

2D 平面图缺乏深度。

目前的 3D 解决方案昂贵、复杂，且不逼真（渲染效果相当于低成本的视频游戏）。

第三幕：解决（演示更好的新方式）

我们的解决方案可以帮助你的客户在 VR 中测试你的设计概念，让客户了解完工时的样子。现在，让我向你们展示。

（此处，我们会向建筑师展示现在正在构建的参考模型）。

第四幕：呼吁行动（请客户做出转换）

莉萨，你在呼吁行动方面比我强得多，所以我会听从你的意见。但我想，我们接下来会讨论抢先体验版、贵宾式最小化可行产品的模式，等等内容。我们也希望客户愿意按 5000 美元 / 月的标准付费。这个工作量可不小。

莉萨回应道："棒极了，史蒂夫。谢谢你发过来的信息。没错，我对呼吁行动有一些想法，我会更多地关注定价方面的问题。演示进展得如何了？"

史蒂夫："差不多了，我已经等不及想向你们演示了。我应该能够在周末前完成演示的准备工作，随后我会把它交给你和乔希。"

乔希："棒极了，史蒂夫。根据你之前给我看的演示内容，我迫不及待地想看到建筑师们对演示的反应了。"

史蒂夫："我也是，但我得回去准备演示了。工作总是比想象中的要多，但我仍然坚持此前定下的日程。"

交付提案

在你准备好自己的提案后，就可以将之交付给客户了。iPad 和 Powerwall

的推介都是在舞台上进行的，台下坐的是满堂的观众。刚开始你肯定无法以这样的规模推介产品，但是你可以先一对一地推介自己的提案，就像你进行问题探索访谈时一样。下面的建议可以帮助你更好地准备"黑手党提案"推介。

- **选择目标要明智**

  早期采用者应该包括此前有过接触和从未有过接触的潜在客户。

  选择此前有过接触且符合早期采用者标准的潜在客户

  > 此前我们进行问题探索访谈的时候，曾经请求访谈对象允许我们向其持续报告产品的最新情况。如果这些潜在客户符合早期采用者的标准，那么他们就是有过接触的合格的销售对象。安排一次与他们的后续对话，向他们交付你的"黑手党提案"。

  掺入一些新的潜在客户

  > 在进行每一批次的推介时，考虑纳入一些新的潜在客户，这样你就能以"初学者的心态"测试你获得的洞见。每次推介后，应该有客户把你推荐给其他人，而这些人会成为新的潜在客户。

  测试新渠道

  > 你也要开始测试在早期冲刺中发现的其他渠道了。这些渠道可以帮助你构建可重复的客户工厂。

- **保证充足的时间**

  在初始的几次推介中，你仍然会学到很多东西，所以要为你的学习分配足够的时间。我的建议是请求占用对方 45 分钟的时间，但争取在 30 分钟内完成推介。

- **记录推介过程（如果可能）**

  与问题探索访谈一样，如果潜在客户同意你进行记录，请记录下你的推介过程，方便以后的学习和培训。

- **保持学习的心态**

  推介"黑手党提案"的关键在于要测试你在问题探索冲刺中获得的洞见。如果你的洞见准确适用，你可以在整个推介过程中看到明显的共鸣迹象。访谈对象的肢体语言，比如点头、微笑、乐于做出反馈等都表明了他们认可你的想法。如果你没有看到这些迹象，就不要强行推介，应该转而了解其中的原因。

  在客户故事推介的每一幕之间设定一个简短的心理间歇，有助于评估你是否达到了前一幕的目标。如果没有，你需要在这一幕中探究原因。

- **使用元脚本**

  除了你在前面构建的幻灯片和演示之外，你还可以为交付提案写一份元脚本。这不仅能让你在交付提案时抓住要点，而且它是一个出色的培训工具和记录工具，在准备交付或优化你的提案活动时会派上用场。我在下面的方框中给出了一个脚本示例，供你参考。

"黑手党提案"推介脚本

（30 分钟）

欢迎（开场白）

（2 分钟）

简要介绍一下本次会议的流程。

　　非常感谢您今天抽出时间与我们谈论我们的 [产品]。我们曾与其他公司进行了数十次访谈，在了解了他们如何完成 [待办任务] 后，我们开始构建 [产品]。在我们深入讨论之前，为了确保您是我们的合适人选，我想问您几个问题，看看您目前是如何完成 [待办任务] 的。

　　这样可以吗？

对照合格标准（测试客户与问题是否相匹配）

（5 分钟）

询问一些问题，判断对方是否符合早期采用者的标准。如果你之前已经对潜在客户进行过访谈，判断过对方是否符合你的标准，那么可以跳过这一步，除非在上次访谈之后你又发现了其他问题。切记，这次谈话不是想找到问题的问题探索访谈，而是要根据理想的早期采用者的关键特征来判断潜在客户是否属于理想的早期采用者。

> 您目前是如何完成 [待办任务] 的？
>
> 您目前使用的是什么解决方案？
>
> （基于其他判断标准提问，确定对方是否符合早期采用者的标准。）

如果你确实产生了此前问题探索冲刺中没有发现的新洞见，无须抑制自己的好奇心，而是可以进行深入挖掘。只有你倾听了所有的客户故事，问题探索才算结束。

如果对方符合早期采用者的标准，可以继续进行推介。如果不符合，要告知对方并说明原因。这样做可以让你们都能节省 30 分钟的时间。

第一幕：设定（描述更广阔的大背景）

（2 分钟）

通过以下方式描述推介所处的更广阔的大背景。

- ○ 指出重大的相关变化（转换触发因素）
- ○ 突出利害关系
- ○ 展示成败结果
- ○ 预告你的承诺

我们此前开展了研究，发现很多公司像你们一样，使用 [原有方式] 来完成 [待办任务]。

但是，由于 [转换触发因素]，我们进入了全新的世界，完成 [待办任务] 的方式已经发生了根本性的变化。

在 [原来的世界] 中，[原有方式] 能够很好地解决问题，但在 [全新的世界] 中已不再奏效。

[新的方式] 可以帮助你实现 [更好的期望结果]。如果不采取行动，会导致 [利害攸关的问题]。

为了在 [全新的世界] 中取得成功，您需要 [预告承诺]。

第二幕：冲突（打破原有方式）

（3分钟）

详细地说明为什么原有方式（你真正的竞争对手）不再起作用。

[原有方式] 不是为应对 [转换触发因素] 而构建的。原因是……

- 原因 1
- 原因 2
- 原因 3

如果你在问题探索阶段所做的工作足够充分，这时你就应该能够看到潜在客户产生了明显的共鸣，你也赢得了他们的信任。你的表述也引发了潜在客户的好奇心，他们想要知道你是如何解决这些问题的。

注意肢体语言和其他非语言线索。推介时，如果能够看到你的潜在客户，效果会更好。你需要不时停下来，了解他们的反馈，并观察他们的肢体语言是否跟上了你的节奏。如果看到客户没有跟上，可以停下来询问是否有什么问题。

第三幕：解决（演示更好的新方式）

（10分钟）

这是推介的核心，也是让客户产生购买行动的部分。记住，一个优秀演示的秘诀在于简短、清晰。你要引导潜在客户看完你的演示，并向他们展示你是如何实现你的独特价值主张的。

> 让我快速向你们展示我们是如何解决原有方式存在的问题并完成 [待办任务] 的。
>
> ○ 演示功能 1
> ○ 演示功能 2
> ○ 演示功能 3
>
> 如各位所见，这就是我们的产品的作用。各位有什么问题吗？

不要着急进入下一步去讨论定价，而是先在此处停顿一下，让潜在客户主动进入下一步。除非潜在客户对演示感到满意，否则进入下一步对话的意义不大。

> ○ 如果他们对演示有不清楚的地方，深入了解原因。
> ○ 如果他们喜欢演示，但是觉得自己不是客户（买家），请他们推荐真正的客户（买家）。
> ○ 如果他们询问价格或者下面需要做什么，再进入脚本的下一幕。

潜在客户会不可避免地询问你的演示中没有展示的其他功能。与其立即承诺你会继续开发，不如问问你的潜在客户为什么他们想要这个功能以及拥有该功能后他们会如何使用。在这个阶段，如果潜在客户提出的新功能前景光明，那么你可以做出"柔性承诺"，但是没有必要将其添加到最小化可行产品中。之后，你需要思考潜在客户对于功能的要求，并根据最小化可行产品的范围来衡量是否将之添加到产品路线图上。

第四幕：呼吁行动（请客户做出转换）

（5分钟）

你需要让潜在客户明白，你还处于产品发布的早期阶段，产品尚未公开发布，也没有征集测试版用户，但是你希望获得想要抢先体验产品的客户。

> 既然我们选择解决如此重要的问题，也决定采用分阶段推出的方式，所以我们首先要在精心挑选出的少部分客户中测试我们的产品。

> 就目前讨论的内容来看，您是完美的人选。我们非常希望您能成为我们抢先体验客户中的一员。

这一步并非推介中必不可少的一步，但是我强烈推荐要在推介中安排这一步。将你的产品定位成一种奖品，强调其稀缺性，有助于提升客户的购买意愿。

接下来，利用锚定效应定价。这是众所周知的策略，但人们在推介时很少使用。你最好不要跳过这一步。如果你的提案包括风险逆转或者退款保证，也要做出说明。

> 那么接下来，让我们谈谈定价问题。

> 为了给我们的产品设定一个合理的价格，我们研究了现有其他产品的定价。我们希望我们的产品价格与它提供的价值相一致。

> 大多数人在现有产品上的花费为 X 美元，最终只能实现 [当前的结果]。我们已经向您展示了我们会如何帮助您实现 [更好的结果]，从而帮助您获得 [价值] / 节省 [成本]。我们希望我们的产品会成为一个客户不假思索就会欣然购买的产品，这就是为什么我们没有将我们的产品定价为 X 美元，而是 [你的定价模式]。

这个价格包含了面对面的新用户引导，我们会帮助您设置[平台]，熟悉产品，保证产品顺畅运行。同时，每个月我们还会跟进使用情况。我们只为抢先体验版的用户提供这样的服务，因为我们高度重视早期用户，希望帮助他们获得成功。在产品的使用面扩大之后，这些服务很可能要收取费用。

总结（后续安排）

（3分钟）

在介绍完定价模式后，你要稍作停顿，观察对方的肢体语言。你还要立即评估潜在客户的反应，这是优化定价的关键。如果他们接受你的定价，记录下他们是犹豫不决还是欣然接受，然后再进行下一步。如果他们欣然接受，这通常表明客户认为你的产品价值要比你想象的高，你应该在下一次推介中用更高的价格进行测试。

如果他们需要更多的时间来做出决定，可以后续给他们发送资料（比如幻灯片），并设定日期继续跟进。

如果他们不接受你的定价，需要深入了解原因。

优化提案

优化提案的第一步是每周监测客户工厂的指标。根据指标，首先要确定需要优化的主要瓶颈。然后找到根本原因，最后找到破除瓶颈的解决方法，并在随后的提案中进行测试。

每周测量客户工厂指标

将具体的用户行为代入到客户工厂的每个步骤。在发布产品之前，我建议以下面的方式定义客户工厂的各个步骤。

1. 获客：新的销售线索（潜在客户）的数量。

2. 激活：预订产品演示的电话数量。

3. 留存：演示后继续跟进的客户数量（复合式销售）。

4. 变现：接受提案的客户数量。

5. 推荐：由客户推荐而来的销售线索数量。

产品发布后，你将以不同的方式重新定义这些步骤。我将在第 12 章中做出详细介绍。你可以使用第三方工具来测量其中的一些指标，但是不要在这方面花费过多的心思。初始阶段，完全可以自己评估这些步骤的执行情况。

LEANSTACK 在推出每一个新产品的时候，其惯常的做法是每周创建一个幻灯片文件，并在每周一早上手动填入各个步骤的数值（图 10-3）。

将产品名字填在此处

第 15 周
4 月 6 日～12 日

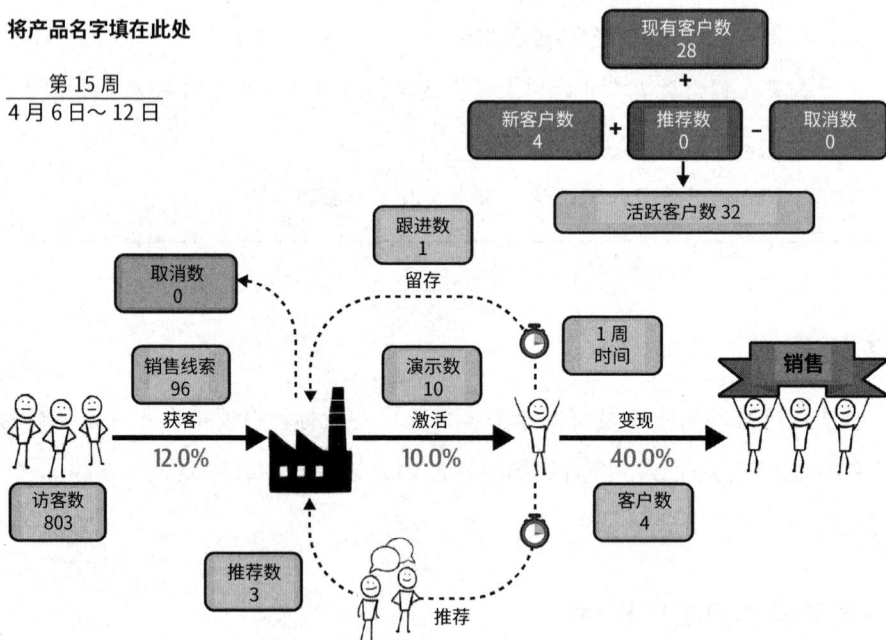

现有客户数 28
+
新客户数 4　+　推荐数 0　-　取消数 0
活跃客户数 32

跟进数 1
留存

取消数 0

销售线索 96
获客
12.0%

访客数 803

演示数 10
激活
10.0%

1 周时间

销售

变现
40.0%

客户数 4

推荐数 3
推荐

图 10-3　产品发布前客户工厂的指标图

确定关键瓶颈

在确定了每周的指标基准值后，从呼吁行动这一步骤（变现）向前倒推，以寻找瓶颈。以下可能是你发现的瓶颈。

- 有大量客户在等待（周期时间长）。
- 有大量客户在离开（流失率高）。

你要将"卡脖子"的瓶颈作为关键的瓶颈优先解决。

找到破除瓶颈的方法

切记，瓶颈会表明哪个是"卡脖子"的制约因素，但是发现瓶颈并不等于你了解了其背后的原因。

如果瓶颈是太多的客户"拥堵"在某个步骤上，那么很有可能是因为你的资源有限（比如缺少人手）。例如，你可能每周产生 10 条销售线索，但是因为跟进不力，每周只能进行 5 次推介。在这种情况下，解决之道是寻求自动化方式（比如使用日程安排工具）来解决问题，或者获得更多的帮助（比如使用虚拟助理）。

如果瓶颈是由很多客户在某个步骤上离开造成的，那么很有可能是某个环节（例如销售环节）出现了问题。例如，潜在客户没有选择购买，是因为他们认为你的定价太高，或者因为你的承诺（独特价值主张）没有抓住客户的注意力。在这种情况下，想要解决问题，就需要对客户的意见进行深入分析，这可以通过在推介过程中积极听取客户的意见并在推介之后修改推介的内容来实现。或者索性直接询问潜在客户你的产品有什么样的问题。

史蒂夫与团队复盘第一次提案交付冲刺的结果

莉萨率先发话："长假把我们的推介推迟到了下周，所以我们只完成了一次推介。"

"我也要承担部分责任，演示制作速度落后于日程，拖慢了整体进度。"史蒂夫说，"我对效果图的质量并不是百分之一百满意，所以多花了几天时间来调整。"

"切记，'完美'是'完成'的敌人。"玛丽插话道，"史蒂夫，我明白你想要展示最好的解决方案，但是学习速度远比打造完美的演示重要。你必须调整你对'足够好'的定义。'足够好'的定义标准不能是你心中的理想标准，而是要参照客户使用的现有解决方案的情况来定义。"

史蒂夫默默地点了点头，表示同意。玛丽接着问道："推介的情况如何？"

莉萨回答道："建筑师很喜欢我们的演示，但是对我们的定价犹豫不决。我们尝试以 3D 效果图的成本为价格的锚点，但是那位建筑师现在并不会使用 3D 效果图。他觉得 3D 效果图和 VR 技术是不错的选择，但坚持不想为此支付更多的费用。"

玛丽点点头，说道："好的。首先，不要气馁，因为这仅仅是一次访谈。早期的推介是学习的良机，通过学习，你可以迭代、优化你的推介。我的建议是，进一步对潜在客户进行资格预审。目前的推介旨在为公司提供服务，让公司从使用 3D 效果图转向使用 VR 技术。但是，如果他们目前没有使用 3D 效果图，要么你们需要构建另外一个版本的推介，要么直接取消这些潜在客户作为早期采用者的资格。"

"你觉得哪种方法更好呢？"莉萨问道。

"推动客户采用全新的技术总是困难重重，尤其是在开始阶段，所以我赞成取消那些目前没有使用 3D 渲染技术的潜在客户的资格。"玛丽回答说。

"我同意。"乔希插话说，"我觉得相比让客户改变目前的业务流程，让客户放弃使用某个软件而完成转换显然要容易得多。"

"说得好。"玛丽回答说,"所以,没错,我们应该把重点放在公司的资格预审上,争取在接下来的两周冲刺中进行更多的推介。"

"我正在做。"莉萨说,"我正在安排为 7 家公司做演示,在确定演示时间之前,我会对他们进行资格预审。"

如何判断提案交付已经完成

如果出现了下面两种情况中的一种,那么说明你已完成提案交付。

- 达到了增长力路线图所定义的问题与解决方案相匹配的标准。
- 时间耗尽,即 90 天周期已经结束。

无论是哪种情况,你都要复盘 90 天周期中的工作,并利用在此期间的学习所得为决定下一步应该做什么提供实证基础。

第 11 章　90 天周期复盘

　　在 90 天周期结束时，无论客户工厂指标的数值如何，你都需要召集团队一起参加 90 天周期复盘会议。

　　在复盘会议上，你需要回顾你已经开展的工作和学到的东西，并决定下一步的行动。我目睹过太多令人遗憾的团队，他们耽误了太长时间才去调整他们的想法。他们一直坚持错误的想法或验证活动，希望事情会有转机，但想要改变时为时已晚。90 天周期复盘（图 11-1）迫使你面对当前的现实，让相关人员负起责任，并为下一个周期做出决定——要么坚持，要么转型，要么暂停。

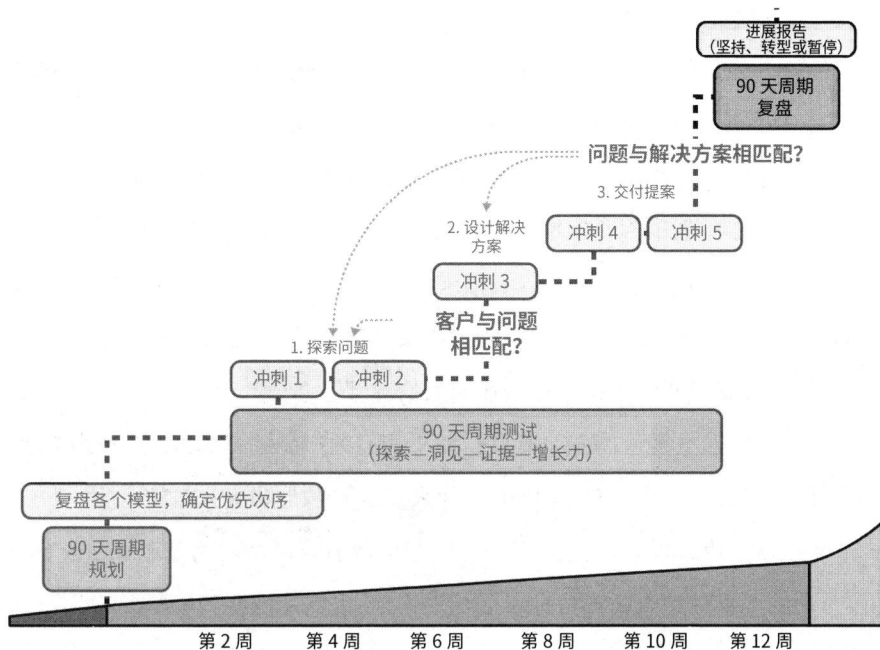

图 11-1　90 天周期复盘

史蒂夫与玛丽召开复盘预备会议

"如果我们没有实现 90 天周期目标和关键成果怎么办？我知道，我们只需签下 2 个客户……但是，如果我们一个客户都没签下呢？"史蒂夫问玛丽。

"首先，我想要提醒你，你需要实现的目标和关键成果并不只是签下 2 个客户，而是建立一个体系（客户工厂），保证在接下来的几个月里每个月都能签下 2 个客户。"玛丽回答道。

史蒂夫紧张地笑了笑，说："说得对，想到这点我就更加没底了。如果我们没有与任何客户完成交易，我们可以延长增长力路线图上的时间期限吗？"

"你觉得呢？"玛丽说，"记住，你的增长力路线图是你构想出的最低成功标准曲线。你可以把它想象成起伏的海平面。当你去海滩玩的时候，如果你走入水中，潜入海平面以下，你会怎么做？"

"我会屏住呼吸。"史蒂夫回答道。

"没错。可是你憋气的时间是有限的。虽然短时间潜入海平面以下没有问题，但是你应该争取尽快返回海平面以上。"

"那么在创业的情况下，'尽快'是指多长时间呢？"史蒂夫问道。

"根据统计，由于创业早期阶段的高度不确定性，超过三分之二的创业公司都需要对自己的商业模式进行大幅度的调整。因此，对于团队来说，没有实现自己第一个90天周期目标和关键成果，就需要第二个90天周期来实现问题与解决方案相匹配。这是相当普遍的情况。"

"好吧，我感觉轻松许多。所以，如果我们的产品销量为0，从技术上讲，我们可以调整方向，再给自己90天时间来实现问题与解决方案相匹配？"

"从技术上讲，没错。但请记住，转型仍然需要以学习为基础。决定你下一步行动的不只是是否实现目标，而是你在90天周期内学到了什么。"

玛丽停了一下，喝了一口咖啡，然后继续说道："我确实感觉到你有点焦虑。你还有什么其他想问的问题吗？"

"有。我正尽力为90天周期复盘会议做准备。既然我把莉萨和乔希带进这个项目，就不想让他们失望。我不想看到他们因为我们没有达成目标而离开。"

"我明白你的心情，但是别忘了，他们也是这个项目的联合创始人，同样肩负责任。精益创业框架之所以具有强大力量就是因为所有创业的参与者都要负责，特别是对商业模式负责。"

史蒂夫笑着说："我是认真的。你听说过斯托克代尔悖论（Stockdale Paradox）吗？"

"是的，我记得在吉姆·柯林斯的《从优秀到卓越》一书中读到过。斯托克代尔悖论是说要对前途充满信心，但又要直面残酷的现实，对吧？"

"我手机上有这段文字，内容是这样的：每一个从优秀迈向卓越的公司都具有相同的特质，他们相信斯托克代尔悖论，即你必须保持坚定不移的信念，相信不管遇到什么困难，你都可以而且必定会取得最后的胜利；与此同时，无论现实多么残酷，你都能够平静地面对。"

"这也是使用持续创新框架的关键。你的信念会经受残酷的挑战，但是你要对自己和团队充满信心，相信你最终会取得胜利。"史蒂夫继续说道。

准备会议

在 90 天周期复盘会议上，你要做一个 5 ～ 10 分钟的商业模式进展报告，带领你的团队了解你们是否实现了精益画布和增长力路线图中的初步假设 / 目标，你们在 90 天周期内做了什么以及接下来要做什么。

如果在进行每次冲刺时，你都认真记录了各种测试结果，悉心捕捉到了所有的洞见，且坚持根据各项指标衡量自己的行动，那么准备 90 天周期复盘会议的工作量会很小。

在这一部分中，我将向你介绍需要收集 / 更新的内容，如何制作进度报告幻灯片，以及每张幻灯片的具体形式和内容。在后面的部分中，我将介绍如何开展复盘会议。

收集 / 更新内容

对于此前探索的每一种商业模式变体，你都需要有更新过的电梯演讲、精益画布和增长力路线图。

电梯演讲

根据你在提案交付冲刺中的学习收获，重新审视和更新你的电梯演讲。提醒一下，以下是我们在第 5 章中介绍的模板。

> 当 [客户] 遇到 [触发事件] 时，
> 他们需要完成 [待办任务]，以实现 [期望结果]。
> 他们通常会使用 [现有解决方案]。

但由于 [转换触发因素]，此前使用的 [现有解决方案] 由于 [某些问题] 而不再有效。如果这些问题没有得到解决，那么会产生 [利害攸关的问题]。

因此，我们构建了解决方案，帮助 [客户] 通过 [独特价值主张]，实现 [期望结果]。

你可能已经注意到，你的电梯演讲基本上是你的"黑手党提案"活动中第一幕和第二幕的精简版。

电梯演讲的目的是通过描述下述内容，迅速说明为什么构建你的产品。

* 产品的服务对象是谁（客户群体）？
* 发生了什么变化（转换触发因素）？
* 产品解决了（现有解决方案）存在的什么问题？

对于任何访谈、推介或者报告商业模式最新进展的汇报来说，电梯演讲都可以作为强有力的开场白，所以我们要不断更新，勤加练习。

精益画布

确保你的精益画布（图 11-2）反映的是你的最新想法，特别是在客户群体、问题、解决方案、独特价值主张和定价（收入来源）方面。

如果在 90 天周期开始之后，你没有再次审视你的精益画布，那么你现在可能会惊讶于自己的想法在短时间内发生了如此大的变化。与传统的商业计划不同，这种变化并不代表你的能力不足，而是说明你取得了显著的进步。

找到你 90 天前创建的反映了你当时想法的精益画布。在复盘会议上，可以将那时的版本与最新的版本进行对比，你会很容易地发现团队的学习收获。

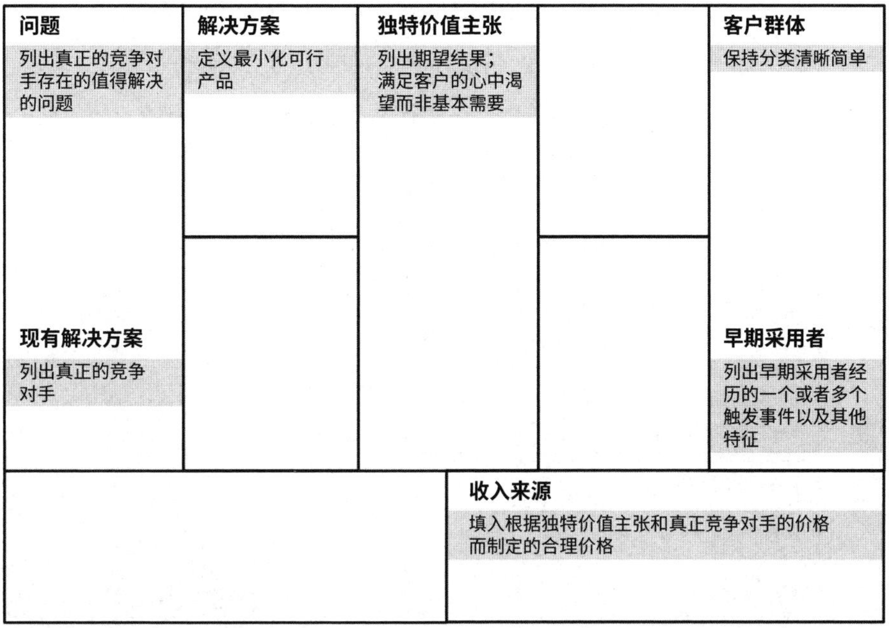

问题	解决方案	独特价值主张		客户群体
列出真正的竞争对手存在的值得解决的问题	定义最小化可行产品	列出期望结果；满足客户的心中渴望而非基本需要		保持分类清晰简单
现有解决方案 列出真正的竞争对手				**早期采用者** 列出早期采用者经历的一个或者多个触发事件以及其他特征
		收入来源 填入根据独特价值主张和真正竞争对手的价格而制定的合理价格		

精益画布根据商业模式画布改编而来，并由 Creative Commons Attribution-Share Alike 3.0 Un-ported License 授权使用

图 11-2　不断更新你的精益画布

增长力路线图

同样，你还需要重新审视增长力路线图。首先要验证通过费米估算得到的假设是否有变化，例如你的定价模型是否发生了变化。如果它们发生了变化，在保持最低成功标准不变的情况下，更新你的增长力路线图。如果你要更改你的增长力路线图，请注意保存 90 天前的那个版本。

—— **敲黑板** —————————————————————

请记住，你的最低成功标准是你向你的商业模式施加的不容变动的约束。只有经过深思熟虑或者团队成员与利益相关者提出了重要意见之后才能改变。如果确实需要变动，要在 90 天周期复盘时提出。

接下来，绘制你的实际增长力指标，例如，申请试用产品的客户数量，并将其加到你的增长力路线图上（图 11-3）。如果想要了解你的商业模式是否取得了进展，最有效的方式就是查看这张图。请记住，获取增长力才是你的目标。

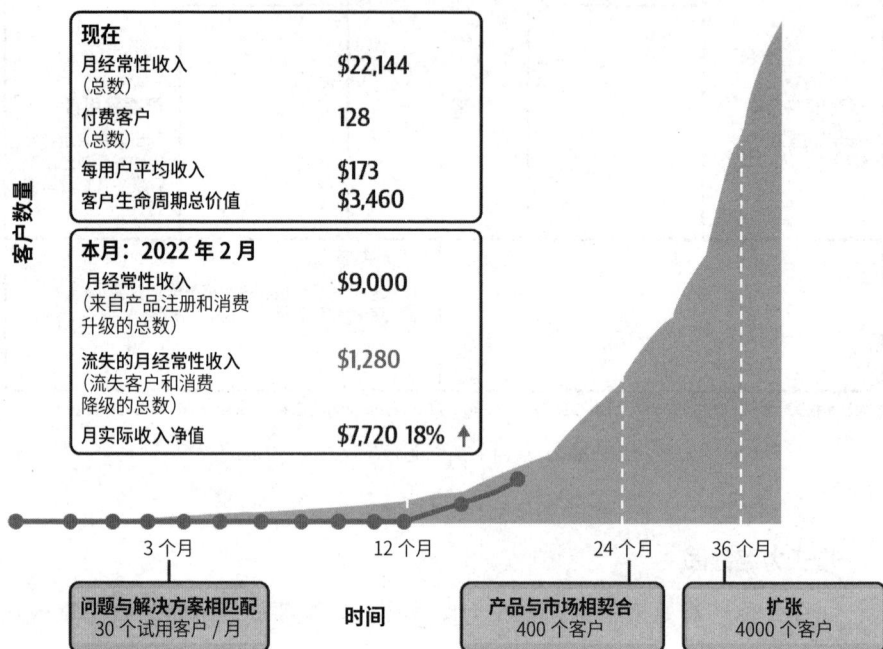

现在

月经常性收入 （总数）	**$22,144**
付费客户 （总数）	**128**
每用户平均收入	**$173**
客户生命周期总价值	**$3,460**

本月：2022 年 2 月

月经常性收入 （来自产品注册和消费 升级的总数）	**$9,000**
流失的月经常性收入 （流失客户和消费 降级的总数）	**$1,280**
月实际收入净值	**$7,720 18% ↑**

客户数量

时间

3 个月 — **问题与解决方案相匹配** 30 个试用客户 / 月

12 个月

24 个月 — **产品与市场相契合** 400 个客户

36 个月 — **扩张** 4000 个客户

图 11-3　在增长力路线图上绘制实际增长力

制作进展报告幻灯片

在第 5 章中，我提供了一个由 10 张幻灯片组成的幻灯片母版，用以介绍商业模式。现在，你需要为你的 90 天周期复盘会议制作一个类似的幻灯片。它要为会议设定背景，呈现你在周期开始时的各种假设，报告你在周期内的行动、关键收获和结果以及接下来的工作。下面我会详细介绍每张幻灯片上的内容。

设定背景

开场幻灯片应该为会议定下基调。

- **幻灯片 1：复盘 90 天周期目标**

  概述 90 天周期目标（比如，实现问题与解决方案相匹配），小结你正在探索的商业模式变体。如果不止一个，从最优的商业模式开始。

- **幻灯片 2：电梯演讲**

  在幻灯片上使用图片或者视频进行电梯演讲。

我们的思考

接下来，复盘你在 90 天周期中进行的思考。

- **幻灯片 3：精益画布**

  展示你在周期开始时创建的精益画布，突出你的关键假设。

- **幻灯片 4：增长力路线图**

  展示你在周期开始时创建的增长力路线图，强调你为了达到 90 天周期目标需要取得哪些关键成果。

我们的行动

接下来的幻灯片应该讲述你在这个周期内采取了哪些行动。

- **幻灯片 5：验证活动**

  描述你在 90 天周期开始时选择的验证活动。

- **幻灯片 6：实验**

  总结你所做的实验。例如，接受访谈的人数、推介的次数，等等。

我们的收获

接下来的幻灯片应该介绍你通过这些行动学习到的东西和取得的成果。

- **幻灯片 7：洞见**

  总结你学习到的关键内容。较为有效的方法是在这张幻灯片上放入最新的精益画布和改动后的增长力路线图，并说明做出改动的必要性。

- **幻灯片 8：增长力**

  将你的实际增长力情况叠加到你的增长力路线图中，并总结已进行的活动效果。

接下来的内容

最后，谈谈你的未来计划。

- **幻灯片 9：目前的瓶颈**

  分享你对你的商业模式接下来需要破除的瓶颈的看法（如果瓶颈发生了转移）。

- **幻灯片 10：下一步行动（坚持、转型或暂停）**

  结合你的增长力指标和对瓶颈的评估，提出下一步的行动计划：坚持、转型或暂停。

  还记得本书引言部分中的“创业迷宫”的图片吗？在实现产品与市场相契合的道路上会出现各种情况，包括一路向前（坚持）、蜿蜒曲折（转型）以及死胡同和原路返回（暂停）等。在这张幻灯片中，你需要告诉大家你决定采取哪种行动。

  ○ 如果你已经达到或超过了 90 天周期的增长力目标，你应该坚持下去。你要强调增长力路线图中下一个 90 天周期目标，并描述下一个 90 天周期的关键目标（例如，开发和发布最小化可行产品）。

○ 你没有实现 90 天周期的增长力目标，但发现了一些关键的洞见，可能会帮助你在下一个 90 天周期中改进你的商业模式。例如，转向一个不同的客户群体，这时你采取的行动应该是转型。注意，转型的基础必须是此前的学习收获，否则只能碰运气。为了给转型提供令人信服的理由，要准备好支持转型决策的证据。

○ 如果你没有实现 90 天周期的增长力目标，并耗尽了资源，或者发现了足够的证据，证明你的商业模式是一个死胡同，那么你应该暂停。

召开会议

为了使 90 天周期复盘会议收获良好的效果，我在下面列出了这些准则。

- **邀请对象**
  除了邀请核心团队的成员，还应邀请外围团队的所有成员，包括顾问和投资人。

- **安排充足的时间**
  我建议所有参会人员都要在日程上留出 45 分钟的时间。

- **使用幻灯片和材料相结合的形式**
  就像之前的商业模式故事推介一样，你的精益画布和增长力路线图就是完美的材料，它们可以避免你在介绍最新进展时被听众打断。

- **遵循二八定律**
  在 10 分钟内（占会议总时间的 20%）完成最新进展的陈述，然后利用剩余的时间进行讨论，征求意见并推动决策。

- **向投资人（外部利益相关者）征求意见**
  并不是要谈钱的时候才需要与投资人对话。如果你能够以正确的方式让投资人参与进来，那么他们可以成为破除商业模式中的瓶颈的贵人。他们见过很多创业公司，拥有包含着各种新策略的宝库，这些策略可以帮助你释放商业模式中的增长动能。但是，除非投资人知道你需要他们的帮助，他们是不会主动与你分享这些的。

以下是我们不应该做的事情。

○ **不要伪装成功**。许多创业者只愿意与外部利益相关者分享好消息，并尽可能地隐藏所有的坏消息。随着时间的推移，这就会造成外部利益者所了解的情况与真实情况大相径庭，显然这种状态不可持续。相反，你应该寻求与利益相关者合作。他们想要的也正是你想要的：一个行之有效的商业模式。

○ **不要盲目地听从他人意见**。另一种错误是，对于其他人给出的所有建议都言听计从，特别是当这些建议来自你尊重的人或投资人时。如果不加甄别，错误的意见就会分散你的注意力，甚至让你误入歧途。

以下是我们应该做的事情。

○ **客观地介绍最新进展**。要确保向外部利益相关者和核心团队传达的信息是一致的。如果你向外部利益相关者展示的是不准确或者经过选择的数据，那么他们给出的建议的有效性会大幅降低，而随后的验证也变得毫无意义。

○ **主动承担责任**。永远记住，你是公司最大的利益相关者（第一投资人）。你不会因为遵循建议而获得奖励，能够为你带来赞许和奖励的只有取得真正的成果。

● **安排紧凑的会议议程**

没有人愿意在会议上花费不必要的时间，所以要做好准备，保持议程紧凑。我在下面的方框中提供了一个可供使用的议程模板。

90 天周期复盘会议议程

（45 分钟）

欢迎（开场白）

（2 分钟）

带着参会人员快速浏览议程，将此作为会议的开场白。

○ 最新进展（不间断报告）: 10 分钟

○ 一般性讨论（问答环节）: 15 分钟

○ 征求意见: 15 分钟

○ 最终决策（坚持、转型或暂停）: 5 分钟

最新进展 （不间断报告）

（10 分钟）

使用此前准备的幻灯片和材料，报告公司最新进展。

一般性讨论（问答环节）

（15 分钟）

与会者可以利用这段时间对最新进展提出问题，并要求你详述你是如何得出某些见解的。如果你在探索商业模式的多个变体，与会者还可能要求你解释为什么选择了最终的商业模式变体。为了解释你的见解，你要准备好实验过程的细节信息、客户受力分析画布或相关指标（如果需要）作为支撑。

征求意见

（15 分钟）

在陈述完当前的瓶颈后，寻求与会者对瓶颈的认同，并就下一步的行动计划（坚持、转型或暂停）征求反馈意见。切记，和 90 天周期启动会议

一样，我们需要的不是开展头脑风暴，而是让整个团队就商业模式的现状达成共识，并开始讨论下一个 90 天周期的目标和关键成果。

最终决策（坚持、转型或暂停）

（3 分钟）

做出最终决策（坚持、转型或暂停），并安排下一次 90 天周期规划会议，以此结束本次会议。注意，你无须再开一次 90 天周期启动会议来统一团队成员的认识，因为这次会议已经完成了这项工作。

史蒂夫召开 90 天周期复盘会议

"你脸上的笑容告诉我，这个 90 天周期结果不错。"玛丽说。

史蒂夫笑着回答说："不止'不错'。我迫不及待地要报告最新的进展了。"

史蒂夫首先快速复盘了当前的周期目标和周期开始时的商业模式变体。

"正如各位所知，我们放弃了软件开发人员的商业模式，转而将目光投向了家用住宅建设。我们选择的最初的早期采用者是那些目前为客户提供 3D 效果图的建筑师。"

莉萨和乔希笑着对视了一下。

"虽然一开始很不顺利，但是在最后的冲刺阶段，我们取得了重大突破。我们推介 Altverse 时，将其定位为帮助建筑师缩短设计周期的一种方式，但是我们无意之间发现我们还可以承担一项更为重要的任务：客户教育。"

史蒂夫停了一下，喘了口气，然后继续说："建筑师平均花费 30 ~ 40 小时来教育他们的新客户，这包括与客户面对面地讨论设计，向客户展示建筑材料，带客户进行相关的采购，帮助客户选择设计方案。有时，设计师会因为提供这些服务直接向客户收取费用，但是大多数时候，他们不会为此收费，这自然会影响他们的收入。根据一位建筑师的说法，以这种方式与客户相处，只是在'做生意的成本'，是为了让客户能够迅速做出决定，并尽快发现设计中存在的重大问题，以免后期演变成更大的问题。他甚至告诉我们，他们整个费用的 10% ~ 15% 都用在客户教育上了。我们知道普通项目的总额大约为10 万美元，所以说用于客户教育的费用就是 1 万 ~ 1.5 万美元。"

史蒂夫看到玛丽的脸上露出了笑容，他继续说道："因此，我们提出了我们的想法，即该公司以预付月租金的方式使用我们的产品，而我们的责任就是确保他们的客户总是能拿到项目中最新的设计和材料效果图，且确保效果图足够逼真。虽然我们要测试一下我们的产品在客户教育方面到底能减少多少开销，但在看到我们的效果图的真实性后，建筑师们相信它能带来巨大的影响。我们以他们的开销为基准，将价格定在 1000 美元 / 客户 / 月。他们同意在他们其中一位客户的项目上试用这项服务，该项目即将开始为期 3 个月的设计阶段。我们向其他 4 家公司提出了同样的'黑手党提案'，最终 3 家公司以同样的条件购买了我们的服务。"

随后，史蒂夫介绍了团队的下一步行动："我们的下一步行动是对贵宾式最小化可行产品进行包装并交付给这 4 位客户。我们应该在 4 ~ 6 周内完成，这也符合他们的时间安排。大家有问题吗？"

玛丽插话说："大家出色地完成了工作。祝贺你们！我很好奇，你们是如何发现客户教育这项更大的任务呢？"

"这是我们访谈的建筑师自己提出的，"莉萨答道，"对方完全被我们的效果图的真实性震撼了。他告诉我们，他觉得如果能向客户展示效果图可以回答很多客户经常提出的问题。随后，他对我们的材料目录很好奇。当时，史蒂夫站起来拍了一张会议室壁纸的照片，将其用于渲染，并更新了效果图中的模型。然后，他向建筑师展示了效果。建筑师大吃一惊，险些从椅子上摔下来。他被我们的演示说服了，剩下的工作一帆风顺。我们还在标准化的演示中加进了这个内容。"

"这太不可思议了！"玛丽说，"一定要跟这位建筑师保持密切联系，善待他。他绝对是你们的早期采用者，也是你们希望能够给予你们支持的人。你们还有什么想要分享的内容吗？”

三人摇了摇头。

“好的。”玛丽继续说，“那么我想说几件事情。首先，我已经跟史蒂夫提过这一点，但是还是想给你们所有人强调一下。即使你们接下来要把工作的重点转移到推出最小化可行产品上，但是你们还是要保证客户工厂的运行。”

“你的意思是继续进行推介并促成交易吗？”莉萨问道。

“没错，”玛丽回答说，“但是也要注意在自动化方面下些功夫，并在渠道和活动方面做出更多的努力。切记，在曲棍球杆曲线开始缓慢上升时，你需要始终考虑如何能将你的增长力提高 10 倍。所以，除了发布产品外，你们还需要拓展你们的‘黑手党提案’的内容。”

玛丽停了一下，给三人一点儿理解的时间。“第二个想法，我觉得对你来说是个好主意，就是向之前与你沟通过的两位天使投资人报告一下最新情况，报告内容只需做一点调整即可。”

乔希问道：“你认为我们已经准备好筹集资金了吗？”

“你们可以等待时机成熟的时候再做决定。”玛丽说，“但是，我觉得你们已经可以向早期投资人宣传你们的增长力的故事了，尤其是你们非常清楚，你们将来是需要融资的。我还认为，现在是乔希和莉萨你们两个人做出决定是否全职加入项目的时候了。虽然在验证问题与解决方案是否相匹配的阶段中，团队成员可以兼职来做工作，但是未来的道路需要完整的团队全力以赴。”

第三部分
增　　长

03

一旦价值交付假设得到验证，

你的重点就会转向加速扩张。本部分将

深入探讨如何推出最小化可行产品、实现解

决方案与客户相匹配和产品与市场相契合，并最

终构建一个可扩张的渠道和属于你的增长火箭。

实现问题与解决方案相匹配是创业公司验证自己的商业模式之路上的第一个重要里程碑。从商业模式的角度看，这表明你已经成功地证明了你的产品有足够的客户需求，公司可以进入产品开发阶段，从而踏上实现产品与市场相契合的旅程（第二阶段）。

但是，你要警惕的是，第一次推出最小化可行产品时，很多地方可能且确实会出错。发生这种情况时，你的思维模式很容易倒退回在解决方案与产品之间画等号。典型的反应是想在产品中构建更多的东西，特别是佯装这些被添加的东西都是客户需要的功能。转瞬之间，你原本简洁、重点突出的最小化可行产品就变成了臃肿不堪的庞然大物。

虽然倾听客户的意见非常重要，但是你必须明白如何倾听。盲目地添加功能永远不是解决问题的正确方法。你需要继续全方位地坚持商业模式就是产品的思维模式（思维模式 1），继续施用此前使用的方法。

更确切地说，你需要继续使用 90 天周期这一方法。在随后的 90 天周期中你要做到以下几点。

- 使用你的增长力路线图确定 90 天周期目标。
- 确定阻碍公司发展的主要瓶颈。
- 评估哪些活动能够破除这些瓶颈，然后做出选择，投入资源。
- 使用冲刺阶段系统地测试各项活动
- 做出基于实证的最终决策（坚持、转型或暂停）

未来的旅程

正如前所述，从问题与解决方案相匹配到产品与市场相契合的旅程大约需要 1 ~ 24 个月。虽然这段时间看似漫长，但是其实只是 6 ~ 8 个 90 天周期而已。在这段时间中，如果你的增长速度是 10 倍，那么你的增长力需要经历两次 10 倍速的增长。

虽然将你的增长力提升 100 倍的目标可能会让人感到巨大的压力，但是你可以更加系统地思考问题。10 倍的增长大约是翻了 3 番（$2^3 = 8$）。由于你有 6 ～ 8 个 90 天周期来实现产品与市场相契合，你可以将每个周期的任务设定为将你的增长力翻番，即找到实现 2 倍增长的杠杆。

从系统的视角思考增长也可以提醒你在每个周期内应该采用什么样的增长战略（活动）。问题与解决方案相匹配的关键成果是让你的客户工厂启动和运行，即让客户获取成为可重复的过程。当你优化你的客户工厂以实现产品与市场相契合时，你可以分阶段处理这个优化过程。

换句话说，我们可以将产品与市场相契合的旅程进一步分解为 3 个子阶段（图 III-1）。

- 推出最小化可行产品；
- 实现解决方案与客户相匹配（solution/customer fit）；
- 实现产品与市场相契合。

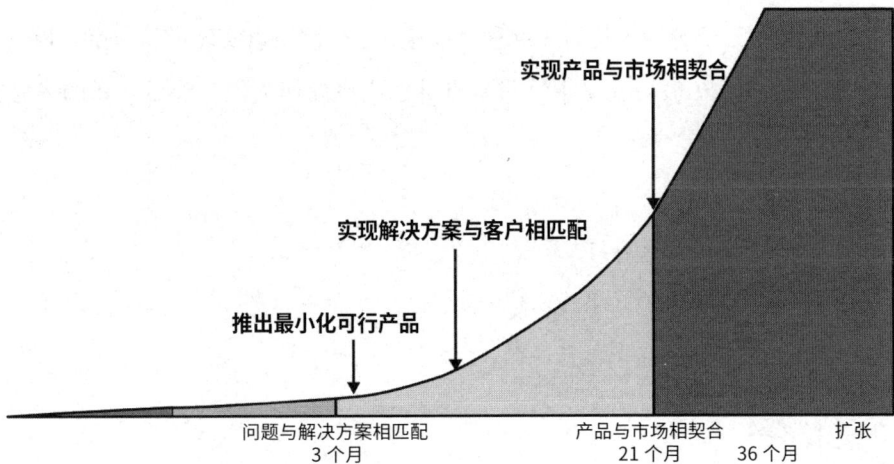

图 III-1　产品与市场相契合的各个子阶段

推出最小化可行产品

这一阶段的目标是在接下来的 90 天周期内准备好推出你的最小化可行产品。这不仅需要准备好解决方案，而且需要为持续向早期采用者学习奠定基础。

实现解决方案与客户相匹配

发布产品之后，你需要专注于验证在价值交付方面的假设。也就是说，确保你的最小化可行产品确实实现了你的独特价值主张，并让客户满意。这个阶段的关键成果是证明你可以反复激活和留存早期客户。

对于大多数产品来说，实现解决方案与客户相匹配通常需要 3 ~ 6 个月的时间。

实现产品与市场相契合

一旦价值交付假设得到验证，你的重点就会转向加速扩张。这也意味着你开始寻找可持续扩张的引擎，这可能需要 6 ~ 12 个月的时间。

本书的第三部分深入探讨了顺利完成这 3 个子阶段以实现产品与市场相契合的实际步骤。在最后几章中，我将告诉你应该如何去做。最后几章的内容如下：

- 准备发布产品（第 12 章）；
- 创造满意的客户（第 13 章）；
- 找到属于你的增长火箭（第 14 章）。

第 12 章　准备发布产品

此时，你肯定比几周之前更加了解客户的需求，并且对你的最小化可行产品有了更清晰的定义。不过，你要继续警惕"创新者的偏见"。在这个阶段，你仍然容易分心：要么是构建的产品内容太多，要么是构建了错误的产品。

除了专注于构建你的最小化可行产品外，你还需要专注于其他一些内务工作，以提高产品发布的速度、优化学习效果和提高专注度。

我们探讨的产品发布并非指开展大型发布活动或者营造公关噱头。产品未经验证就急于制造热度、获取媒体关注，属于过早优化。即使你成功地为产品带来了大量流量，除非产品确实有吸引人的东西让客户留存，否则流量会很快流失。

更好的策略是将产品发布与营销推广区分开来。发布产品时，最好的实施方法是以试运营的形式，将产品精准发布给早期采用者。此时的关键目标是对价值交付进行验证，即你是否实现了你的独特价值主张。

只有当你能不断地向客户展示交付价值时，才有必要进行大规模的营销推广。

本章将向你展示如何从速度、学习和关注重点等方面优化产品发布。

图 12-1 显示了如何使用 90 天周期发布产品。你应该争取用 4 个冲刺阶段

或更短的时间（两个月）创建好你的最小化可行产品，然后用一个冲刺阶段
准备产品发布，并将产品的抢先体验版对外推出。注意，这些只是指导意见，
你的时间安排可能会因具体产品而有所不同。

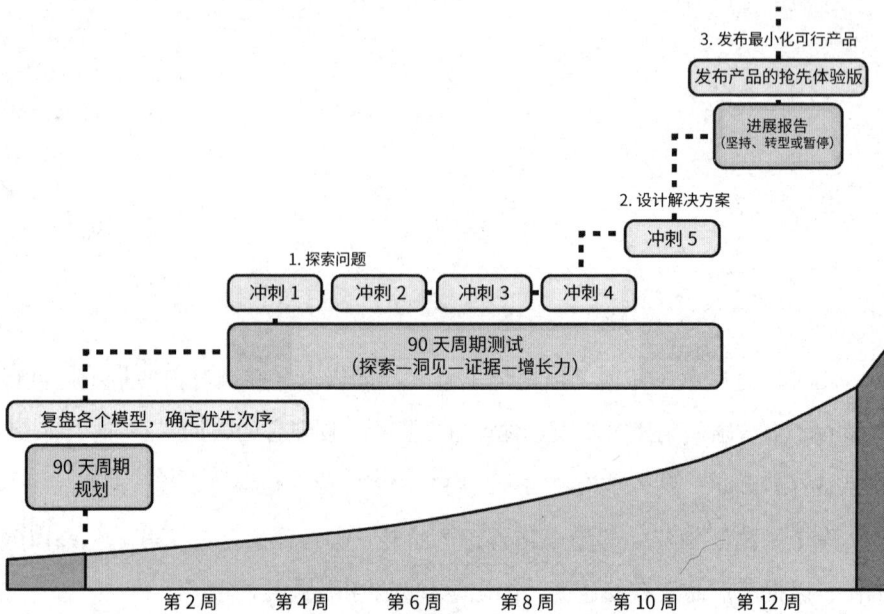

图 12-1   典型的发布最小化可行产品的 90 天周期

Altverse 团队准备发布产品

在上次会议之后，史蒂夫分别与莉萨和乔希会面，讨论他们作为联合创
始人全职加入公司的问题。两人都表示非常愿意。然后，史蒂夫介绍了他根
据玛丽的建议制订的股票所有权和酬金分配计划。

与此同时，他向两位天使投资人做了投资推介，并处于小型种子轮融资
的最后阶段。如果融资成功，这将让史蒂夫在未来的 9 ~ 12 个月中能够支付
5 人团队的工资。莉萨和乔希同意了所有的条款，并正式加入团队。

现在，史蒂夫的团队人员已经到位，团队也有了发展计划，史蒂夫开启
了下一个 90 天周期。

"我想我们很清楚未来 90 天需要开展的两项活动。"史蒂夫说道,"我们需要构建并运行贵宾式最小化可行产品,并继续扩大'黑手党提案'所承诺的服务范围。"

"鉴于目前这些交易的价位,我认为接下来的最佳活动是直销。"莉萨给出了自己的意见。

"我同意。"玛丽回答说,"现在的工作重点是将此前学习到的内容系统化,建立可重复的销售过程。莉萨,我觉得你可以负责这项工作。我建议使用客户关系管理系统,这样就可以从后续阶段的客户中筛选出最有可能成为早期采用者的人选。"

莉萨点头表示认同。

"虽然无须多说,但是我还是想强调一下。在接下来的几个冲刺中,最重要的事情是高度专注于贵宾式最小化可行产品的准备工作,不要因为其他吸引眼球的事物而分心。"莉萨补充道。

史蒂夫脸红了一下,同时点头表示同意:"我已经锁定了我们的工作范围。在演示过程中,客户提出产品应该具备一些其他功能,但是我们要在发布最小化可行产品之后再进行添加。"

玛丽点点头。"听起来不错。除了准备好最小化可行产品,你还需要创建一个全公司的报表。虽然最初的客户只有 4 家公司,但是这 4 家公司有各自的客户,也就是说会有 20 ~ 30 人使用最小化可行产品,而且这些数字还会不断增长。你需要了解客户是如何使用最小化可行产品的,以便做出优化。"

"难道我们不能定期与建筑师进行沟通以获得反馈吗?"乔希问道。

"当然可以,这也是我想说的最后一点。"玛丽回答道,"将产品扔给客户后就不再理会的话,创业很难成功。你们必须构建一个系统性的流程,使你们的早期采用者成为满意的客户。首先,可以分批发布最小化可行产品,预先设定成功指标,并建立机制来定期检查是否达成了指标。"

"我猜以贵宾式最小化可行产品作为开始会有不错的效果?"乔希问道。

　　"是的，因为客户一开始面对的产品界面其实就是你们。但到时你们还是会惊讶于让客户从原有方式转换到新的方式要付出的巨大努力。"玛丽回答说，"但是在此之前，你们还有事情要做。我会给你们发一些有关如何准备产品发布的资料。在发布产品的过程中，我们要重新审视'试点管理'。"

保持客户工厂的持续运转

　　一旦你获得了第一批早期客户，你就很容易将注意力完全转移到向客户交付价值上。为了专注于产品开发，减少在获取更多客户方面的努力是错误的。原因包括以下几点。

- **客户工厂就像一个飞轮**

  最初让你的客户工厂启动和运行需要做出大量的工作，但是保持其运转的工作量则小得多。如果你让客户工厂停滞下来，未来想要再次启动，就不得不花费更多的精力，这反而会浪费你的时间。

- **客户工厂的持续优化需要持续的用户流**

  你的客户工厂是一个由相互关联的步骤组成的完整系统，这些步骤协同工作。仅仅优化系统中的一个部分往往会影响整体系统的总产量，并让你陷入局部最优陷阱。

  所以，你不可能停止或者忽略客户工厂中的某些步骤。为了提升客户工厂的总产量，你需要有稳定的用户流。

  ─── **敲黑板** ──────────────────────────────

  你的目标是保证"刚好足够"的流量来支持你的学习。

  ──

- **实现可重复是扩张的先决条件**

  你的客户工厂是一个系统。系统的一个关键特性是可重复。当工厂经理在工厂车间为机器布线时，他们首先会预估产量基线（留出些许空

间，以便未来做出更改），然后再对各个步骤进行优化。你的客户工厂
也不例外。

如果你的商业模式不可重复，那么它也无法扩张。获得了产品的前 10
位客户，这确实是一项成果，但是如果你不知道如何再次获得 10 位客
户，那么这一过程便是不可重复的。为了实现可重复，你需要保证你
的客户工厂始终运行。

寻找方法实现客户工厂的自动化

一个经常未被充分利用的提升增长力的方法是使客户工厂中的各个步骤自
动化。太多的创业者只关注提升转化率，而忽视了另外一个重要因素：周期。

—— **小贴士** ——

将销售周期缩短一半与将成交率提高一倍的效果相同。

初始阶段，在获客和激活步骤中我们需要与客户进行大量的面对面接触，
待时机成熟时，应使用自动化手段取而代之。但是，你也应该做好心理准备，
一旦使用自动化手段，转化率就会下降。你的客户工厂需要定期维护才能推
动可重复的扩张。

争分夺秒地交付价值

当过渡到产品开发时，你很容易进入心流状态，从而失去时间感。为了
避免这种情况，关键是要把注意力集中在构建最小化可行产品 1.0 版本上，并
拒绝分心。下面的建议可以帮助你做到这一点。

- **设定不可变更的发布日期并严格遵守**

  第 9 章提到过，在解决方案设计冲刺完成后，应该在 2 个月内发布最
  小化可行产品。你必须恪守这一时间表，甚至更进一步：向你的早期

采用者宣布产品的发布日期，让自己对外部负责。

- **拒绝扩大功能范围**

  加入更多的功能会淡化你的独特价值主张。你已经花了很大力气保持最小化可行产品的规模尽可能小，不要让不必要的干扰因素改变它。

  ────── **敲黑板** ──────────────────────────

  简单的产品容易被理解。

  ──────────────────────────────────────

- **缩小产品功能范围，只针对使用的前 90 天**

  缩小工作范围的一个有效方法是，构建产品时只针对使用的前 90 天。无论什么产品，3 个月的时间通常足以让客户做出选择：是决定继续使用还是不再使用。之后你再寻找时机构建产品的非核心功能。

- **采取持续交付策略**

  不要试图把产品的所有功能都塞入你的最小化可行产品之中，你应当采取实时持续交付策略。持续交付是指随着时间的推移，使用较短的时间周期不断发布产品的新功能。虽然这种方法通常针对的是软件产品，但是只需一点创造力和规划，你也能够在非软件产品中施用持续交付策略。

  下面是几个持续交付的案例。

  ○ 特斯拉在交付自己的第二款车 Model S 时，许多"承诺过"的功能尚无法使用，比如可编程座椅和自动驾驶。但是特斯拉在交付的 Model S 上细致地安装上了所有实现这些功能的硬件，之后可以通过更新软件实现这些功能。

  ○ Playing Lean 是一个教授玩家精益创业原则的棋类游戏。游戏的研发团队通过不断地向客户发送新的替换卡牌和骰子来实现持续交付。

- **避免过早优化**

  你需要将所有的精力都聚焦在加速学习上。速度是关键。不要为了未来的需求，现在浪费精力优化服务器、代码、数据库等。在大多数情况下，在发布产品时，不会存在扩张问题。在极少数情况下，在发布产品时你需要考虑扩张问题（能有这样的问题是一件好事）。在初始阶段，大多数扩张问题可以通过添加硬件来解决，这种方法非常合理，因为在添加硬件的同时你也可以向客户收取费用。这种做法可以为你争取时间，让你随后更高效地解决问题。

- **坚持寻求早期客户的反馈**

  为了让客户看到你在研发产品的过程中取得的成就，可以向客户展示相关图片或邀请客户亲临现场参加演示活动。这些方法可以有效地让客户保持对产品的兴趣，也有利于收集抢先体验版的客户反馈。

拓展含有客户工厂指标的仪表盘报表内容

> 运营企业应该像运营水族馆一样，每个人都可以看到个中情况。
>
> ——杰克·斯塔克　《伟大的商业游戏》作者

现在，为了准备发布产品，你需要拓展在第 10 章构建的客户工厂报表内容，将你的产品指标纳入其中。

制作一张说明整个公司运转情况的仪表盘报表能够帮助你的团队达成共识，清晰地认识到你们的商业模式中最为紧迫的风险或者瓶颈。

针对如何构建全公司仪表盘报表，我有如下建议。

- **不要淹没在不可执行的数据汪洋中**

  随着数据分析工具的数量激增，衡量大量的产品指标变得易如反掌。很多创业者喜欢尽可能多地收集和分析数据。我们生活在一个几乎可以用数据衡量任何事物的世界之中，但是我们也时常因为淹没在不可执行的数据中而无法清晰地认识事物。

如果你使用过谷歌分析，我相信你会跟我产生强烈的共鸣。借助一小段 JavaScript 代码，你便可以搜集成千上万的数据点。如果你将其他工具整合进来，搜集到的数据更会呈爆炸式增长。信息过量会使我们应接不暇，数据过多也是一样。

─── **敲黑板** ─────────────────────────────

你不需要大量的数据，但需要一些关键的可执行指标。

───

- **从你的客户工厂指标入手**

  重新审视你的客户工厂，将每个步骤与用户使用产品时所采取的一个或多个具体行动关联起来。

  例如，下面是为 LEANSTACK 的 SaaS 产品绘制客户工厂报表的过程。

  a. 获客：注册免费账户；

  b. 激活：完成精益画布；

  c. 留存：再次访问并使用产品；

  d. 变现：升级为付费账户；

  e. 推荐：邀请其他人参与他们的项目。

  你可能已经注意到了，客户工厂蓝图中的所有步骤实际上都是宏观事件，都是你的客户采取的最为重要的行动。这些宏观事件通常由一个或多个微观事件组成。例如，在某人注册 LEANSTACK 账户（获客）之前，他们可能会点击博客文章上的一个链接，访问着陆页，并浏览 LEANSTACK 的网站。

  制作全公司仪表盘报表的目的不是关注每个细微步骤，而是聚焦客户生命周期中最为重要的事件。使用的指标少而精，不仅可以避免被淹没在数字汪洋之中，而且还能帮助你专注于商业模式中应该关注的风险（瓶颈）。

宏观指标能够帮助我们确定风险的大致位置，而微观指标则有助于确定其确切位置（并在排除风险的过程中发挥作用）。

- **不要让你的虚荣心作祟**

  "衡量一个产品的真正进展"并非易事，原因之一是我们更喜欢报告好消息而不是坏消息。我们喜欢那些描述上升和前进的报表。本质上讲，这并非坏事，但是如果我们在制作报表时只呈现向上和前进的趋势，显然会有问题。

  "累积计数"就是个完美的例子。注册过产品的人数只会不断增加，无论注册用户是否会继续使用产品。即便有时数字可能会持平，但是永远不会下降。如果你选择此类数据作为衡量客户工厂情况的指标，那么你使用的就是虚荣指标。

  公平地讲，虚荣指标有其存在的意义。在营销网站上，它们能发挥巨大作用，可以获取社会认同，力压竞争对手。但是，如果你选取这样的指标作为公司内部衡量进展的标准，它们提供的就只是假象，让你无法正视公司面临的残酷现实。

  ──── **敲黑板** ────────────────────

  指标本身并不存在"虚荣"或者"可执行"之分，关键在于你如何衡量。

  ────────────────────────────

- **尽量使用可执行指标**

  可执行指标是指将可重复的具体行为与观察到的结果联系在一起的指标。换句话说，你可以由此推导出因果关系。做到这一点的黄金标准是分批（或分组）衡量客户工厂指标。

因为有客户工厂这个比喻，分批的概念更容易理解。工厂日常运行的基线建立在可重复原则上，可以帮助工厂经理迅速发现哪个车间出现了问题。当某一生产批次的产品出现异常结果，工厂经理不仅知道出现了问题，而且还能迅速找到发生问题的环节。

你可以采取同样的方法对客户工厂进行基准测试。首先，根据用户的加入日期（或注册日期），将用户按日、周、月分成不同批次。然后，测评不同批次的客户在客户工厂中的重要行为。

────　**敲黑板**　────────────────────────

将客户分批分群有助于你将一批用户与另一批用户进行比较，以此来衡量相对进展情况。

────────────────────────────────────

虽然分批分析指标的工作量比直接测量总量要大，但这是值得的，因为它可以带来以下好处。

1. 分批分析可以按照共同特征区分客户

如果你把产品看作一条不断变化的河流，就可以按照用户的加入日期将他们分成不同批次，而同一批次用户对你的产品有着类似的体验。这样一来，每批用户都有相应的基线或基准数据，你就能以此为参照物，更加准确地判断产品使用情况。这种按共同特征对用户进行分组的概念可以扩展到加入日期之外。你可以按性别、获取流量的来源、发布日期、对某一特定功能的使用等来创建群组。

2. 分批分析有助于将进展可视化

随时间的变化，不同批次用户的总产量各不相同。对用户分批有助于我们进行比较。实现数据规范化并对用户分批追踪后，报表中那些向上和前进的趋势就不再是虚荣指标的体现，它们是对进展情况的准确衡量。

3. 分批分析可以厘清因果关系

如果你发现所有批次中出现了一个峰值，那么就可以方便地检查批次中的变化，从而找到其中原因。接下来你可以进一步确定该行为的影响，比如重复该行为，看看是否有类似的结果。这就是拆分测试（也被称为"A/B 测试"）的基本原理。

- **用一个页面总结各项指标结果**

  虽然现在有很多出色的第三方工具来衡量客户工厂蓝图中的各个步骤，但是我还没发现一个适用于整个蓝图的工具。因此，LEANSTACK 最终整合了各种工具，让你可以把含有全公司指标的仪表盘报表放在一个页面上。图 12-2 展示了一个示例。

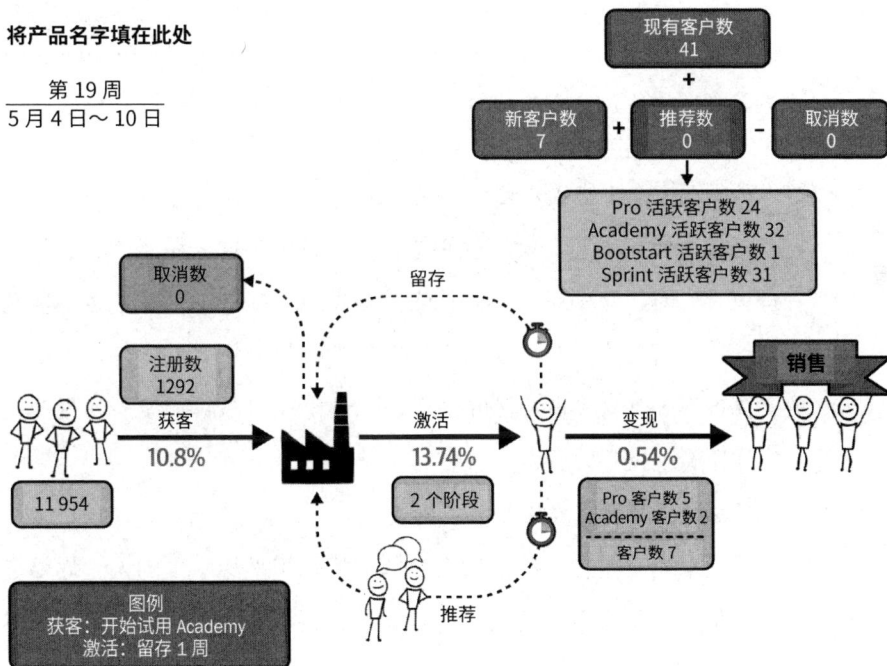

图 12-2　全公司指标仪表盘报表 [1]

---

[1] 图中所示的 Pro、Academy、Bootstart 和 Sprint 均为 LEANSTACK 提供的服务项目。——译者注

分批发布最小化可行产品

如前所述，在你第一次发布产品时，很多事情都会出错。这就是为什么公开发布或者向所有客户推出最小化可行产品往往是糟糕的选择。

更加有效的策略是分批以试营运的形式发布（软发布）最小化可行产品，一开始只向"最佳"早期采用者推出最初的版本，然后在向随后的每一批早期采用者发布产品的过程中，系统地完善产品。

可以按照下述方法制定分批发布战略。

- **精心挑选"最佳"早期采用者**

  如果你不能为最忠实的用户提供价值，你凭什么认为你能为陌生人提供价值？在你推介"黑手党提案"的时候，精心挑选第一批早期采用者。

  ──── **敲黑板** ─────────────────────────────

  你不需要大量的用户来支持学习，你需要的只是几个优质客户。

  ──

- **可以选择朋友或者态度友好的早期采用者**

  把产品做好已属不易，所以没必要让选择首批早期采用者的工作将它变得更难。对于第一批早期采用者，你可以选择你的朋友，也可以选择其他你了解的人。只要满足态度友好的早期采用者的条件（比如其他产品的客户），这些人就可以帮助你迅速找到并解决显而易见的问题，你还不用担心失去客户。

- **根据动机的强弱招募次优早期采用者**

  次优早期采用者是指那些使用产品的动机强于平均水平的人。你要寻找的不是那些只看不买的人，而是那些有迫切需要，真的想要使用你的产品来实现明确且具体的期望结果的人。重新看看你在创建客户受力分析画布时所记的笔记，以确定哪些人是次优早期采用者。

- **根据增长力模型确定每批客户的数量**

  根据你的增长力模型来确定每批客户的数量，这样你总是能达到或者超过你的增长力目标。同时，在不影响价值交付的情况下，不会让工作超出你的团队和产品的能力范围之外。

Altverse 团队发布贵宾式最小化可行产品

在第二个 90 天周期开始后的第 6 周，Altverse 团队先为前两家建筑公司提供了产品。团队还与其他 12 家建筑公司进行了沟通，且每个月稳步签下 3 ～ 4 家公司作为试用用户。团队估计其贵宾式最小化可行产品目前的产能上限是 20 家公司。他们决定以每周增加一家公司的速度提升客户数量，这使得他们始终能够超过设定的增长力目标，同时保证每批客户的数量不会超出他们目前的承载能力。这一策略能够保证客户工厂自现在起继续运行 4 ～ 5 个月。

与此同时，史蒂夫和乔希将努力优化贵宾式最小化可行产品中运行最慢的部分。他们的目标是，在客户数量达到他们的承载能力上限之前，将交付能力提高一倍。团队有了一个良好的开端，并开始着眼于实现下一个目标：创造满意的客户。

第 13 章　创造满意的客户

所有的企业，无论它们的商业模式属于何种类型（B2B、B2C、数字、硬件、服务等）都有一个共同目标：创造满意的客户。

创造满意的客户和让客户满意并不是一回事。让客户满意很简单，只要为他们免费提供很多东西，他们肯定会满意。但是这并不能创造可行的商业模式。此外，创造满意的客户不仅仅是让客户感觉良好，创造满意的客户的关键是帮助客户实现期望的结果。

本章将会介绍如何创造满意的客户。

Altverse 团队学习行为设计

在接下来的团队会议上，史蒂夫首先说明了目前的进展情况："目前，已经有 8 家建筑公司正在使用 Altverse。到目前为止，我们已经交付了 3 个成品模型。"

"我本以为可以交付更多的模型。为什么只有 3 个？"玛丽问道。

"有些情况下，是对方延误导致的。"史蒂夫回答道，"我们一直在等待对方给我们提供建筑图纸和材料规格。不过，在等待的同时，我们利用这段时间构建了定价模块。"

"是有人向建筑师推介过定价模块吗？或者是建筑师要求产品中要有定价模块？"玛丽问道。

莉萨和乔希摇摇头。

"那我们为什么要构建定价模块？"玛丽追问道。

史蒂夫回答道："我觉得我们应该走在曲棍球杆曲线的前面……"

"演示－销售－构建模式不仅仅适用于最小化可行产品。"玛丽打断了史蒂夫的话，"从现在起，如果要开发用来完成新的待办任务的主要功能，你也要用这个模式进行验证。但更重要的问题是，客户选择你是因为你可以完成某项任务，在可以反复完成这项任务之前，你不应该再去承担额外任务。其实这又是'创新者的偏见'在作祟，我警告过，这种情况肯定会发生。"

史蒂夫点了点头，玛丽继续说道："速度是关键，但重要的是，不要在没有经过学习的情况下，就急于追求实施速度。你会因此陷入过早优化陷阱，这也是在错误的时间专注于错误的事情的一种体现。"

"那么，现在我们要做的正确事情是增大每批用户的规模，吸引更多的客户吗？"史蒂夫问道。

"不是。"玛丽回答说，"现在你们要做的事情是搞清楚为什么现有的客户没有按照你们预期的方式行事。如果只是通过增加客户数量来提升模型的销售数量，那么这种方式过于简单粗暴，掩盖了你的部分客户并没有真正地体验到产品所承诺的这一事实，而你最终会失去这部分客户。"

"嗯……那么我们该如何解决这个问题呢？我们不能强迫我们的客户啊。"史蒂夫说。

"当然，你不能强迫客户，但你肯定可以引导他们。"

"这就是你之前说的'试点管理'吗？"乔希问道。

"没错。在购买之后的短时间内，客户有很强的转换动机，但是这种动机的半衰期很短。如果不加管理，它很快就会减弱，而惯性力会使他们回到他们熟悉的老路——现状。"

"我以为客户的惯性力只会出现在获客之前。"莉萨说道。

"不是的。惯性力指的是改变现状所面临的阻力。"玛丽回答说,"还记得你高中时候学的物理知识吧?除非受到不平衡的外力作用,否则静止的物体会始终保持静止,运动的物体会始终保持运动。"

莉萨禁不住笑起来:"已经过去这么长时间了,我不敢相信我还记得牛顿第一运动定律的内容。"

"是的,你遇到的第一场战斗是让客户朝着'成功完成任务'这座高山的顶峰进发,但如果这项任务是客户以前做过的,你就必须与他们过去由原有方式养成的习惯做斗争。"玛丽说,"这就是现状。"

"确实有道理。但是习惯是很难改变的。我们如何能影响他们呢?"莉萨问道。

"好消息是,行为设计是一门学问,在产品设计中也能发挥作用。获客是第一步,但是创造满意的客户需要将你的产品确立为新的现状。这意味着要在激活和留存方面多下功夫。"

客户满意循环

一旦在客户工厂中在获客方面实现了某种程度的可重复性,下一个最重要的步骤就是激活。这是你为客户创造价值的环节。当你为客户创造价值的时候,他们会回馈你——让你可以以货币化的形式获取付出的部分回报。但是,切记,商业模式如果是多边模式,货币化的价值与收入可能并非一回事。

激活这一步是我们创造满意客户的关键环节,它通常也被称为产品的"顿悟时刻"。请注意,在图13-1中,从激活这一步中引出来的线条最多,这表明激活这一步对结果起着重要作用。

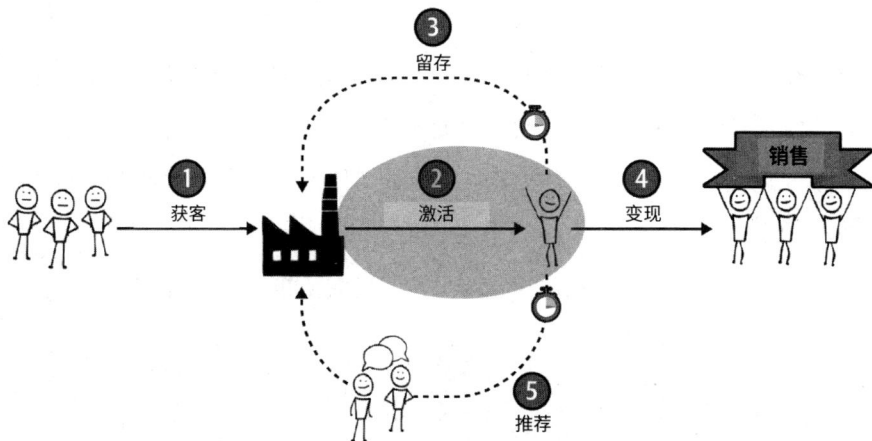

图 13-1　激活对结果起着重要作用

创造满意的客户可以实现以下几点：

- 让客户在你的产品上花更多的时间（留存）；
- 让你获得更多的货币化价值（变现）；
- 让产品获得更广泛的传播（推荐）。

反之，上述 3 点也可以创造更多的满意客户。

激活这一步之后，下一个关键步骤不是变现，而是留存。即便你在获客时预先收取了费用，除非客户能从你的产品中获得价值，否则他们会要求退款。

所以，在客户工厂的各个步骤中，变现位于留存之后。此外，只能提供一次价值，通常不足以让你的产品持续。你需要在多次互动中，不断地为客户提供价值，这样才能引发真正的转换。

—— **敲黑板** ———————————————————————

创新正在引发从原有方式到新方式的转换。

很多营销人员在完成获客这一步后，便感到大功告成，但是实际上，获客只是打响了第一场战斗。现在的客户在挑选适合的解决方案之前，会在一段时间内同时尝试多种解决方案，这是相当常见的现象。无论你的产品属于 B2C 模式还是 B2B 模式，是数字产品还是实体产品，任何品类的产品都是如此。

如图 13-2 所示，激活和留存这两步共同构成了客户满意循环。

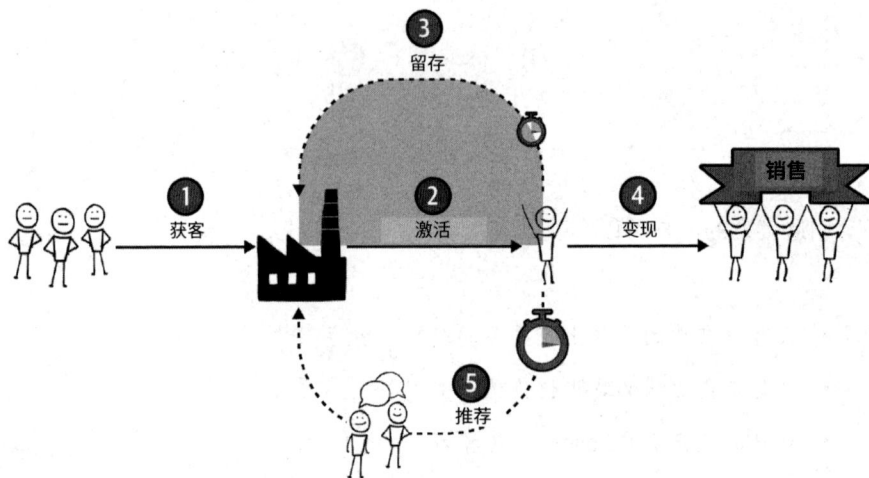

图 13-2　客户满意循环

有些产品只需几次客户满意循环就能引发转换。而有的产品可能需要多次循环，才能说服客户完全放弃他们完成任务的原有方式，转而采用你提供的新方式。这才是真正的转换时刻，即客户选择你的产品，使之成为新的解决方案。

当你第一次发布一个产品时，优化客户满意循环是你最应关注的工作。图 13-3 展示了如何使用 90 天周期来优化客户满意循环。

客户使用产品时所经历的最初体验应该能够驱动他们进入激活这一步骤，或者能让他们迎来顿悟时刻。激活之后，客户会再次使用你的产品（留存），而客户的不断使用会持续强化你的独特价值主张所承诺的服务，并让客户更加接近他们所期望的结果。而这时才能引发转换。

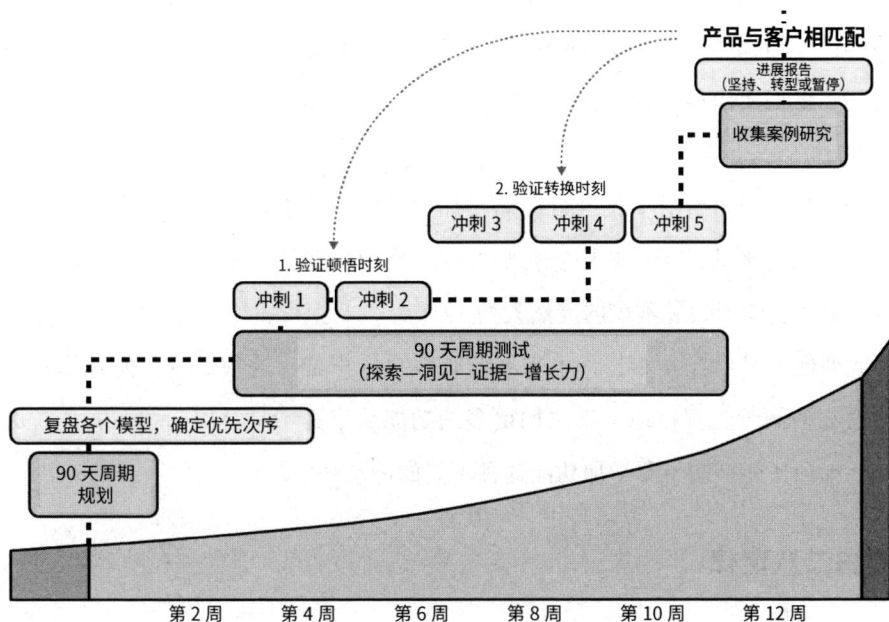

图 13-3　典型的优化客户满意循环的 90 天周期

你可以计划使用两个冲刺让客户迎来顿悟时刻，用 3 个冲刺让客户迎来转换时刻，并在最后留出一个冲刺，将你的学习成果整合进案例研究中。切记，我提供的仅仅是指导原则，具体进度会根据你的产品而有所不同。

下面，我将分享一些优化客户满意循环的建议，但我们先来看看这方面的禁忌。

不要堆积功能

> 真正优秀的市场必须有大量潜在客户，这样，市场的强劲需求会催生创业公司源源不断地制造产品。
>
> ——出自马克·安德森在博客 Pmarca 发布的
> "创业指南"系列文章

在首次发布产品时，创业者通常的想法是尽量多地构建产品功能，特别是当这些功能佯装成是客户要求的功能时。切记，客户也容易产生"创新者的偏见"。大部分客户要求的功能其实都是披着问题外衣的解决方案。即便你构建了他们要求的功能，他们通常也不会使用，因为这些功能没有解决真正的问题。

一旦你开始给最小化可行产品添加大量的新功能，你很快就会发现自己又倒退到原来的思维模式中。转瞬之间，你原本简洁、重点突出的最小化可行产品就会变成臃肿不堪的庞然大物。

即便产品已经发布，你也需要倾听客户的声音，这很关键。但是你必须知道如何倾听。盲目地推崇添加更多的功能从来都不是解决问题的方法。那么，如何才能抑制想要增加功能这种本能的冲动呢？

遵循二八定律

为了确保你能专注于优化客户满意循环，最常见的做法是遵循二八定律。根据二八定律，发布产品后的大部分时间（80%）应该用于评估和改进现有功能，而非追求"闪亮"的新功能（图 13-4）。

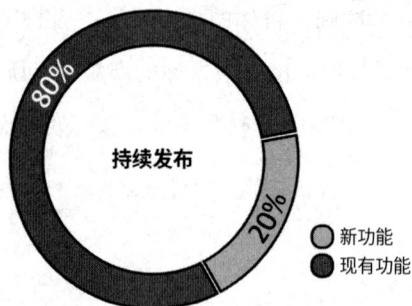

图 13-4　二八定律

防止逆向转换

在获客之前，创新的关键是引发转换，即让客户从使用现有解决方案转换到使用你的产品。在获客之后，创新的关键是确保客户进入激活这一步，防止客户从你的产品转换回现有解决方案。

防止逆向转换的最好方式绝不是用严酷的条款锁定客户，也不是设定高昂的成本防止逆向转换，而是让你的产品做得比竞争对手更好。

那么"更好"是多好呢？在实现问题与解决方案相匹配的过程中，你使用过客户受力分析模型做出分析，以确定产品的独特定位、你该在哪方面发力，从而超越现有解决方案。现在，你需要兑现你的独特价值主张所做出的承诺了。

在学习速度上超越竞争对手

"创新者的礼物"这一概念的要义之一就是没有完美的解决方案。问题和解决方案是一枚硬币的两面。即使全新的解决方案非常出色，它一旦推出，也会产生问题。

在发布了最小化可行产品之后，与客户保持密切联系、不断发展自己的商业模式的关键，不是添加更多功能，而是继续发现产品中的问题，并抢在你的竞争对手之前解决这些问题。

敲黑板

切记，学习速度是新的不公平优势。

减少摩擦力

> 使用原力，卢克！
>
> ——欧比－旺·克诺比，《星球大战》

使用客户受力分析画布，你可以像发现现有解决方案存在的问题一样，发现你的产品中存在的问题。但是，这次你要研究的是，早期采用者在使用你的产品时，推动或者拉动他们接近或者偏离他们的期望结果的力。

虽然常见的做法是加倍关注画布中的推力和拉力，但是关注它们其实不是最有效的做法。你的早期采用者有足够的动力注册你的产品，这意味着他们自身的推力和你的产品产生的拉力足以让他们克服他们的惯性力（惯性力让人维持原状，无所作为）。

客户现在处于登山过程中，希望能达到他们所期望的结果。但登山需要付出相应的努力，这也是向客户学习的另一个机会。

获客后努力帮助客户登山的最有效方法是减少摩擦力，即消除在登山过程中让客户变慢的力量，如图 13-5 所示。

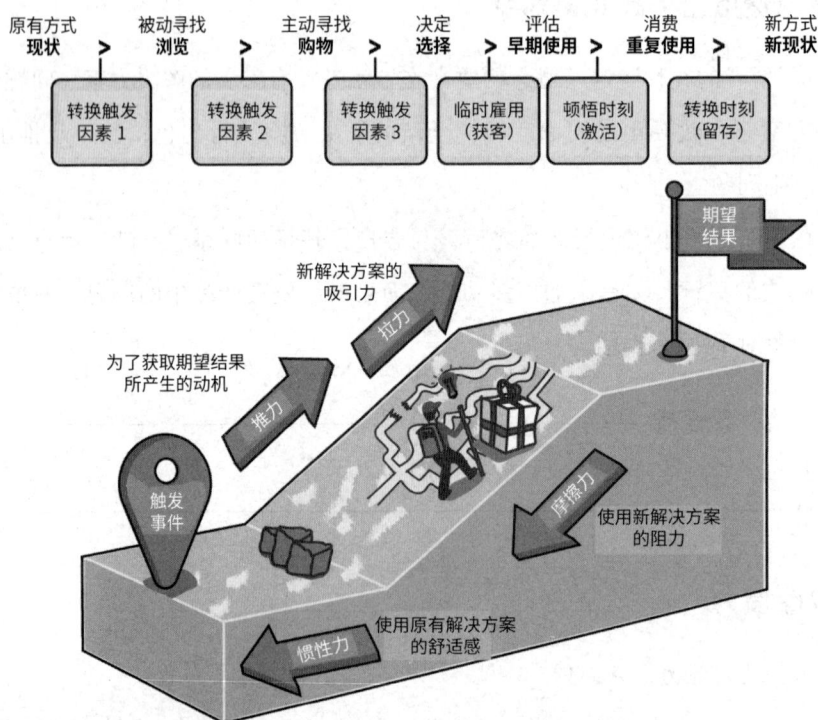

图 13-5　减少摩擦力

减少摩擦力不仅仅是改善产品的用户体验

减少摩擦力的一个显而易见的方法是使你的产品尽可能地易于使用。虽然致力于提升用户体验对于任何产品来说都很重要，但是仅靠这种方法无法解决问题。为什么呢？客户转而使用你的产品时，他们本是原有方式的专家，现在成了新方式的初学者，这让他们走出了自己的舒适区。

一开始，你必须应对客户在采取新方式时所产生的焦虑，且在客户看来，这种方式还未经验证。你还必须与另外一个不利因素作斗争——使用原有方式给客户带来的舒适感和熟悉感。

采取任何新方式解决问题势必要付出一定的努力。客户按照一贯的方式完成任务（现状），不需要花费什么气力，即便这种方法充满问题。为什么会这样？因为客户使用原有方式的时间足够长，他们要么已经学会忍受这些问题，要么采取了变通方法。也就是说，你提供的方式与他们使用原有方式所养成的旧习惯完全不同。

因此，让客户转而使用你的产品，需要同时应对他们因使用新方式而产生的焦虑和他们因使用原有方式所养成的习惯。更进一步，如果你设法让客户在使用你的产品期间养成了新习惯，那么你的产品就会成为他们的"新现状"。这是对抗竞争、防止逆向转换的最佳措施。

敲黑板

让客户从原有方式转而使用你提供的新方式需要改变他们的行为。

但是，如果你曾试图养成或者打破一个习惯，你肯定就知道这有多难。仅仅依靠动力是不够的。好在有很多针对行为习惯的科学研究，你可以利用它们来系统化地优化你的客户满意循环。

了解习惯的科学

我第一次了解到习惯回路这个概念是在查尔斯·杜希格的开创性著作《习

惯的力量》一书中。他将习惯的形成过程描述为由 3 步组成的回路（图 13-6）。

1. 促使你采取行动的暗示或者诱因。
2. 暗示之后产生的惯常行为或者具体行动。
3. 让你知道行为是否有效，是否值得在未来继续重复的奖赏。

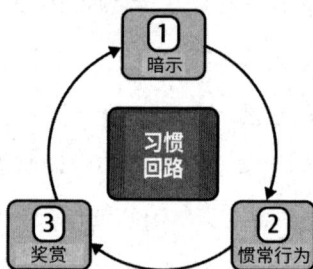

图 13-6　习惯回路

伊万·巴甫洛夫在对狗的研究中偶然发现了习惯回路，从而发现了经典条件反射。经典条件反射是一种在不知不觉中发生的学习行为，即在特定的刺激下产生的自动的条件反射行为。如果你曾经想要教会你的狗一个新技巧，你可能对习惯回路这个概念并不陌生。

习惯回路并非什么复杂的概念，除了训练宠物之外，它还带来一些非常有趣的应用。例如杜希格在他的书中提到的白速得牙膏的案例。你知道 20 世纪 40 年代之前，人们并没有刷牙的日常习惯吗？这并不是因为牙膏未被发明，也不是因为大家的牙齿非常健康，情况恰恰相反。那时美国人的口腔健康状况极差，以至于美国联邦政府甚至认为这可能会危及国家安全。牙膏品牌白速得的营销人员克劳德·霍普金斯改变了这一切。那么，他的做法有什么不同呢？

和当时其他的营销人员一样，霍普金斯也极力宣传拥有干净、健康牙齿的好处，这是人们渴望的结果。但是，他也认识到，当时人们口腔健康状况和他们期望的结果（清洁的牙齿）之间存在巨大的差距，仅靠刷牙难以弥补，所以他引入了一种中间奖赏。他让公司的化学家在牙膏中加入了薄荷和柠檬酸，这会使舌头和牙龈产生一种凉丝丝的刺激感，而其他牙膏不会让使用者有这种感觉。这种感觉不仅让白速得牙膏与众不同，而且更重要的是，它提供了一种即时奖励，即让口气清新了（尽管是暂时的）。

这就是此前缺失的顿悟时刻，它的出现强化了刷牙这一行为，是人们第二天继续刷牙以及随后每天都会刷牙的的推动力。每天刷牙让人们的牙齿变得越来越健康，而刷牙的习惯就这样坚持了下来。

虽然习惯回路没有什么神奇之处，但它将习惯形成的过程分解为 3 个不连续的步骤（暗示、惯常行为、奖赏），从而为控制这些步骤和行为变化设计打开了大门。

从习惯回路到行为设计

斯坦福大学的行为科学家 B.J. 福格和他的团队创造了行为设计这个词，他们已经研究人类行为十多年了。福格在他的《福格行为模型》一书中总结了行为设计的关键模型和方法。

根据福格的观点，行为的产生来自同时起作用的 3 个因素：动机、能力和提示（图 13-7）。

$$\underset{\text{行为}}{\textbf{B}} \underset{\text{发生于}}{\textbf{=}} \underset{\substack{\text{动机、能力、提示} \\ \text{在提示有效区交汇时}}}{\textbf{M A P}}$$

图 13-7　福格行为模型

换言之，当存在提示或者触发因素的时候，一个人如果有足够的动机采取行动且行动在他的能力范围之内，那么行为就会发生。

那么一次性的行为如何会变成一种习惯？通过重复。保持动力，将行动控制在能力范围之内，以及设计正确的提示都是你可以使用的杠杆。鼓励重复的最后一个杠杠是用正确的奖励来结束这种行为。而正确的奖励所传递的信息是，该行为值得在未来继续重复。

客户受力分析模型是一种行为模型

你可能已经注意到，在习惯回路、福格行为模型和客户受力分析模型中，很多术语是类似的。这是因为客户受力分析模型本质上就是一个与客户行为相关的模型，它描述的是客户试图完成任务时的客户旅程。

客户受力分析模型与传统客户旅程图的不同之处在于，它是从行为的角度更深入地理解客户行为的原因（例如动机、触发因素、顿悟时刻），而非仅仅关注客户行为的表象。

在接下来的内容中，你将使用客户受力分析模型来为你的产品设计一个理想的客户旅程图，并使用行为设计原则来优化产品的客户满意循环。

创建客户进展路线图

虽然在一开始（获客）承诺让客户得到理想的期望结果可以激励客户，但是一旦客户开始登山，他们可能就会发现这个山峰太高，难以企及（超出他们的能力范围）。通常，客户也会很快发现自己处于未知领域，不得不学习一种新方式来解决问题，而这会引发焦虑。

减少摩擦力的第一步是将最高的山顶重构为一系列的阶段性顶点（图 13-8）。

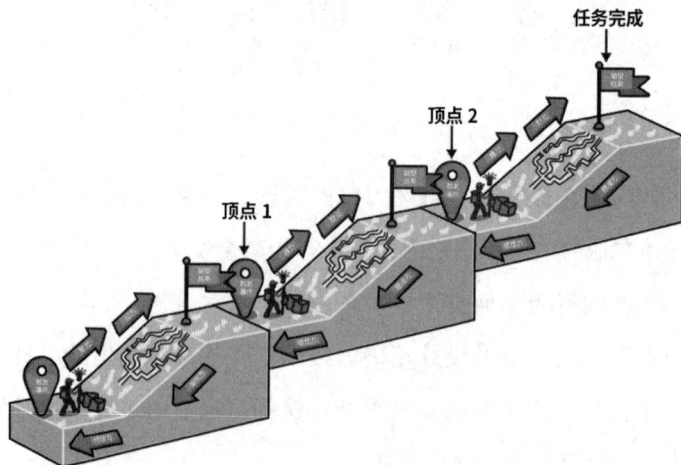

图 13-8　分解大型任务

　　每个顶点代表一个较小的期望结果（顿悟时刻），它可以强化整体的独特
价值主张，并鼓励你的客户不断取得进步。

　　下面的建议可以帮助你建立分阶段的顶点。

- **力争在 30 分钟内创造第一个顿悟时刻**

  在客户首次注册并使用你的产品时，让他们尽快经历第一个"顿悟时
  刻"至关重要。白速得牙膏能够在两分钟的时间内让客户体验到第一
  个"顿悟时刻"，而 2 分钟也是牙医建议的刷牙时长。虽然这不一定适
  用于所有产品，但是你的目标应该是在 30 分钟内让客户体验到第一个
  "顿悟时刻"，这是客户第一次使用产品时，持续使用产品的平均时长
  的上限。

- **给予客户内在而非外在奖励**

  现在很多产品使用了徽章这种游戏化的奖励方式，但是这些只是短期
  的激励措施。与此相反，你应该关注内在而非外在奖励。内在奖励来
  自客户内部，即在客户发现自己朝着期望结果前进时，他们自然而然
  产生的内在激励。

- **切记，完美不是目标**

  在确定第一个阶段性顶点时，很多创业者是根据自己心中理想的期望
  结果来设定的。而正确的做法是，要根据客户的起点来确定阶段性顶
  点。第一个阶段性顶点的目标应该是让客户做一些有意义的事情，让
  他们的情况相比初始状况有所改善。也就是说，要专注于客户可以迈
  出的最小步幅。

- **让客户实践而非学习**

  另外一个常见错误是在获客之后，迅速将一本产品说明书发放到客户
  手上。客户并不是真的想要学习如何使用你的产品，他们希望的是，
  用最小的工作量获取想要的结果。不要将第一个阶段性顶点设定为依

靠学习才能达到的高度，应该将之设定为通过实践就可以实现的目标。赶快扔掉产品说明书吧，换成速查表或者快速入门指南，帮助客户向山上攀登。

- **优先考虑结果而非产出**

  还记得那个钻头的例子吗？客户需要的并不是一个四分之一英寸的孔，他们想要的是钻孔之后的结果。你要确保第一个顶点提供的是客户的期望结果，且你的目标是满足客户的情感需求，而非功能需求。

- **逐步提升每个顶点的高度**

  在第一个阶段性顶点之后，逐步提升随后顶点的高度，直到最终达到完成整个任务的顶峰。根据经验，设计分阶段顶点时，可以遵循加倍原则，即前往新的顶点所需的时间和精力大约是到达前一个顶点的两倍。武术的段位制就是一个很好的例子。

- **限制客户在每个顶点可以使用的功能范围**

  对于到达当前顶点毫无帮助的功能，完全没有必要添加，因为这么做只会让前进的道路变得杂乱无章，让客户产生认知方面的消耗（产生摩擦力）。与其用客户还不需要的功能"唬住"客户，不如限制他们所能使用的功能范围，甚至在可能的情况下，隐藏不必要的功能。

- **与客户分享客户进展路线图**

  在创建好客户进展路线图后，请与客户分享。让客户看到自己在经历清晰的步骤之后可以达到的期望结果，有助于增强客户的信心，帮助他们爬上顶峰。

有了客户进展路线图后，接下来让我们将注意力转向如何利用提示、能力和奖赏等要素来帮助客户不断地朝着他们期望的结果前进。

触发客户的动机

除非客户养成了使用你的产品的习惯且这种习惯已经根深蒂固，否则你不能指望客户自动地反复使用你的产品。你必须给出明确的提示。

下面是一些建议。

- **从设定正确的期望开始**

  当客户第一次使用你的产品时，可以提醒客户他们注册产品的原因，应该抱有怎样的期望，以及如何才能充分利用你的产品实现他们期望的结果。简短的欢迎辞或者快速入门指南就可以实现这一点。如果你制作了客户进展路线图，可以选择在这时与客户分享。

- **建议或帮助客户创建提醒日历**

  如果你的产品需要定期使用，确保你的客户可以轻松地在他们的日历上设置提醒，或者帮助客户设置提醒通知。

- **分享最佳实践**

  研究那些因为使用你的产品而取得成果的客户，了解他们是如何以及何时使用你的产品的，并将这些经验作为建议和技巧分享给其他客户。

- **在客户完成前一项任务后，立即提示他们开启下一项任务**

  出色文案的写作技巧在于，让读者想要阅读后面的内容。产品留存也不例外。如果你能成功地让客户体验到他们的第一个顿悟时刻，那就对他们取得的进步表示祝贺（奖赏），然后引导他们走向下一个顶点。对于初始的阶段性顶点来说，这种做法效果良好，因为它们的要求较低，但是当客户需要完成更加复杂的任务时，你需要一些额外的提示来引导他们。

- **通过定期接触引导客户**

  "眼不见，心不念。"让自己产品始终停留在客户脑海里的一个有效方法是，定期与客户沟通。比如通过电子邮件向客户发送每日或每周的活动报告，或者每周通过电话与客户联系。无论采取何种方法，都要确保以价值为导向。

- **针对客户的行为发送邮件进行鼓励**

  如果你能通过分析确定客户处于客户旅程中的什么位置，就可以有针对性地发送电子邮件（根据客户在生命周期中所处的不同时间节点发送不同的信息）来帮助那些陷入困境的客户，并鼓励他们继续前进。

- **充分利用客户现有的惯常行为**

  到目前为止，提示客户最有效的方式是将你的产品整合到他们现有的惯常行为或工作流程中。

帮助客户进步

客户越过初始阶段的顶点之后，他们会面对更加复杂的问题。你需要采取相应的措施帮助客户不断进步。

下面是一些建议。

- **尽量消除选择悖论**

  很多人认为在产品中给客户更多的选择会让客户的掌控力更大。但是事实恰恰相反，更多的选择会导致更多的不确定性，而不确定性会带来焦虑。你要做客户的向导，为他们提供良好的初始默认设置和建议。

- **允许客户进行实验**

  为你的客户提供一个安全沙盒来开展实验，减少他们的焦虑和对失败的恐惧。例如，如果电钻有一个撤销按钮，可以消除电钻钻出的痕迹，那么很多首次拥有房屋的业主可能会更容易地在房屋的原始墙壁上钻孔。除此之外，电钻制造商可以邀请新房主到附近的五金店参加免费的研讨会，让房主可以当场练习在墙上钻孔。

- **努力为客户设计良好的用户体验**

  我们能看到的内容，客户未必能看到，因为我们是解决方案的制定者。所以，我们要为客户提供最佳的用户体验，并定期进行可用性测试。要努力让产品内容不言而喻，一目了然，就像史蒂夫·克鲁格说的，"不要让我思考"①。

- **提供面对面的客户支持**

  为前几批的客户提供面对面的客户支持不仅可以减少客户的焦虑，而且可以提高你的学习速度。

  ────── **小贴士** ──────────────────────────

  向客户学习的最快方法是与他们交谈。

  ──

  在客户数量还不多的时候，你可以为客户提供现场培训，定期与客户见面沟通，积极为个别客户解决问题。但是，随着客户数量的增长，这么做无益于扩张，所以下一步需要构建新的客户支持体系。

- **不断地改进产品**

  通过高接触的客户支持渠道，你会发现产品的问题。你要不断改善产品的可用性并完善相关文档。此外，将同样的错误绝不重犯作为一项政策来执行。

- **分享客户案例**

  向客户展示其他客户正在取得的进展或已经实现的预期结果是在客户旅程的早期阶段激励客户的好方法。但是要警惕不要只强调其他用户的成功之路，因为所有英雄（客户）的征途上都会充满各种各样的困难。讲述这些困难可以让你的分享真实可信。

---

① 出自史蒂夫·克鲁格的著作《点石成金：访客至上的 Web 和移动可用性设计秘笈》。——译者注

- **让反馈变得简单**

  提供多种反馈渠道，比如在线聊天、电子邮件、电话等，方便客户与你联系。

强化进展

如前所述，最好的奖励是内在奖励，它可以帮助客户看到他们正在取得的进展。下面这些方法可以帮助你创建不同类型的奖励。

- **构建进展指标**

  创建反馈回路、仪表盘报表和报告，让你的客户感受到他们正在取得进步。

- **庆祝客户的胜利**

  当客户在前进的道路上经过重要的里程碑时，一定要为他们庆祝、喝彩。向客户表示祝贺也是一种奖励。

- **送上有意义的礼物**

  在客户取得进步时，可以送出具有意义的礼物来表示对他们的奖励和认可。所谓有意义的礼物应该与你以及你的品牌无关，它的主题只有一个，那就是与你的客户有关。例如，在 LEANSTACK，我们会给完成商业模式设计课程的客户发一件"爱上客户的问题"的 T 恤衫，给参加 90 天创业集训营的客户发一件"实践出真知"的连帽衫。这些礼物无法通过购买获得，必须完成课程才能得到，这就是它们的意义所在。

Altverse 团队召开 90 天周期复盘会议

在第 3 个 90 天周期结束时，Altverse 团队已经发布了 6 个案例研究。案例中关于产品的众多感言和有感染力的产品故事都来自满意的建筑师和比建筑师还要满意的房主。

团队已经成功地让建筑师们接受了 Altverse 的 VR 模型。在与客户见面的时候，他们会借助 Altverse 与客户一道做出设计方面的决策。

有几位建筑师开始询问 Altverse 团队是否会开发更多的功能，且 Altverse 团队已经做好准备去推介产品可以完成的另一项待办任务——价格预估。这一功能可能会把客户生命周期从 3 个月（初始设计阶段）延长到项目的整个生命周期（大约 9 ~ 12 个月）。

史蒂夫又聘请了两名开发人员，并在贵宾式最小化可行产品的自动化方面取得了重要进展——模型的周转时间从一天缩短到 30 分钟以下。团队预计在下一个 90 天周期内，模型将完全实现自动化。

现在，产品的口碑正在形成。来自世界各地的建筑公司纷纷向团队咨询，并询问是否可以前往现场进行产品演示。虽然团队需要继续关注价值交付，但是他们已经开始着眼于寻找可重复、可扩张的增长引擎上。

第 14 章　找到属于你的增长火箭

如果你开始在客户满意循环中看到可预测的可重复性（也就是说，最初的客户群体正在持续定期地使用产品），并在实现期望结果方面取得了可衡量的进展（进展通常表现在客户回访、公司仪表盘报表等内容中），那么此时你应该将一部分工作重心转移到扩张上了。所谓"扩张"是指，构建一个可扩张的渠道或增长火箭。

截至目前，你在获取客户和交付价值方面一直依赖于高接触的互动形式（不可扩张），这种方式优先考虑的是学习速度而不是可扩张性。但是，90 天周期增长力模型的目标会越来越具挑战性，为了持续实现这些目标，你需要着手寻找更具扩张性的客户渠道。你可能已经在精益画布上列出了一些可能的可扩张渠道，但是你需要确定哪些渠道需要重点发力，才能实现产品与市场相契合。

寻找可扩张的渠道或者增长火箭可能需要一个多周期的过程，所以我建议要尽早开始。本章将概述这一过程。

Altverse 团队了解增长火箭

在前一个 90 天周期复盘结束时，史蒂夫让团队就下一个周期的目标、假设以及关键瓶颈达成了共识。玛丽当时提出了这样一个建议："除了关注需要面对的瓶颈，即继续提升留存率之外，我建议把 20% 的时间分配给寻找初级增长火箭。"

"增长火箭？"莉萨问道。

"是的，"玛丽答道，"我们经常把曲棍球杆曲线画成一条平滑的曲线。但是绘制一家创业公司的实际增长曲线时，你会发现它根本不像理想中那样平滑。它是由一系列的阶梯式跳跃组成的线条。很多人会把创业公司比作火箭，把要完成的任务想象成把火箭送上火星。如果只有一枚火箭，显然无法成功。你需要多级火箭，在旅途中的不同阶段点燃。每枚火箭负责助推你的飞船，将它从曲棍球杆曲线上的一个阶梯推送到下一个阶梯。"

"这个比喻真是棒极了！"史蒂夫插话说，"所以，如果每枚火箭代表一个获客渠道，那么客户工厂又是什么呢？"

玛丽微笑着说："我就知道你会喜欢这个比喻。如果设计火箭是为了创造客户，那么客户工厂描述的就是火箭引擎的内部工作原理。每枚火箭都有自己的引擎和推进剂或者燃料。尽管到目前为止，我们一直把商业模式看作是单一的客户工厂，但实际上有许多不同的客户工厂或者火箭引擎在发挥作用。"

"这点我能够理解。"莉萨说，"我们目前获客的途径包括直销、组织活动以及部分客户的推荐。这些渠道的表现都不相同。我想这就是所谓的不同的火箭有自己的客户工厂引擎？"

"你已经明白了。"玛丽说。

"我现在明白了引擎和客户工厂的关系，"史蒂夫说，"但这个比喻里的推进剂又是什么呢？"

"推进剂是为火箭引擎提供动力的燃料。"玛丽解释说。

"所有的引擎要运转起来都需要能量，不同类型的引擎需要不同类型的燃料。创业公司早期阶段最常用的燃料是创始人的时间或者人力成本，它们是最为昂贵的不可再生燃料。随着时间的推移，金钱或资本，甚至你的用户和客户都可以作为燃料来推动引擎。"

"我想让你再解释一下之前说的一个概念。"乔希说道,"你提到了找到'主力增长火箭',也就是说只有一枚火箭。这是什么意思?有更多的增长火箭不是更好吗?"

玛丽停顿了一下,看看乔希是否说完,然后说道:"因为推动飞船升空需要大量的能量,你往往需要多枚火箭才能使飞船离开地面。这是由一个或多个短程助推火箭完成的。把这些助推火箭想象成你的精益画布上不可扩张的渠道,例如利用你的亲朋好友为你推荐他们认识的人,以找到更多客户。这些火箭的助推距离有限,一旦耗尽,这些助推火箭就会被弹出,以减少火箭飞船的剩余质量。然后一枚新的助推火箭会取而代之。升空时,你需要这些助推器,但它们并不能把你带到火星。如果超过火箭助推距离之后想通过优化助推火箭引擎来保持推力,那么在超过某一点时,获取的回报会不断递减……"

史蒂夫插嘴说:"这些助推火箭的目标是帮助火箭飞船达到逃逸速度,而主力增长火箭的目标是提供推力将有效负载带到火星吗?"

"没错,但是在达到逃逸速度之前,你最好找到并测试你的主力增长火箭。对于创业公司来说,可以把达到逃逸速度想象成曲棍球杆曲线上的拐点,或者将它看作是实现了产品与市场相契合。达到逃逸速度之后,你应该着手优化主力增长火箭,因为在很长一段时间里都是它在为你提供动力。"玛丽回答说。

史蒂夫马上抛出了后续问题:"就算摆脱了地球引力,到火星的路途也很漫长。完全指望一枚主力增长火箭提供推力,这合理吗?如何选择合适的主力增长火箭呢?"

"这是两个问题,我先回答第一个。"玛丽回答说,"是的,大多数创业公司开始扩大规模的时候,主要的增长动力都来自一枚增长火箭。随着时间的推移,有些公司可能会增加一枚额外的增长火箭,但是开始时,你永远只能关注一枚增长火箭,因为我们此前多次提到,要限制90天周期内的活动数量,并让团队保持一致,工作重点突出。"

　　玛丽稍作停顿，让大家有理解的时间，然后又继续回答史蒂夫的第二个问题。

　　"对于创业公司来说，找到主力增长火箭很有挑战性，这有两方面的原因。首先，创业公司的创始人通常看到的是一系列可能可以部署的增长火箭，或可以使用的增长技巧。就像走进糖果店的孩子，他们肯定会觉得糖果越多越好，于是火箭的重量开始堆积。但是别忘了，火箭数量越多，火箭飞船的质量越大，达到逃逸速度越难。创业公司在增长方面遇到困难的第二个也是更重要的原因是，他们往往没有认识到将增长型火箭和助推型火箭区分开来的关键特征：可持续性。"

　　"你说的可持续性，就是可再生性吧？"史蒂夫问道。

　　"没错。"玛丽说，"还记得科幻电影《星际迷航》吧？企业号星舰是由反物质曲速驱动器驱动的，这种星舰能够高效地穿梭于宇宙空间中，它有能力从太空中收集燃料，甚至在船上产生反物质。先不提这种引擎在科学上是否站得住脚，电影给我们的启示是，你的主力增长火箭的引擎中需要有一个飞轮或者增长回路，这样引擎才能自给自足。"

　　"增长回路？"莉萨问道，"不会是把从现有客户获得的收入投到广告中，以此获取新客户，或者类似的概念吧？"

　　"完全正确。"玛丽回答说，"但是，必须满足某些条件才能认为这个循环是可持续的，比如你从客户那里赚到的钱要比你投在广告上的钱多。"

　　"我们最初的想法是推出客户项目合集，大家可以免费浏览此前我们为客户做的项目，这个想法怎么样？"乔希问道，"我觉得更高级一些的概念是创建一个 VR 版的 Houzz[①] 或 Pinterest。""嗯，这确实是用户内容为增长火箭提供动力的好例子，而且在可持续性方面也有潜力，因为你可以利用现有客户的案例推动新客户的获取。"玛丽补充道，"你举的例子也很容易利用多个 90 天周期

---

① 美国互联网家装平台，兼具网上市场和社交网站功能。平台通过连线业主、家装设计师和施工方来提升室内家装效率。——译者注

进行开发和测试，所以你需要尽早开始寻找增长火箭，比如从现在就开始。"

史蒂夫看了一下表，然后开始总结："我想时间差不多了。和此前的几次会议一样，玛丽讲述的内容非常有启发性。我认为我们要分头思考几天，提出一些关于主力增长火箭的提案。然后在下一个 90 天周期将精力投入到最有希望的那个提案上。我猜，我们又要开始用小规模的活动以及冲刺来测试这些提案，没错吧？玛丽，你还有什么资料可以提供给我们吗？"

玛丽笑了笑，说："当然有了。我会马上发送到你的邮箱里。"

火箭飞船增长模型

火箭飞船增长模型将发布新产品比作发射火箭飞船。让我们先来剖析一下火箭飞船的组成部分。

火箭飞船由 3 个基本部分组成。

- 运载船员或货物的有效负载。可以把有效负载看作你的核心产品。
- 一枚或多枚助推火箭。它们将火箭飞船送入太空。可以把助推火箭想象成最初的不可扩张的客户获取渠道。
- 运载有效负载的宇宙飞船。它通常由一枚增长火箭提供动力，以将有效负载运送到目的地。可以把增长火箭看作主要的可扩张的客户获取渠道。

无论是助推火箭还是增长火箭，每枚火箭都包含自己的引擎和推进剂（燃料）。由于火箭引擎的任务是提升火箭飞船的高度（增长力），它内部的运转机制就像客户工厂中的各个步骤（获客 - 激活 - 留存 - 变现 - 推荐）。为火箭引擎提供动力需要能量，而能量来自推进剂（燃料）。不同类型的火箭使用不同类型的推进剂（时间、金钱、内容、用户等）。

火箭的射程是由引擎的效率和推进剂的类型决定的。虽然添加推进剂看似是提高射程的好方法，但是增加燃料也会增加火箭飞船的重量，还会减慢你的速度。所以，在给定推进剂类型的前提下，最大限度地提高火箭射程的最佳方法是先优化引擎效率（客户工厂）。

但是，优化引擎效率有其局限性，因为这意味着超过某一点后，火箭的射程将由推进剂的数量决定。每枚火箭最终都会燃烧殆尽，除非你设计出一种可以再生的推进剂。这就是增长型火箭和助推型火箭的关键区别。

敲黑板

增长火箭在其引擎设计中利用了飞轮（增长回路）来再生推进剂，从而推动可持续增长（增长力）。

发射火箭飞船

与产品发布一样，火箭飞船的发射也包含多个阶段，包括设计、验证和增长等步骤。让我们具体看看每个阶段，明确我们在这一旅程中所处的位置（图 14-1）。

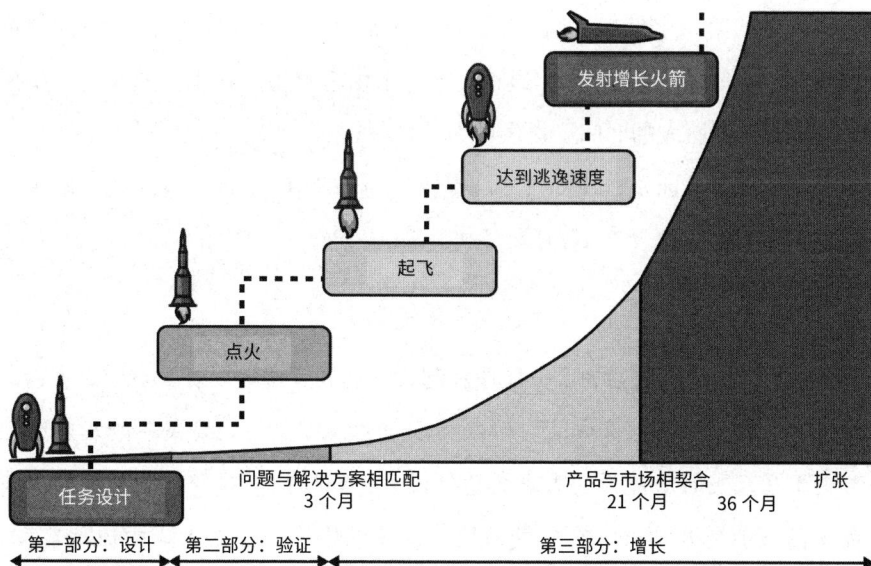

图 14-1　发射火箭飞船的各个阶段

第一部分：设计（任务设计）

在这个阶段，你需要定义你的任务（在第 1 章～第 5 章中讨论过）：你的目的地是哪里（例如，火星）；你的有效负载是什么（独特价值主张）；你需要多少枚多级火箭（不可扩张的渠道），你如何为你的飞船提供动力（可扩张的渠道），等等。任务设计决定了你将建造什么样的火箭飞船，这就像商业模式的设计决定了你将构建什么样的产品。

第二部分：验证（点火）

在尝试起飞之前，你需要验证设计中的假设，以确保：

- 构建火箭飞船的时候，大家会支持你的任务（需求性）；
- 火箭飞船值得建造（发展性）；
- 火箭飞船能够完成本次任务（可行性）。

要做到以上几点，你首先要减少起飞负载的范围（最小化可行产品），然后开始用你的第一个助推火箭（"黑手党提案"）学习、设计和测试不同规格的火箭飞船（使用某个提案）。这枚助推火箭由客户工厂这个引擎驱动，主要由人力成本（创始人的时间）提供动力。

这个阶段的目标是实现可重复的点火行为（获客），即实现问题与解决方案相匹配。

第三部分：增长

最后的增长阶段分为 3 个分阶段：起飞、达到逃逸速度和发射增长火箭。

起飞。 在验证了助推火箭可以点火发射后，你要为火箭飞船的发射做准备。由于在起飞时对能量的需求会达到最大，你往往需要分级增加助推火箭来使火箭飞船离开地面。在早期阶段，这些助推火箭主要由人力成本驱动，帮助你在短时间内提升增长力。

助推火箭可以是指以下内容：

- 早期直销；

- 活动；

- 公关。

达到逃逸速度。火箭飞船起飞后，就需要把注意力转向优化助推火箭的引擎（客户工厂），以便在燃料耗尽之前最大限度地提高射程（增长力）。你首先要专注于优化客户满意循环这一核心部分，然后根据需要分级添加助推火箭，并重复这一过程。这一阶段的目标是达到逃逸速度（产品与市场相契合）。

发射增长火箭。在达到逃逸速度后，你需要为未来更长的旅程做好准备。这时你开始寻找主力增长火箭，它将利用不断运转的可持续飞轮或者增长回路为你余下的旅程提供动力。下面，我将介绍 3 种类型的增长回路。

3 种类型的增长回路

埃里克·莱斯在《精益创业》一书中提到，可持续增长的特征体现在一个简明的规则之中：

　　新客户是由以往客户的行动带来的。

回顾一下我们此前对商业模式的定义，即我们对如何创造价值、如何向客户交付价值以及如何从客户处获取价值的描述，我们就能很容易地理解商业模式是如何运作的。可持续增长来自把从客户那里获取的部分价值投入到获取新客户上。

我们从客户那里获取的价值（资产）通常有 3 种类型。

- 金钱（变现）；

- 内容和数据（用户留存和参与的副产品）；
- 推荐。

通过将这些资产重新投入到新客户的获取中，我们可以构建能够自我维持的增长回路。让我们来看看增长回路有哪几种。

变现增长回路

变现增长回路是将现有客户产生的收入再次投入，以推动新客户的获取（图 14-2）。金钱或资本是此类回路的推进剂，用于购买广告或雇用人员来开展这些活动。

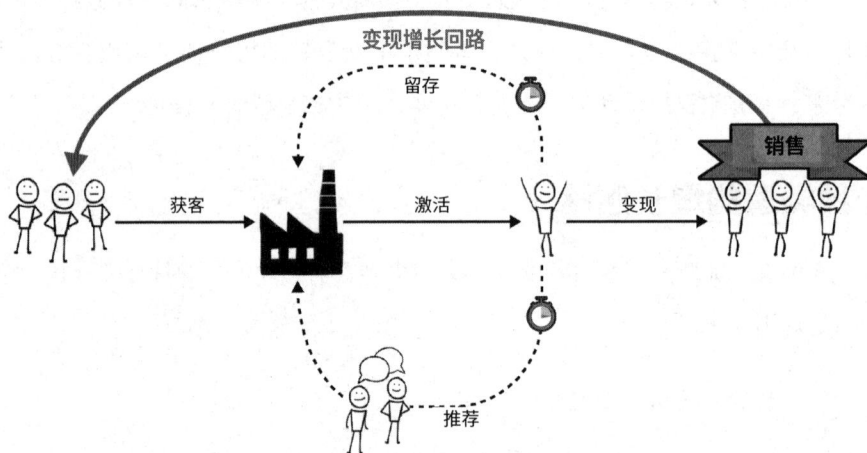

图 14-2　变现增长回路

构建此类增长火箭的一些常见方式包括：

- 绩效营销（例如，Facebook 广告、谷歌广告、平面广告、电视广告）；
- 销售（例如，推式营销、集客营销）；
- 公司生成的内容（例如，制作新闻简报、在社交媒体上发布帖子）。

推动这种增长火箭的资金可能来自成长资本（growth capital），即来自投资人，但是从长期来看，它需要来自客户，才能使引擎实现可持续运转。

测试这种引擎是否可以持续运转时，通常要考虑其是否满足下述两个条件：

1. 客户生命周期总价值 > 获客成本 × 3；
2. 收回获客成本的月数 < 12。

第一个条件旨在测试商业模式是否能够提供足够的利润率，保证获得利润和其他运营费用。第二个条件与现金流有关。如果不能在一个合理的时间内收回获客成本，便会没有现金再次投资于增长。

留存增长回路

我们利用客户工厂中的核心留存回路，或者客户满意循环，促使客户回到客户工厂之中（图 14-3）。虽然这一回路对于创造满意的客户和最大化客户生命周期至关重要，但是仅凭这一点并不能创造一个可持续的增长回路。

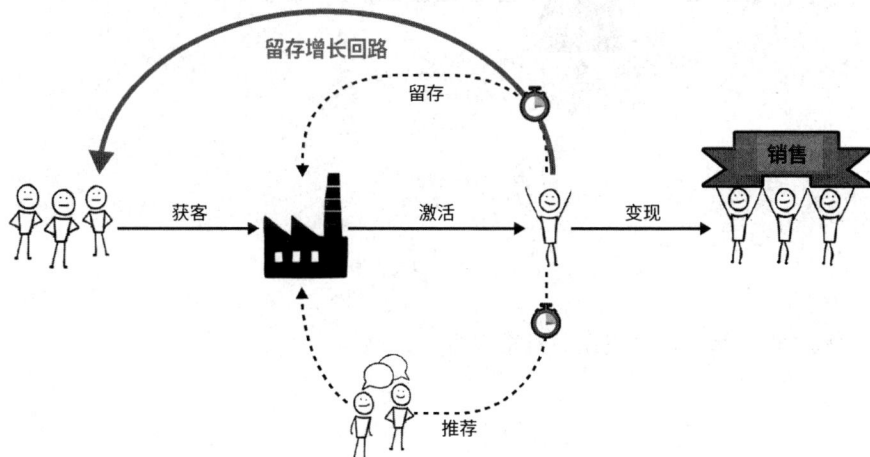

图 14-3　留存增长回路

如果你能够利用现有客户使用衍生资产来吸引新客户，你就可以把留存回路转变成可持续的增长回路。在这种增长回路中，内容和数据是最为常见的推进剂。构建这种引擎的方法包括：

- 用户生成内容（例如 YouTube、Pinterest）；
- 评论（例如 Yelp[①]）；
- 数据（例如 Waze[②]）。

推荐增长回路

最后一种增长回路建立在推荐基础之上，即利用现有用户将新的用户带入客户工厂（图 14-4）。满意的用户或客户是这一引擎的推进剂。

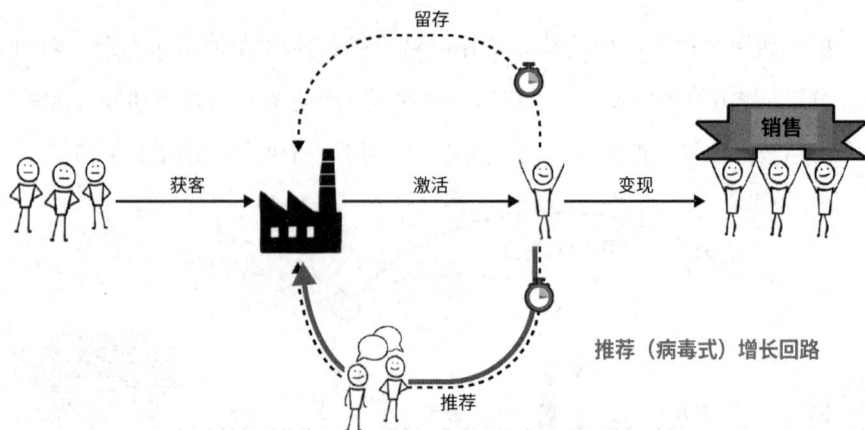

图 14-4　推荐（病毒式）增长回路

构建推荐增长回路可以通过很多方式，例如：

---

① 美国著名商户点评网站。——译者注
② 一款交通导航类应用，它利用移动设备的 GPS 信息来获取有关路面交通流量的信息，从而向汽车驾驶员提供更好的行车路线。——译者注

- 口口相传；

- 推荐计划；

- 邀请朋友 / 团队成员。

有些人用"病毒式传播"一词来定义这种类型的回路，但是所谓病毒式传播实际上是使推荐增长回路具备可持续性的一个特殊情况。

如果产品能够病毒式传播，它的病毒式传播系数（K）应该大于 1，这相当于平均转介率超过 100%。换句话说，这意味着平均每个用户至少应该推荐一个新用户进入你的客户工厂。不难看出，病毒式增长是最快的增长方式，但也是最难构建的。

有两个指标可以用来衡量推荐增长回路。

- **病毒式传播系数（K）**

  K 表示的是平均每个用户推荐的新用户数。当 $K > 1$ 时，产品呈病毒式增长。

- **病毒式传播周期时间**

  病毒式传播周期时间是指推荐所花费的平均时间。你应该尽可能缩短这一时间。

使用推荐增长回路来推动主力增长火箭的那些产品通常本身就具有病毒式增长的潜力，也就是说，"分享"是这些产品的一个固有特征，例如 Facebook、推特或 Snapchat。

虽然许多产品没有实现病毒式增长，但它们仍然因高推荐率而拥有了主力增长火箭之外的增长火箭，并充分利用推荐增长回路取得了良好的效果。

一个商业模式可以有多个增长火箭吗

你可能已经发现，从理论上来讲，一个商业模式的增长回路可以不止一个。但是，构建一个行之有效的增长回路已经足够具有挑战性了。虽然可以同时考虑甚至测试多个增长火箭，但是将精力集中投入到一枚增长火箭上能够为你带来最高的回报。

找到你的主力增长火箭

> 是什么阻碍了你的企业以 10 倍的速度增长？
>
> ——大卫·斯科克，经纬创投合伙人

找到你的主力增长火箭通常需要多个周期。就像验证活动一样，这一过程通常包括：

- 列出候选的增长火箭，数量不宜过多；
- 验证候选的增长火箭；
- 优化选中的增长火箭。

前两个步骤通常可以纳入一个 90 天周期。前两个步骤完成之后你要么放弃未能通过验证的候选增长火箭，继续寻找其他的增长火箭，要么将精力集中在通过验证的增长火箭上。

我们来看一下具体步骤。

列出候选的增长火箭，数量不宜过多

不要忘记，构建增长火箭需要两样东西：

- 可再生推进剂；

- 高效运转的引擎。

可以按照以下方式挑选候选的增长火箭。

- **选择可再生推进剂**

  回顾一下 3 种推进剂（金钱、内容和数据及推荐），选择其中一种来构建可持续增长回路的推进剂。

  例如：

  ○ 如果你采取的商业模式是直接模式（你的用户就是你的客户），可以将收入再次投资，用于绩效营销；

  ○ 如果你的产品定价足够高，可以将收入再次投资，用于建立销售团队；

  ○ 如果你的用户创造了可以公开发布的有趣或有价值的内容，可以使用这些内容吸引新用户；

  ○ 如果你的产品本身具有病毒式传播的特性，可以利用推荐来推动增长。

- **分析当前引擎的效率**

  分析目前的客户工厂指标，并根据你现在所在的位置和你需要到达的位置之间的差距，来选择一个合适的候选增长火箭。

  在此举几个例子。

  ○ 对于变现增长回路，首先要衡量你的单位经济效益（客户生命周期总价值和获客成本）。检查它们是否满足我们前面提到的与维持增长火箭持续运转的利润率和投资回收期有关的条件。

○ 对于内容增长回路，尝试评估内容对新用户的价值。可以使用谷歌的关键词规划器（keyword planner）等工具来了解某些关键词的搜索量。

○ 对于推荐增长回路，找到产品已经产生高推荐率（>40%）的证据。

验证候选的增长火箭

在90天周期余下的10周中，设计实验并在冲刺阶段中测试关键假设，以验证所选择的增长火箭的发展性。

在此举几个例子。

- 如果你选择了绩效营销，那么开展一些广告活动，以验证有关获客成本和投资回报期的假设。
- 如果你选择了销售方式，那么雇用一名客户经理，并验证新销售人员上手的时间、获客成本和成交率等方面的假设。
- 如果你选择了用户生成内容的模式，那么设计测试并公开展示一些这样的内容，以衡量新用户的参与度。
- 如果你选择了病毒式传播，那么需要进行测试，减少分享的阻力，了解分享功能是否提高了病毒式传播系数或是否缩短了病毒式传播周期时间。

10周之后，在确定增长火箭方面做出是坚持、转型还是暂停的决定。

优化选中的增长火箭

如果你对成功地验证了一个候选的增长火箭，那么你要集中精力去优化选中的增长火箭引擎。

由于许多增长火箭需要多方面的优化（调整客户工厂）、培训（例如，针

对直接销售的培训），甚至产品构建（例如，自动生成内容页、启动推荐计划
等），因此你可能需要为优化工作成立一个小型的专门团队。

在 90 天周期复盘时，需要评估和报告增长火箭方面的进展。

史蒂夫向玛丽提出了一个无法拒绝的提议

产品 Altverse 已经推出 18 个月了，团队距离实现增长力路线图中的逃逸
速度（产品与市场相契合）只有咫尺之遥。他们成功地利用客户内容（VR 模
型）构建了可持续的增长火箭，促使许多新房主和建筑师选择他们的平台。
在玛丽的建议下，史蒂夫一直在向风投公司推介自己的公司。他与玛丽会面，
向她介绍了最新情况。

"我给你展示一下。"史蒂夫说着走到办公室的伊姆斯椅前，拍了几张照
片。几秒之后，一把伊姆斯椅就出现在了大屏幕上，它被投影在史蒂夫办公
室的 VR 模型中。

"哇，真是太神奇了。"玛丽说，"椅子出现的地方与现实中一模一样。"

"没错，我们使用了一些技巧，把现实世界的物体按照原有空间位置匹配
到 VR 的元宇宙中。"史蒂夫笑着回答道，"我昨天给风投公司做了相同的演示。
离开他们办公室不到一个小时，我的电子邮箱就收到了投资条款说明。"

"原因不难理解。"玛丽回答道，"这很好地融入到你的第二幕中了。你超
越了家用住房建设的范围，将家具零售店纳入到商业模式中了。你很容易就
能取得 10 倍速的增长。"

"是的，但是你是了解我的。我心里还是非常忐忑，我觉得我自己一个人
没法实现这一目标。"

"嘿，不要低估你自己。我记得你说过，你的平台定价是 50 美元 / 月，不
限项目数量，每用户平均收入可以达到 600 美元 / 年。那么现在在建筑师方面的
每用户平均收入是多少了呢？"

"和建筑师的平均交易规模是 6 万美元 / 年，其中一些交易甚至有达到 6

位数的可能。"

"这在我意料之中。史蒂夫，你已经取得了很大的进步。我真的为你取得的成就感到骄傲。"

史蒂夫笑着说："我也这么认为。但是获取风险投资是件非常严肃的事情，我想我需要一个经验丰富的管理团队。"

"嗯，这是肯定的，你现在所处的阶段是……"

这次，史蒂夫打断了玛丽："所以我想让你接任公司的首席执行官。"

"你说什么？"玛丽脱口而出。

"没有你，我们就走不到今天。回想起来，我无法相信你对我们保持了如此巨大的耐心，同时又如此铁面无情，为我们指出了无数的错误。"

史蒂夫看到玛丽笑了笑，两颊微微泛红，然后继续说道："我可以向你学习如何建立一个出色的管理团队，但我认为如果我直接让你来组建一个团队会更容易。"

"好吧，我也不知该说什么了。我完全没有想到你会有这样的提议。坦白地说，被你们选中担此重任我真的受宠若惊。作为一个旁观者，看到你们取得如此巨大的进步，我心生敬佩，我也希望自己能够成为你们中的一员。"玛丽说。

"那就这么定了。"史蒂夫说，"之后我们再办理你的入职手续。我会把风险投资的条款内容转发给你，然后告诉风投公司，我们有了新的首席执行官。"

"准确地说是新的首席执行官和新的首席技术官。"玛丽纠正道。

史蒂夫笑了笑，说："你说得没错，老板。"

第 15 章　结语

在本书开头，我说过没有任何方法可以百分之百地保证成功，但是我承诺我介绍的构建产品的流程不仅实用，而且具有可重复性，能够帮助你大幅提升成功率。

我希望当你读到这里时，你觉得我已经兑现了这一承诺。

本书只能算一个开端。想要了解更多与精益创业有关的技巧、工具和知识，可加入 LEANSTACK 学院，和志同道合的企业家与创新者共同学习。

现在是采取行动实现你的宏大想法的最佳时机。感谢你能阅读本书，也恭喜你向成功迈出了坚实的一步！

我把本书的主要内容总结成了一个宣言，内容如下。

BOOTSTART 宣言

1. 创业者无处不在

虽然地球上的人类样貌各不相同，说着不同的语言，但是现在的世界比以往任何时候都更加扁平。我们正在经历一场全球创业复兴。在过去的 5 年中，大学创业项目、创业加速器和企业创新孵化器在全球范围内的爆炸性增长就是有力的证据。

我们想要的是同样的东西，而害怕的也是同样的东西。

2. "车库创业者"的形象已发生改变

创业者不再只是从车库起家，现在他们来自各行各业。创业人数激增的原因可以归结为以下几个关键因素。

- **不断增长的学生贷款**

  最近，美国的学生贷款总额突破了 1 万亿美元的大关。下一代的劳动力所负担的学费越来越高，而好工作却越来越难找。越来越多的学生在大学（甚至高中）期间转而寻求创业方面的教育和经验。有些人志在创建下一个 Facebook，有些人则是为了用相关知识更好地武装自己的大脑。

- **终身雇佣制已经成为历史**

  随着终身就业和养老金保障的消失，越来越多的人希望坐上驾驶座，掌控自己的命运。副业初创公司正在兴起。

- **大型企业面临着要么创新要么被颠覆的现实**

  过去的 10 年间，颠覆性创新的步伐一直在加快。即使是以前的颠覆者也开始被后来者颠覆。这促使公司内部创业者的作用日益重要。

3. 没有比现在更好的创业时机了

全球创业正在加速的真正原因是，互联网、全球化以及开源和云计算所带来的技术，使得所有人都能或多或少地获得相同的工具、知识和资源，这是历史上第一次出现这种局面。创建新的企业比以往任何时候都要便宜和迅速，没有比现在更好的创业时机了。

这对我们所有人来说都是一个不可思议的机会，但地平线上可能还会有乌云。

4. 大多数产品仍以失败告终

虽然我们构建的产品数量远超以往，但令人沮丧的现实是，产品的成功率并无太大的变化。所以，虽然人们创业的可行性很大，但是他们创建的产品大多以失败告终。

这是一个非常严重的问题，因为我们在这些产品上倾注了大量的时间、金钱和精力。特别是第一次创业的人，这种失败意味着无论是在情感上还是经济上都会遭受巨大的挫折。

5. 产品失败的 12 个原因

创业想法的失败通常是由以下 12 个因素导致的。

- 缺少资金；
- 糟糕的团队；
- 糟糕的产品；
- 糟糕的时机；
- 没有客户；
- 竞争；
- 工作缺乏重点；
- 工作缺乏激情；
- 位置不好；
- 没有盈利点；
- 职业倦怠；
- 法律问题。

6. 产品失败的首要原因

但是，所有这些原因的背后有一个失败的核心原因：我们构建的是一些无人想要的东西。

所有其他的深层次原因都只是这一残酷现实的次要表现或者换种说法而已。为什么会出现这种情况呢？我认为，创业者只对自己的解决方案抱有一腔热情是首要原因。这就是"创新者的偏见"，它令我们深爱自己的解决方案，让我们认为"把我们的宝贝产品带到这个世界上"是我们创业的唯一使命。

我们匆匆忙忙地开始构建产品，但是这种优先构建产品的方法已经落伍，因为在不知道什么是问题的前提下，强行提出解决方案简直就是荒谬的。

7. 产品失败的第二大原因

只有开始构建产品，才能知道结果如何。产品最终以失败告终的第二大原因是，很多产品从未开始构建。创业者花费了太多的时间去分析、规划并寻找借口不想着手构建产品。我们等着写完商业计划书、找到合适的投资人，或者等着自己搬到硅谷后才开始构建产品。

8. 创业无须什么许可

回想 10 年之前，创业的成本很高。那时候创业，要获得软件许可证才能构建软件产品，要有办公场地与团队一起开会，还要四处奔波获取资本投资。现今的世界，情况已经大为不同。很多资源都可免费获得。

今天我们要思考的问题已经不是"我们能否构建这个产品"而是"我们是否应该构建这个产品"。

回答这个问题，并不需要大量的金钱、人力或时间，而是需要牢记以下几点。

9. 爱上客户的问题，而非自己的解决方案

我们要从根本上转变思维模式。你的客户并不关心你的解决方案，他们关心的是如何实现他们的目标。找出阻碍他们实现目标的问题或障碍，你就能找到真正需要构建的解决方案。

对自己的解决方案比对客户的问题更有热情是错误的。

10. 别再写商业计划书了

撰写商业计划书要花费大量时间，而且写完之后也不会有人看完。把你的商业模式写在一页纸上，这只需要 20 分钟，而不是 20 天。让人们一口气读完你写的一页纸的内容，然后分享他们的看法，这就是一种胜利。

花更多的时间去创建，而不是计划如何创建。

11. 商业模式就是产品

在商业模式中，没有收入就没有业务。收入就像氧气。虽然生存的目的不是获得氧气，但是要想生存必须要有氧气。你想要改变世界的构想也是如此。不要急着构建产品，而应探索客户的根本问题，了解其是否值得解决，是否可以带来可以变现的价值。

想要找到如何变现的痛点，可以关注客户在现有解决方案上花了多少钱。

12. 关注时间，而不是时机

你无法控制什么时候会冒出创业点子，但你能控制的是你在创业点子上花费的时间。与金钱和人力等可以不断获取的资源不同，时间一去不复返。

时间是你最稀缺的资源，要明智地使用它。

创业中的所有事情都应该设定时限。截止日期的力量在于它会准时到来——当然，前提是世界不会在那之前毁灭。整个团队要严格遵循设定的时

限，按时分享结果，讨论截止日期到来后下一步的动向。然后再设定下一个时限，并开始行动。这是让自己负起责任的最佳方式。

13. 不要加速而要减速

充分利用时间并不意味着做事一味追求速度，相反，你应该放慢速度，专注于做正确的事情。你需要遵从帕累托的二八定律，因为最为重要的成果往往来自少数几个关键行动。应该优先考虑风险最高的部分，忽略其他部分，除非它们正在逐渐发展为风险最高的。

14. 不要虚假验证，唯有增长力才重要

产品功能的数量、团队的规模、银行里的资金都不是衡量业务进展的正确标准。判断业务进展的唯一重要标准就是增长力。增长力是你从客户那里获取可变现价值的速度。

不要询问其他人对你的创业点子有何看法，因为只有客户的看法才是最重要的。也不要总是询问客户对你的创业点子有何看法，而是要衡量他们的所作所为。听其言不如观其行。

15. 从你的字典中删掉"失败"二字

快速失败（fail-fast）原则是指把失败视为常态。但是，人们对失败的忌讳如此之大，以至于大多数人都会努力避免失败、掩饰失败或者逃避失败。这样做往往适得其反。正确的做法是将"失败"二字从你的字典中删掉。下面的3个步骤可以帮助你避免遭受灭顶之灾，引导你用迭代式学习取而代之。

- 将你的宏大想法或远大战略分解为小型、快速、可叠加的实验。
- 用分阶段推出的方式来实施你的构想，从小规模逐步到大规模。
- 在好点子上投入更多资源，默默放弃坏点子。

如果你能走好这 3 步，你就不是在经历"失败"，而是在改变路径，朝着更加远大的目标迈进。

对于你的构想，要严格要求，但是对于你自己，要充满信心。

16. 是时候采取行动实现你的宏大想法了

世界上不乏问题。作为一个创业者，你的思维方式与大多数人不同，你有寻求解决方案的能力，你所要做的就是把你的注意力引向正确的问题。在你离开这个世界的时候，它能因为你的到来而变得更好，这难道不是创业的真正目的吗？

不要浪费当下的大好时机，是时候把你脑海中那个尘封已久的想法付诸行动了。

是时候重新启动、更进一步了！

是时候开始创业了！

如果你想和我们同行，请加入 LEANSTACK 学院项目。

参考文献与延伸阅读

以下这些书（无特定顺序）对我构建持续创新框架以及形成书中提到的许多思想启发巨大。

- *Thinking, Fast and Slow* by Daniel Kahneman (Farrar, Straus and Giroux)
- *The Power of Habit* by Charles Duhigg (Random House)
- *Atomic Habits* by James Clear (Random House)
- *Tiny Habits* by BJ Fogg (Mariner)
- *Hooked* by Nir Eyal (Novato)
- *The Goal* by Eliyahu Goldratt (North River)
- *Thinking in Systems* by Donella H. Meadows (Chelsea Green)
- *A Beautiful Constraint* by Adam Morgan and Mark Barden (Wiley)
- *Thinking in Bets* by Annie Duke (Portfolio)
- *How to Measure Anything* by Douglas Hubbard (Wiley)
- *The Trillion Dollar Coach* by Eric Schmidt, Jonathan Rosenberg, and Alan Eagle (John Murray)
- *This Is Marketing* by Seth Godin (Portfolio)

- *Building a StoryBrand* by Donald Miller (HarperCollins Leadership)
- *Storytelling Made Easy* by Michael Hauge (Indie Books)
- *Turning Pro* by Steven Pressfield (Black Irish)
- *Competing Against Luck* by Clayton Christensen, Taddy Hall, Karen Dillon, and David Duncan (Harper Business)
- *Demand-Side Sales* by Bob Moesta (Lioncrest)
- *What Customers Want* by Tony Ulwick (McGraw Hill)
- *When Coffee and Kale Compete* by Alan Klement (CreateSpace)
- *Crossing the Chasm* by Geoffrey A. Moore (Harper Business)
- *Never Split the Difference* by Chris Voss (Harper Business)
- *Badass: Making Users Awesome* by Kathy Sierra (O'Reilly)
- *The Challenger Sale* by Matthew Dixon and Brent Adamson (Portfolio)
- *The Lean Startup* by Eric Ries (Crown Business)
- *The Four Steps to the Epiphany* by Steve Blank (Wiley)
- *Business Model Generation* by Alex Osterwalder and Yves Pigneur (Wiley)

致谢

　　推出一本书与推出任何其他产品没有什么不同。我使用书中描述的持续创新框架编写了《精益创业实战》。

　　如果没有那些足够信任我的实践者和教练愿意公开分享他们在创业和研发产品中遇到的各种挑战，这本书就不可能出版。他们坚定不移地致力于对持续创新框架的早期版本进行压力测试，这是将其塑造成一个系统过程的关键。他们的功绩不可磨灭。

　　这些人都是本书的合著者。

作者简介

阿什•莫瑞亚是畅销书《精益创业实战》和《精益扩张：从创业到爆发式增长的关键指标》的作者，也是精益画布这一广受欢迎的单页商业建模工具的创造者。

阿什为全世界的创业者和内部创业者提供了许多非常优质和实用的建议，他也因此广受赞誉。阿什一直致力于寻找更好、更快的打造成功产品的方法，在此驱动之下，阿什开发了持续创新框架，整合了精益创业、商业模式设计、待办任务和设计思维等诸多概念。

阿什也是知名的商业博客博主，《Inc.》《福布斯》和《财富》等杂志都刊登过他的文章和建议。他会定期在世界各地举办研讨会，门票每每售罄。阿什是数个创业加速器的导师，其中包括 TechStars、MaRS、Capital Factory 等，也是包括麻省理工学院、哈佛大学和得克萨斯大学奥斯汀分校在内的几所大学的客座讲师。阿什还在数家初创公司担任顾问委员会委员，并为各种新老公司提供咨询服务。

阿什现居于美国得克萨斯州奥斯汀市。

O'Reilly 在线学习平台（O'Reilly Online Learning）

O'REILLY®   40 多年来，O'Reilly Media 致力于提供技术和商业培训、知识和卓越见解，来帮助众多公司取得成功。

我们拥有独特的由专家和创新者组成的庞大网络，他们通过图书、文章和我们的在线学习平台分享知识和经验。O'Reilly 的在线学习平台让你能够按需访问现场培训课程、深入的学习路径、交互式编程环境，以及 O'Reilly 和 200 多家其他出版商提供的大量文本资源和视频资源。有关的更多信息，请访问 https://www.oreilly.com。

联系我们

欢迎把对本书的评论和有关问题发给出版社。

美国：

O'Reilly Media, Inc.

1005 Gravenstein Highway North

Sebastopol, CA 95472

中国：

北京市西城区西直门南大街 2 号成铭大厦 C 座 807 室（100035）

奥莱利技术咨询（北京）有限公司

O'Reilly 的每一本书都有专属网页，你可以在那儿找到本书的相关信息，包括勘误表、示例代码以及其他信息。本书的网站地址是：https://oreil.ly/running-lean-3e。

对于本书的评论和技术性问题，请发送电子邮件到：bookquestions@oreilly.com。

O'Reilly Media, Inc.介绍

O'Reilly以"分享创新知识、改变世界"为己任。40多年来我们一直向企业、个人提供成功所必需之技能及思想，激励他们创新并做得更好。

O'Reilly业务的核心是独特的专家及创新者网络，众多专家及创新者通过我们分享知识。我们的在线学习（Online Learning）平台提供独家的直播培训、互动学习、认证体验、图书、视频等，使客户更容易获取业务成功所需的专业知识。几十年来O'Reilly图书一直被视为学习开创未来之技术的权威资料。我们所做的一切是为了帮助各领域的专业人士学习最佳实践，发现并塑造科技行业未来的新趋势。

我们的客户渴望做出推动世界前进的创新之举，我们希望能助他们一臂之力。

业界评论

"O'Reilly Radar博客有口皆碑。"

——*Wired*

"O'Reilly凭借一系列非凡想法（真希望当初我也想到了）建立了数百万美元的业务。"

——*Business 2.0*

"O'Reilly Conference是聚集关键思想领袖的绝对典范。"

——*CRN*

"一本O'Reilly的书就代表一个有用、有前途、需要学习的主题。"

——*Irish Times*

"Tim是位特立独行的商人，他不光放眼于最长远、最广阔的领域，并且切实地按照Yogi Berra的建议去做了：'如果你在路上遇到岔路口，那就走小路。'回顾过去，Tim似乎每一次都选择了小路，而且有几次都是一闪即逝的机会，尽管大路也不错。"

——*Linux Journal*

版权声明